Thomas Grasberger

Flins

Das Geld des Südens

Kösel

Der Kösel-Verlag weist ausdrücklich darauf hin, dass im Text enthaltene externe Links vom Verlag nur bis zum Zeitpunkt der Buchveröffentlichung eingesehen werden konnten. Auf spätere Veränderungen hat der Verlag keinerlei Einfluss. Eine Haftung des Verlags für externe Links ist stets ausgeschlossen.

FSC®
www.fsc.org
MIX
Aus verantwortungsvollen Quellen
FSC® C005833

Verlagsgruppe Random House FSC® N001967
Das für dieses Buch verwendete FSC®-zertifizierte Papier
Munken Premium Cream liefert Arctic Paper Munkedals AB, Schweden.

Umschlag: Weiss Werkstatt, München
Druck und Bindung: Těšínská tiskárna, Česky Těšin
Printed in Czech Republic
ISBN 978-3-466-37129-7

Weitere Informationen zu diesem Buch und unserem gesamten lieferbaren Programm finden Sie unter
www.koesel.de

Inhalt

Der Bayer und das liebe Geld

Der Mensch lebt nicht vom GRANT allein. Nicht einmal in Bayern. Und auch Liebe, Lust und Leidenschaft machen den Eingeborenen nie ganz satt, egal ob er ein STENZ ist oder nicht. Am Ende wird doch fast immer jener Stoff benötigt, aus dem viele – nicht nur weiß-blaue – Träume sind. Auf Bairisch heißt dieser Stoff Diridari – oder auch FLINS.

Das Wort hat einen recht irdischen Ursprung. Johann Georg Krünitz beschreibt in seiner *Oekonomischen Encyklopädie* des 18. Jahrhunderts mit Flins verschiedene Steinarten: Feuerstein, Hornstein, Eisenstein. Aber um Geologie soll es hier natürlich nicht gehen, obwohl der Zusammenhang schon einleuchtet: Nicht nur bayerische Kiesgrubenbesitzer sind mitunter steinreich, haben also einen Riesenhaufen »Schotter«. Nein, Flins ist Geld im weitesten Sinn. Nicht nur in Form jener schwarzen Taler, die als Notgeld aus Graphit hierzulande noch im 20. Jahrhundert kursierten. Es können auch kleine Münzen sein, die glänzen und gleißen – also »flinzen«, wie man früher sagte. Im Österreichisch-Bairischen stehen Flinserl zum Beispiel auch für Ohrringe. Etwas mehr oder weniger Wertvolles also, das da blinkt und (ver-)blendet: Gold, Diamanten und Juwelen. Es dürfen auch gern abgegriffene (Schuld-)Scheine sein oder frischgedruckte Wertpapiere. Vielleicht auch Aktien oder nur ein paar Zahlen auf dem Computerbildschirm. Hauptsache Geld!

Mit dem gleichnamigen, bärtigen und furchteinflößenden Todesgott aus der Mythologie der slawischen Wenden hat unser Flins also erst einmal nichts zu tun. Obwohl einem schon angst und bang werden kann beim Gedanken, wie manche auch über Leichen gehen – fürs Geld. Flins ist nämlich nicht nur ein Tausch- und Zahlungsmittel; ein Medium, das ganz gut zur längeren Aufbewahrung taugt. Etwas, mit dem man den Wert oder zumindest den Preis einer Sache bemessen kann. Mit Flins kann man auch kommunizieren. Man kann horten und prassen, protzen und strotzen, gieren und renommieren. Flins ist nie nur ein Gegenstand, sondern immer auch ein Zustand. Ein mehr oder weniger erfreulicher – je nachdem.

Der eine zum Beispiel hat ihn von Haus aus und gibt ihn ungern her. Der andere hat ihn zwar nicht, bringt ihn aber umso unverkrampfter unter die Leute. Wieder andere könnten ihn dringend brauchen, bekommen aber nie besonders viel davon zu sehen, selbst wenn (oder gerade weil) sie schuften wie die sprichwörtlichen bayerischen Ochsen. Ein Spannungsverhältnis, das seit Anbeginn der Zeiten für Ärger und Auseinandersetzungen, aber auch für tragische oder komische Geschichten sorgt. Es sind halt stets die zwei Seiten einer Medaille, die mit dem Flins einhergehen. Einer bayerischen Medaille, die man nicht immer für bare Münze nehmen muss. Denn Klischees haben stets eine Rolle gespielt, wenn's um die Eigenarten des Stammes ging. Bei Aventin, dem bayerischen Historiker des frühen 16. Jahrhunderts, können wir lesen: »Der gemeine Mann, der auf dem Lande sitzt, gibt sich mit Ackerbau und Viehzucht ab, liegt dem allein ob, darf sich nichts ohne Geheiß der Obrigkeit unterstehen, wird auch in keinen Rat genommen oder in die Landschaft berufen. Doch ist er sonst frei, mag auch freies, lediges, eigenes Gut haben, dient seinem Herrn, der sonst keine Gewalt über ihn hat, mit jährlicher Gült, Zins und Scharwerk, tut sonst, was er will, sitzt Tag und Nacht bei dem Wein, schreit, singt, tanzt, kartet, spielt …«

Ob er wirklich immer so frei und griabig war, unser braver Untertan? Das Bild hält sich wacker bis heute. Stets weltoffen und liberal ist der Bayer, gemütlich, freigiebig und freundlich – niemals würde er einen anderen übervorteilen, denn er verabscheut von Haus aus jede Form von Gier, Geldschneiderei und Profitdenken. Ja, so kennen und lieben wir ihn, unseren bayerischen Menschen, denn all diese Attribute treffen selbstverständlich voll und ganz zu – vor allem in der Bierwerbung. Und zwar völlig zu Recht, schließlich sind solch stereotype landsmannschaftliche Versatzstücke heutzutage unverzichtbar für die Corporate Identity der Bayern AG. Und für den Umsatz. Ein gelassenes »Leben und leben lassen« im Schatten einer Kastanie macht sich PR-mäßig halt immer noch besser als – sagen wir mal – ein hektisches »Kaufen und kaufen lassen« im Halbdunkel eines Landesbank-Foyers.

Deshalb tun bayerische Politiker auch gut daran, das Image fleißig zu polieren und zum Beispiel auf ein Bierwerbeverbot – vor allem wenn es aus Berlin droht – wesentlich vehementer zu reagieren als etwa auf die größenwahnsinnigen Harakiri-Aktionen durchgeknallter Finanzjongleure oder auf die gravierenden kulturellen Verluste wie dem neuerdings um sich greifenden Klöstersterben. Es muss halt nicht immer ein Klingelbeutel sein, wenn's in Bayern irgendwo im Beutel klingelt.

Das Klischee vom gutmütigen, lebenslustigen und liebenswürdigen Bayern, der den Herrgott einen frommen Mann sein lässt und unbekümmert seine Zeit bei einer frischen Mass verbringt, ist halt gut fürs Geschäft. Auch wenn dafür ein altehrwürdiger Begriff grammatikalisch und inhaltlich vergewaltigt werden muss. Die »Liberalitas bavarica«, die als Inschrift über dem Kirchenportal des Augustinerchorherrenstifts Polling prangt und die Großzügigkeit der adligen Klosterstifter preist, hat so gut wie nichts zu tun mit jenem oft propagierten Schlagwort der »Liberalitas Bavariae«, das alles und nichts besagt und daher als rhetorische Allzweckwaffe im politischen Nahkampf vortrefflich dient. Immer griawig! Immer gmiatlich! Hauptsache, der Flins fließt.

Gewiss, es gibt sie bestimmt, die freundlich-legeren Herrschaften, die ihre biergartenselige und gutmütige »Mia san mia«-Lebensart quasi hauptberuflich verstrahlen. Dass er aber auch anders kann, der Bayer, und immer schon konnte, stellt er bei Bedarf gern unter Beweis. »Wandre hin über die Alpen, wenn dich der Bayer durchlässt«, bemerkt augenzwinkernd Bischof Venantius Fortunatus, als er im 6. Jahrhundert sein Versepos auf den heiligen Martin von Tours schreibt und dabei dem Bayern einen seiner frühesten Einträge in die Stammesgeschichte beschert. Die Warnung war berechtigt, denn Schlitzohren waren seinerzeit weitverbreitet und der Umgang mit Fremden war nicht immer ein freundlicher. Auch wenn die Epoche der Straßenräuber vorbei zu sein scheint (das Thema Ausländermaut werden wir später behandeln), ist eine gewisse Skepsis gerade im geschäftlichen Umgang mit Eingeborenen auch heutzutage noch angebracht. Freilich gibt es – wie überall auf der Welt – immer solche und solche. Der Münchner Ethnograph und Reiseschriftsteller Joseph Friedrich Lentner begegnete Vertretern beider Fraktionen, als er Mitte des 19. Jahrhunderts durchs Land wanderte. »Bei großer Gutmüthigkeit sind sie unter sich verträglich und gegen Arme wohlthätig«, schreibt Lentner über die Menschen in der Gegend um Wasserburg und Haag. Auch im Gericht Weilheim, Schongau und Landsberg traf er offenbar überwiegend auf anständige Leute: »Das Volk zeigt sich äußerst gutmüthig und willig, unter sich friedfertig, dazu heiter und lebenslustig trotz des im Durchschnitte mäßigen Besitzes, ja selbst der Armuth, die in den südlichen Gemeinden zu Hause ist.« In der Region Mühldorf, Altötting und Burghausen hingegen scheint damals ein ganz anderer Menschenschlag zu Hause gewesen zu sein; einer mit übergroßem Hang nach Erwerb und Besitz, der »bei eigennützigen Zwecken« laut Lentner »unverläßig« und »mißtrauisch« wird, und auch nicht ohne Tücke ist. Zweifelhafte Tugenden also – ausgerechnet bei Menschen, die »die bayerische Aufrichtigkeit als höchste Tugend anschlagen«.

Bayern ist also immer schon vielschichtig, auch in Geldangelegenheiten – das sei an dieser Stelle noch einmal eigens betont. Nicht alle sind gleich, und selbst unter den von Lentner so schmählich gescholtenen Altöttingern hat es bestimmt auch viele rechtschaffene und anständige Menschen gegeben. Aber eben auch jene, für die das Wörterbuch nicht immer schmeichelhafte Begriffe kennt. Also die hinterfotzigen Bauerngloiffen, die bigottischen Bazeen, die brotzaden Aufschneider, intriganten Häuslschleicher, geldgierigen Großkopferten, die noudigen und foudigen Fretter, bschaissaden Dreckhammel, die raffgierigen Ruachn, die Noudnigeln und Farisäer, Rossdeischa und Schacherer. Und so weiter und so fort. Für Nichtbayern sei's auch kurz übersetzt. Man hat es hierzulande also gelegentlich zu tun mit verschlagenem Landvolk, scheinheiligen Betrügern, geltungssüchtigen Neureichen, hinterhältigen Heuchlern, materialistisch gesonnenen Oberschichtvertretern, armen, rackernden Schluckern, die es nie auf einen grünen Zweig bringen und deshalb dauernd neidisch sind; des Weiteren mit sittlich verkommenen Subjekten wie nimmersatten Geldscheffiern, übertrieben sparsamen Geizhälsen, scheinfrommen, unehrlichen Münzfälschern, endlos feilschenden Gierhälsen – kurzum: mit Bayern halt!

All diese Figuren kommen natürlich keineswegs nur hierzulande vor. Aber sie kommen vor! Manchmal in Reinform, meist in Mischform. Gelegentlich sogar in Höchstform. Wie unlängst jener alte, durch und durch katholische Ehrenmann, der bei der Beerdigung einer langjährigen Geschäftspartnerin auftauchte und sich händereibend vor dem Kirchenportal herumdrückte, um den Hinterbliebenen nach der Trauerfeier aufzulauern und zu guter Letzt noch ein paar angeblich ausstehende Euro herauszuschinden, obwohl er über Jahrzehnte hinweg mit der Verblichenen und ihrem ebenfalls schon verstorbenen Gatten sehr viel Geld verdient hatte – tja, wer könnte in so einem Fall schon wissenschaftlich streng unterscheiden, in welche Kategorie der Mann gehört? Häuslschleicher? Farisäer? Ruach? Oder doch eher armer Teufel?

Und wie genau nennt man Menschen, die einen Sterbefall nutzen, um sich anderer Leute Zeug unter den Nagel zu reißen, indem sie bei Nacht und Nebel kurzerhand an fremdem Eigentum die Schlösser auswechseln? Sind das jetzt hinterfotzige Bauerngloiffen, bigottische Bazeen oder doch eher bschaissade Dreckhammel? Es ist oft schwer zu sagen. Aber eines ist klar, bei all diesen Fragen dreht es sich immer wieder vor allem um eins: Um den Flins! Also um das liebe Geld! Der Umgang damit hinterlässt Spuren – in der Sprache, im Denken, in der Literatur, im Alltag.

Der österreichische Ökonom und Politiker Joseph Schumpeter hatte schon recht, wenn er sagte, dass »sich im Geldwesen eines Volkes alles spiegelt, was dieses Volk will, tut, erleidet, ist; und (...) zugleich vom Geldwesen eines Volkes ein wesentlicher Einfluss auf sein Wirtschaften und auf sein Schicksal überhaupt ausgeht«.

Nun soll und kann hier keine umfassende Geschichte des Geldwesens in Bayern geschrieben werden. Auch keine Schicksalsgeschichte des Stammes. Ebenso wenig eine Abhandlung über das zweifelsohne sehr interessante Gebiet der Numismatik. Allenfalls kleine Geschichten werden auf den nächsten Seiten erzählt – Geschichten von und mit Geld. Natürlich auch Geschichten von und mit »ohne Geld«. Geschichten von Gier und Geiz, von Verschwendungssucht und Prunk, von Sparsamkeit und Not. Die Rede wird also sein von Bankern und Fürsten, Freien und Unfreien, Armen und Reichen, von Raub- und Glücksrittern, sogenannten kleinen Leuten und selten sogenannten großen Gaunern, von Alchemisten und anderen Anlageberatern, rebellischen Knechten und sturen Bauern, ganz besonders cleveren Milliarden-Jongleuren und ganz besonders klammen Lebenskünstlern. Geschichten vom Flins also, dem alles nachjagt, obwohl man ihn – so zumindest ein bairisches Lippenbekenntnis – am Ende ja doch nicht mitnehmen kann.

Mitnehma kannst nichts! Oder?

Zu den tieferen Wahrheiten bairischer Alltagsphilosophie gehört die Einsicht, dass sämtliche Errungenschaften des irdischen Daseins auf selbiges begrenzt bleiben müssen. Oder einfacher formuliert: »Mitnehma kannst nix!« Weder Geld noch Goldbarren, weder Pfandbriefe noch Doktortitel. Ja, zefix, nicht einmal den nigelnagelneuen Siebener BMW mit Klimaanlage. Denn am Ende wartet immer der Sensenmann, ein radikaler und unbestechlicher Demokrat, der alles, aber auch wirklich alles einkassiert. Ob ärmlich oder reich, alle sind ihm gleich – als Leich'!

Ja genau, das reimt sich! Und zwar völlig zu Recht, schon seit ewigen Zeiten, denn wo sonst wäre ein Endreim, der den Namen verdient, angemessener als auf der wirklich allerletzten Silbe. Der bairische Liedermacher Georg Ringsgwandl hat es in seinem wunderbaren Song *Nix mitnehma* so formuliert: »Du konnst Börsenschwindler sei mit Immobilien in da Schweiz, oder Hausbesitzerin, zafressn fast vom Geiz, / do konnst du nix mitnehma, naa, do konnst du nix mitnehma.« Die Einlassbedingungen ins Jenseits sind also recht streng; es herrscht eine »strikte Tür«, wie man neudeutsch vielleicht sagen würde. Zumindest, was das Gepäck angeht.

Das hat sich mittlerweile auch herumgesprochen, muss aber trotzdem immer wieder betont werden, weil die Zahl der Uneinsichtigen nach wie vor groß ist. Die Liste der Kandidaten, denen man Ringsgwandls Lied vorspielen möchte, ist jedenfalls auch heute noch lang. Und sie war es schon immer. Weshalb das Thema seit Jahrhunderten an Aktualität nichts verloren hat. Von den spätmittelalterlichen Mysterienspielen bis zu Hugo von Hofmannsthals *Jedermann* – in der einen oder anderen Form kommt es immer wieder auf die Bühne, das Spiel »vom Sterben des reichen Mannes«. Kreidebleich und von allen verlassen, steht unser Jedermann am Ende vor seiner Truhe, aus der der Mammon herausspringt und zeigt, wer hier schon immer der Knecht gewesen ist:

Ich steh gar groß, du zwergisch klein.
Du Kleiner wirst wohl sein der Knecht
Und dünkts dich, anders wär's gewesen,
Das war ein Trug und Narrenwesen.

Spät kommt sie also wieder einmal, die Einsicht, dass der Mammon in Fragen des Endreims kein verlässlicher Gehilfe ist. Das mag in der Natur des Menschen liegen – der Homo sapiens verfügt als solides Landwirbeltier zwar über eine Blut-Hirn-Schranke, aber leider fehlt ihm eine Geld-Hirn-Schranke. Weshalb der Flins als universeller Botenstoff manchmal bis zum Schluss in den menschlichen Schaltraum vordringt. Erst der Sensenmann hebt dann das ultimativ letzte Schild: »Gier? Nur bis hier!« Und drunter steht noch: »Wertgegenstände bitte am Ausgang abgeben!«

Das ist ein durchaus beängstigender Gedanke für manchen. Weshalb sich findige Flins-Besitzer zu allen Zeiten eine kleine Hintertür offen gehalten haben. Etwa in Form von Grabbeigaben. Schon der älteste bislang bekannte Münchner – 2014 im Apothekenhof der Residenz ausgegraben – wurde zu Lebzeiten arg umgetrieben von der Frage nach den Lebensbedingungen im Jenseits. Was wird's drüben wohl zu essen geben? Handwurst und Radieserl? Oder doch eine warme Mahlzeit und eine Halbe Bier? Aber ob's drüben auch Teller, Besteck und Krüge haben? Nicht, dass man am End sein Manna noch aus der Hand raussaufen muss? Das wäre schon ein sauberes Paradies! Jedenfalls wollte unser Proto-Münchner aus der Spätbronzezeit kein Risiko eingehen und hat sein Geschirr lieber gleich selber mitgebracht. Natürlich nur das bessere Zeug, feinste Keramik. Man will sich ja schließlich nicht blamieren drüben. Und die Bronzezwinge, die Vasenkopfnadeln und das Griffplattenmesser nehmen wir auch gleich noch mit. Am End san Weitler drüben, und es wird zum raufen ... Man weiß ja nie, wo man hinkommt.

Und manchmal weiß man nicht einmal, wo es herkommt: zum Beispiel der bronzezeitliche Fund im oberbayerischen Bernstorf, Landkreis Freising. Dort haben 1998 zwei Hobbyarchäologen ein wahres Flins-Dorado ausgegraben. Gold- und Bernsteinobjekte sind aus einem Erdhügel zutage gekommen, und seitdem rühmt man sich in Bayern und behauptet, schon vor dreieinhalb tausend Jahren eine echte Metropole gehabt zu haben! Eine burgähnliche Stadt mit mindestens 15 Hektar und 200 Häusern soll es gewesen sein, über die ein neureicher Handelsmann als bronzezeitlicher König geherrscht hat. »Bernstorf – Mykene – Troja!« – lautet seither eine oft gehörte bayerische Gleichung. Jaja, eine Weltmacht waren wir! Bavarian Boomtown! Handelsbeziehungen bis Griechenland und an den Nil hinunter. Nicht umsonst haben die Hobbyarchäologen einen Goldschatz ausgegraben: das älteste Kronendiadem Mitteleuropas! Und zwei Jahre später dann das Bernsteingesicht – ein einzigartiger Fund nördlich der Alpen!

Leider sind in jüngster Zeit erhebliche Zweifel an der Echtheit der Bernstorfer Funde aufgetaucht. Der Reinheitsgrad des Goldes sei viel zu hoch, sagen Experten, es handle sich um moderne Imitationen. Sollte also der Glanz von Industrie-Gold die Archäologen geblendet haben? Es wäre wohl nicht das erste Mal. Der Wunsch, etwas Wertvolles zu finden, ist vermutlich so alt wie der, etwas mit hinübernehmen zu können.

Beim Mithinübernehmen gilt übrigens eine eherne Regel: Je mehr einer hat und ist, desto größer ist seine Sehnsucht, den Besitz über die Schwelle des Todes zu retten. Ist ja auch klar, was soll denn ein dahergelaufener Hungerleider schon groß mitnehmen? Deshalb waren es bereits vor Jahrtausenden vor allem Stammesführer, die eine standesgemäße Reise ins Jenseits antraten, und zwar im Wagen. Es versteht sich von allein, dass es solche prunkvollen Wagengräber auch in Bayern gab. Und dass es keine Kleinwagen waren. Denn die größte Angst des bayerischen Mannes war es schon immer, eines Tages beim Herrgott drüben anzukommen, und zwar nicht im Audi oder im BMW, sondern mit einem VW oder irgendeinem anderen Blechspielzeug aus der Kleingeräteausgabe. Das wär schon eine schöne Blamage, wenn er dann an der Pforte steht und von Petrus schnöde auf einen der hinteren Parkplätze für Kleinwagen und Mopeds verwiesen wird – bis in alle Ewigkeit! Ein echter bayerischer Männer-Albtraum!

Nur vor diesem Schreckensszenario ist es zu verstehen, dass der ehemalige bayerische Wirtschaftsminister Erwin Huber 2007 in einem Zeitungsinterview sagte: »Die Deutschen dürfen von Brüssel nicht zu einem Volk von Kleinwagenfahrern degradiert werden.« Nun stammt der Herr Huber zwar aus dem niederbayerischen Reisbach, und das liegt nur 19,8 Kilometer vom BMW-Standort Dingolfing entfernt. Aber um Lobbyarbeit ging es dem Minister natürlich nicht. Nein, nein, der Erwin Huber aus Reisbach war einfach ein traditionsbewusster bayerischer Stammesführer. Und als solcher wollte er eines hoffentlich fernen Tages nicht in irgendeinem Proletenkübel ins Wagengrab hinabfahren. Sondern scho gscheid! Wie einst die bronzezeitlichen Kollegen im niederbayerischen Künzing oder im oberbayerischen Hart an der Alz. So viel Prunk möcht' schon sein! Schließlich leben wir ja in einer Auto-Kratie! Oder möchten etwa Sie, dass unseren verdienten bayerischen Stammesführern ihr Wagengrab zwischen Goggomobil und Elektroauto zugewiesen wird? Na also! Dann doch lieber einen standes- und standortgemäßen bayerischen Autofriedhof: »Sie, entschuldigens! Wo liegt denn der Minister Huber selig begraben? – Wer? – Ja, der Huber Erwin von Reisbach! – Ja, sagen'ses doch gleich: Da BMW-Huber! Der liegt da hinten, fünfter Gang rechts, bei de Sechszylinder-Einzelgräber! Glei neben dem tiefergelegten Audi vom Seehofer!«

Wobei, einen Vorteil haben solche großen Wagengräber ja schon! Sie lassen sich nicht so leicht plündern. Ein uraltes Problem in Bayern, schon bei den Bajuwaren des 7. Jahrhunderts. Da hatten die Männer ihr schönstes Sonntagsgewand und schneidige Waffen angelegt, auch Taschenmesser und Feuerzeuge haben sie ins Jenseits mitgenommen. Und natürlich einen Flins! Also Kleingeld. Und die Frauen hatten ihre Flinserl dabei, ihre Glasperlen; und die ganz Reichen sogar Fibeln und Broschen aus Edelmetall. Na ja, wie er eben so ist, der Bayer. Er zeigt halt immer schon gern, was er hat. Jedenfalls waren die bajuwarischen Gräber recht üppig ausgestattet. Und dann kommen die andern daher. Diese Friedhofsgänger der besonderen Art. Die sind nämlich nicht zum Lichtanzünden und zum Grabgießen gekommen. Sondern zum Plündern. Von zehn Bajuwarengräbern waren kurz nach der Beerdigung schon vier geplündert. Frei nach dem Motto: »Er kanns ja ned mitnehma! Dann nehmas halt mia mit!« Ja, ja, der Bayer am Grab – er ist halt nur selten so fromm, wie er an Allerheiligen dreinschaut!

Wie viel kostet ein Bayer?

Als vor einigen Jahren ein fleißiger und zuverlässiger Ingenieur aus München eine neue Arbeitsstelle antrat, begann er sogleich emsig zu werkeln, wofür ihm am Ende des Monats auch pünktlich sein erstes Gehalt überwiesen wurde. Nur die Abrechnung kam nicht, weshalb der Ingenieur vorsichtig nachhakte. Der Leiter der Gehaltsabteilung bedauerte das Missgeschick und wies einen Praktikanten an: »Schicken Sie dem N. umgehend die Gehaltsabrechnung!« Der Praktikant nahm den Vorgesetzten beim Wort, stellte sich mehrere Stunden an den abteilungseigenen Drucker und versandte schließlich ein sauber geschnürtes Päckchen. Unser fleißiger Ingenieur war einigermaßen überrascht, als er zwei Tage später die scheinbar nicht enden wollende Liste seiner neuen Firma über dem Wohnzimmertisch ausbreitete. Alle Namen seiner neuen Kollegen und Kolleginnen waren fein säuberlich nach dem Alphabet sortiert, und am Rand standen Zahlen. Zahlen, die die Gehälter auswiesen, akkurat bis auf die zweite Stelle hinter dem Komma. Der Ingenieur las anfangs etwas verschämt, aber bald schon mit wachsendem Interesse. Ungeheuerliches bot sich da seinem neugierigen Auge. Zum Beispiel, dass Frau Maier, die zehn Jahre länger im Betrieb war als Herr Müller, nur halb so viel verdiente, obwohl sie auf der gleichen Hierarchie-Ebene mit dem Kollegen stand. Und die Sekretärinnen? Oh mei, die armen Schäfchen!, dachte sich N. und grinste. Dafür aber der Herr Abteilungsleiter – Respekt! Ganz schön großzügig! N. hätte es am liebsten gar nicht erst gewusst. Aber nun war es zu spät. Er faltete die computergenerierten Gehaltslisten mit höchster Achtsamkeit, so als gelte es, den Zünder einer Zeitbombe zu entfernen. Und in gewissem Sinne war's ja auch eine. Und jetzt? Was tun? Wegwerfen? Zurückschicken? Aber an wen? Herr N. rief schließlich seinen Vorgesetzten an, und man einigte sich darauf, dass er das Päckchen am nächsten Morgen verschlossen bei der Sekretärin abgibt. Wortlos.

Die Sache schien damit erledigt. Bis zwei Wochen später wieder ein Schreiben der Firma auf N.'s Wohnzimmertisch lag. Verschwiegenheitsvereinbarung! In dreifacher Ausführung. Herr N. überflog die Zeilen: »... die hierbei erworbenen Kenntnisse und Informationen geheim zu halten, und zwar auch in der Zeit nach dem Ausscheiden des Mitarbeiters aus dem jeweiligen Dienstverhältnis.« N. war einigermaßen sauer über diese »strafbewehrte« Vereinbarung. Aber er hielt dicht und war fortan Geheimnisträger. Nur manchmal, in stillen Stunden, fragte er sich, worin eigentlich das Geheimnis bestand. Warum darf niemand wissen von jenem kleinen Unterschied, der dann manchmal doch etwas größer ausfällt?

Wie unkompliziert war's da doch früher! Da wusste jeder, was so ein berufstätiger Bayer eigentlich wert ist. 1845 zum Beispiel, da stand der »Neueste Menschentarif« noch in den humoristischen *Fliegenden Blättern*: »An der Spitze des ›Menschentarifs‹ steht die Sängerin, die 1000 Gulden pro Abend bekommt, während sich der Bankier und selbst der Fürst mit 1000 Gulden pro Woche begnügen müssen. Minister und Feldmarschall können monatlich über 1000 Gulden verfügen, Advokat und Arzt über 1000 Gulden im Vierteljahr. Richter und Pfarrer kommen jährlich auf 600 Gulden, Nachtwächter und Viehhirten bekommen 5 Sechser (Münzen zu 6 Kreuzer) pro Nacht bzw. Tag. Ganz unten stehen der Dichter, er ›verachtet das Irdische und speist an Jupiters Tisch‹, und der Schullehrer, der sich die Haare rauft, denn er ›hat zu viel zum Sterben und zu wenig zum Leben‹.«

Ja, da war halt noch eine Ordnung drin. Aber noch viel transparenter ging's im frühen Mittelalter zu. Damals gab's die *Lex Baiuvariorum*, das bairische Stammesrecht. Ein gnadenlos offener Bußgeldkatalog, der genaue Auskunft über die damalige Hierarchie und die Flinsverhältnisse gibt.

Ganz oben auf der Stufenleiter steht natürlich der Herzog; gleich drunter die fünf vornehmsten Familien des Landes. Die genießen doppelte Ehre und bekommen im Streitfall auch doppelte Buße. Der Herzog sogar den vierfachen Satz! Mit dem Chef sollte man sich also besser nicht anlegen, das wurde ausgesprochen teuer. Wer den Herzog tötet, zahlt nämlich mit dem Leben. Ein gescheiterter Aufstand hingegen, ein sogenannter »Waffenlärm«, kostete den Rädelsführer immerhin stolze 600 Schillinge. Ein erschlagener Pfarrer 300. Deutlich günstiger wird's dann beim Volk. Wer einen freien Mann erschlägt, zahlt den Verwandten 160 Schillinge. Dieses sogenannte »Wergeld« oder »Manngeld« ist die Grundeinheit für den ganzen Gebührenkatalog. 160 Schillinge entsprechen etwa dem Gegenwert von 160 Kühen oder 80 Ochsen oder 33 Hengsten. Die Tötung eines freien Mannes ist also auch nicht gerade billig gewesen.

Ausländer stehen in der *Lex* übrigens unter dem Schutz des Herzogs, sind aber im Mordfall dann doch günstiger. Wer einen vorüberziehenden Fremdling tötet, ist mit 100 Schillingen dabei. Noch eine soziale Stufe drunter stehen die Freigelassenen: 40 Schillinge. Und ganz unten dann der Servus. Den armen Teufel gibt's schon für schlappe 20 Schillinge. Fast ein Schnäppchen könnte man also sagen. Früher haben bayerische Historiker diesen Servus meist mit Knecht übersetzt. Klingt irgendwie ländlich und gemütlich – bairisch halt. Aber leider trifft's das nicht ganz, sagen neuere rechtshistorische Studien. Denn die Servi im frühmittelalterlichen Stammesherzogtum waren schlicht und ergreifend Sklaven. Sie standen auf einer Stufe mit Tieren und hatten keineswegs ein besseres Leben als ihre Kollegen in der Antike. Und daran hat auch das Christentum nichts geändert. Im Gegenteil: Sklaven waren klassische Schenkungsobjekte an die Kirche! Als solche waren sie allerdings etwas wertvoller als die handelsübliche laizistische Ware. Wer nämlich so einen Kirchensklaven erschlug, musste ihn durch zwei neue ersetzen. Da kannte der Herr Pfarrer kein Pardon! Und die *Lex Baiuvariorum* auch nicht! Denn die Kirche stand ganz oben im alten bairischen Recht, das nicht umsonst im allerersten Paragraphen festlegte, »dass, wenn ein Bayer oder wer immer sein Erbgut oder eine andere Sache einer Kirche schenken will, er dazu freie Gewalt habe«.

Von einer Gleichheit der Gotteskinder war allerdings wenig zu spüren. Das Verhältnis Sklave zu Freien liegt in der *Lex Baiuvariorum* bei etwa eins zu drei. Im Detail sind die Unterschiede oft noch größer: Wer einem Freien die Nase durchsticht, zahlt neun Schillinge. Beim Sklaven nur zwei! Wer einen Freien von der Brücke ins Wasser wirft: zwölf Schillinge. Beim Sklaven, egal ob Schwimmer oder Nichtschwimmer – sind's nur vier.

Ach wie gut, dass es heutzutage keine Sklaven mehr gibt, denkt sich Herr N., schlägt gemütlich seine Tageszeitung auf und beginnt zu lesen: die Geschichte eines Geschäftsmannes in Ottobrunn bei München. Ein schönes, großes Haus mit Aufzug und runden Wänden hat er sich hinstellen lassen. Seine Arbeiter aber zahlt er nicht. In den ersten beiden Monaten fehlt schon ein Teil in deren Lohntüte. Irgendwann bleibt das Geld ganz aus. Mit 200 Euro Abschlagszahlung für mehrere Monate Arbeit fährt der betrogene rumänische Arbeiter nach Hause. Schuften zum Nulltarif! Es ist kein Einzelfall im Deutschland des Jahres 2015. Sechs

Tage in der Woche rackern rumänische und bulgarische Wanderarbeiter auf deutschen Baustellen und in der Landwirtschaft, sind in teils menschenunwürdigen Behausungen untergebracht und werden von einem europaweit agierenden Netzwerk aus Subunternehmen und Scheinfirmen ausgebeutet – vorbei an Staat und Sozialkassen. Manchmal wird der Lohn einfach mit dem Urlaub verrechnet, der natürlich nie genommen werden kann. Manchmal wird er gar nicht gezahlt. Und die Behörden? Verlieren den Überblick im Geflecht der Subunternehmen. Während die öffentliche Hand Aufträge an die billigsten Anbieter vergibt und die Baufirmen sich im Preis unterbieten. Die Rechnung zahlen am Ende – die Arbeiter. Sie bezeichnen sich übrigens selbstironisch als Sklaven. Na, servus!

Die etwas andere Währung – Reliquien und ihre Räuber

Flins kann unterschiedlichste Formen annehmen. Er kann als bare Münze über den Tisch gehen oder als Goldschatz in einem Safe liegen. Manchmal reicht aber auch schon ein Fingernagel oder ein Stück Vorhaut in einem funkelnden Schrein. Wenn solche körperlichen Überreste von der richtigen Person stammen, sind sie unter Umständen mehr wert als Gold und Silber. Im Mittelalter war das jedenfalls so, denn der Reliquienkult nahm damals mitunter seltsame Formen an. Die Leute waren richtiggehend heiß auf Spektakel und Mirakel, und deshalb war es auch kein echtes Wunder, dass Kirchen, die einen Heiligen oder Märtyrer ihr Eigen nennen durften, mehr als nur religiöse Stätten waren – sie galten als staatspolitische Zentren. Die vor Ort zuständigen Mönche standen als Vermittler zwischen den immer noch wirkkräftigen Resten des Heiligen und dem wundergläubigen Volk in einer durchaus mächtigen Position. Wer also ein Kloster gründete, war von vornherein erpicht darauf, möglichst einen eigenen Hausheiligen zu bekommen. Am besten natürlich einen frühchristlichen Katakombenheiligen, der engste Verbindungen zur ewigen Stadt Rom und somit ganz nach oben herstellen konnte. Solche Connections waren schier unbezahlbar.

Die Gebeine des Heiligen wurden dann von Rom oder anderswo in Italien zum Beispiel nach Bayern transferiert, wo so ein Translationsheiliger, dessen himmlische Seelenkraft ungebrochen auf seine irdischen Reste abstrahlte, fortan wundertätig wirken konnte. Was in der Regel natürlich nie ganz umsonst war, denn so eine Reliquie hatte ja neben ihrer heilsamen immer auch eine ökonomische und politische Funktion. Da lag es natürlich nahe, etwas nachzuhelfen und die heiß begehrten, aber seltenen Objekte auf gleichsam wundersame Weise zu vermehren – nämlich mit Hilfe von Gebeinteilungen. Das freilich war bis zur Jahrtausendwende als Sakrileg verpönt. Nur Haare, Zähne oder Fingernägel durften separiert und in Umlauf gebracht werden.

Deshalb war man im oberbayerischen Ilmmünster – etwa auf halber Strecke zwischen München und Ingolstadt – ja auch so heilfroh, dass man den ganzen heiligen Arsacius beherbergen durfte. Beziehungsweise das, was von ihm übrig war. Nun wusste zwar eigentlich keiner so ganz genau, wer dieser Arsacius eigentlich gewesen ist. Die einen sagen, er habe um 400 nach Christus gelebt, sei ein Schüler des heiligen Ambrosius gewesen und dessen Nachfolger als Bischof von Mailand. Andere hingegen meinten, der Arsacius habe eher im 6. Jahrhundert gewirkt. Aber eigentlich war's auch wurscht, weil für gläubige Oberbayern solch biografische Details nur wenig zählen: Hauptsache, der Mann war erstens tot, zweitens heilig und drittens jetzt bei uns im Stift! Diese drei Voraussetzungen waren vorbildlich erfüllt, vor allem Letztere: Die Reliquie des heiligen Arsacius war nämlich im Jahr 766 von Rom nach Ilmmünster überführt worden. Es hat auch gar nicht arg lang gedauert, bis der tote Italiener im schönen Oberbayern nicht nur heimisch, sondern auch aufs Heftigste verehrt wurde. Die Wallfahrt zum heiligen Bischof mit Stab und Mitra war also bald schon ein Selbstläufer. Was im agrarisch geprägten Raum nicht sonderlich überraschen muss, denn der Legende nach hat Arsacius wundersam gewirkt, indem er die tote Kuh einer armen Frau wieder zum Leben erweckte. Rindviecher reanimieren kommt in Bauerngegenden ja immer gut an. Oftmals sogar besser als das Wiedererwecken verstorbener Ehefrauen.

Sagt man. Na ja, wie auch immer. Jedenfalls gehörten das bairische Stift und die Verehrung des heiligen Arsacius bald untrennbar zusammen. Jahrhundertelang! Und Ilmmünster war ein durchaus bedeutender Ort!

Bis eines Tages die Münchner daherkamen. Ende des 15. Jahrhunderts sollte das Kollegiatsstift von Ilmmünster nämlich in die Residenzstadt verlegt werden. Und mit ihm die Reliquien des heiligen Arsacius. Das Landvolk war entsetzt über diese Pläne und so »strömte es weit und breit herbei und erklärte unter heftigem Weinen, Klagen und Händeringen, dass man sich den Heiligen nicht wegnehmen lasse«. So steht es heute noch auf einer Tafel in der Krypta der dreischiffigen Basilika von Ilmmünster zu lesen. Man hört sie förmlich noch schimpfen, die wütenden Oberbayern jener Tage: »Was brauchan denn die Stadtleut' einen Patron gegens Viehsterben! Die solln sich schleichen! Der Arsaci, der ghört uns!«

Geholfen hat das Klagen freilich nichts. Der Herzog höchstselbst ordnete die Heiligenverlegung an, gegen den erbitterten Widerstand der Ilmmünsterer Bevölkerung. Arsacius wurde sogar zum Stadtpatron Münchens ausgerufen, kam aber als Landheiliger und Kuhpatron bei den Städtern nicht so recht an. Viehfall war halt eher selten in der Stadt – und so blieb der Arsacius-Kult an der Isar bescheiden. Trotzdem mussten die Ilmmünsterer über dreihundert Jahre lang auf die Rückgabe ihres Helden warten. Erst 1846 durften die Boandl vom Arsacius wieder heim nach Ilmmünster.

Schon im Mittelalter lautete die Devise nicht »Time is money«, sondern »Bone is money«. Das lukrative Geschäft mit den sterblichen Überresten Heiliger war damals schon ziemlich gefährlich. Räuber und Diebe lauerten nämlich überall auf sakrale Beute. Und nicht selten kamen die Täter selbst aus kirchlichen

Kreisen. In Benediktbeuern zum Beispiel gab es Ende des 10. Jahrhunderts einen Propst, der einen Sohn namens Adalbero hatte. Dieser Adalbero war ein zutiefst gescheiter und gelehrter Mann, weshalb er auch den Spitznamen »das Bücherfass« trug. Und gewiss war unser Bücherfass auch ein frommer Mann, vielleicht sogar eine Idee zu fromm. Denn seine Liebe und Verehrung zum heiligen Tertulinus von Schlehdorf war so glühend und leidenschaftlich, dass Adalbero darüber die Gesetze vergaß. Eines Tages nämlich – oder war's in der Nacht? – jedenfalls an einem 23. November war's, da ging Adalbero zum Kloster Schlehdorf hinüber und stahl den Leib des heiligen Tertulinus. In Benediktbeuern wusste man angeblich nichts von diesem Raub, aber zurückgeben wollte man die Neuerwerbung auch nicht. Der Rest-Tertulinus kam in einen Sarkophag, man fand für ihn ein hübsches Plätzchen auf dem Altar, den Rest der Reliquien hat man in einer Steinvertiefung versteckt. Nach einiger Zeit aber drückte Adalbero das schlechte Gewissen, er brachte die Gebeine zurück. Allerdings nicht vollständig. Weshalb die Streiterei weiterging und schließlich beim Freisinger Bischof landete. Es hat noch eine ganze Zeit gedauert, bis alle Einzelteile des heiligen Tertulinus wieder beieinander waren.

Aber aufgehört hat die unheilige Klauerei trotzdem nicht. Wieder war es ein bairischer Mönch aus Benediktbeuern, der im Jahr 1053 in einem Kloster bei Verona zu Gast war und »gleichsam zum Dank für genossene Gastfreundschaft«, wie Sigmund Riezler schreibt, die Gebeine der heiligen Anastasia gekrampfelt hat. Mönch Gotschalk war die Sache auch keineswegs peinlich; im Gegenteil, er rühmte sich seiner Tat. Der spirituelle Lohn wog das irdische Vergehen offenbar auf. Und einträglich waren die Reliquien für die Klöster allemal.

Vor allem, wenn es sich um besonders wertvolle Objekte handelte. Am liebsten natürlich von Jesus oder Maria. Und wenn möglich Teile vom Körper! Solche Primärreliquien der beiden waren naturgemäß selten auf dem sakralen Reste-Markt – wegen der Auferstehung beziehungsweise der leiblichen Aufnahme in den Himmel blieb auf Erden nicht allzu viel zurück. Höchstens, dass mal eine beschnittene Vorhaut von Jesus in Umlauf kam. Oder Milch und Haare Mariens. Rare Ware war das! Aber man wusste sich natürlich auch da zu helfen, indem man auf Sekundärreliquien auswich: zum Beispiel auf Teile vom Gewand. Etwa eine Windel Jesu wie im Aachener Dom. Oder auch ein Stück vom Kreuz. Letzteres war besonders beliebt. Als Exportartikel waren Kreuzsplitter aus dem Heiligen Land echte Kassenschlager. Warum also lang auf die Kundschaft warten, dachte man sich in Jerusalem und brachte die Splitter gleich selbst ins Abendland. Betend und psalmierend schaukelte man nicht nur ganze Leichname durch Europa, sondern auch Holz. Im Tausch für Splitter, Segen und Heilsversprechen kassierte man Geld und Opfergaben. Einer der Jerusalemer Außendienstmitarbeiter war ein gewisser Konrad, der bei seiner Europatournee gleich mit einer ganzen Sammlung von Kreuzreliquien ausgestattet war. Höchstauthentisches Material aus Bethlehem, Gethsemane und vom Kalvarienberg. Lieferung frei Haus! Leider kam Konrad ausgerechnet durch das Dachauer Hinterland; eine Weltgegend, die später noch oft von sich reden machte wegen illustrer Räuberfiguren wie dem Matthias Kneißl. In diesem Fall war es aber kein profaner Straßenbandit, der es auf Geld und Silber abgesehen hatte. Nein, es war ein Mann mit Sinn fürs Erhabene: der Graf von Dachau! Der hatte seine Schergen ausgesandt und dem armen Konrad sein Kreuz mit Gewalt abnehmen lassen. Was aus dem Sendboten wurde, wissen wir nicht. Der heilige Kreuzsplitter aber landete mitten im Herzen der bayerischen Geschichte –

in Scheyern, der einstigen Stammburg der Wittelsbacher, die später zum Hauskloster der Herrscherfamilie wurde. Bis heute pilgern Tausende dorthin, zweimal im Jahr, bei den Wallfahrten zum Heiligen Kreuz. Und viele kaufen sich an der Klosterpforte ihr »Scheyerer-Kreuzerl« – eine kleine Messing-Nachbildung des einstigen Raubguts. Die Kreuzerl sind übrigens gesegnet. Der Reliquienraub ist wohl längst vergeben. Greifens also ruhig zu!

Die Flins-Patronin oder: Heilige Corona, hilf!

Der Bayer träumt oft vom Geld. Deshalb spielt er auch gern Lotto. Jede Woche werden im Freistaat mehr als zwei Millionen Tippscheine am Kiosk, im Laden oder im Internet abgegeben. Drei von vier haben es in ihrem Leben schon mal getan, einer von drei in den vergangenen 12 Monaten. Im Schnitt haut der Bayer pro Kopf und pro Woche 1 Euro 71 für Lotto raus. Fragt man sie oder ihn auf der Straße, was er oder sie mit einem hohen Lottogewinn anfangen würde, bekommt man überdurchschnittlich häufig folgende Antworten zu hören: Erstens – ein Haus oder eine Wohnung kaufen; was kein Wunder ist bei der Mietpreisentwicklung, vor allem in München und Umgebung. Zweitens – anderen Menschen helfen, vorzugsweise Freunden oder Verwandten; was wiederum schon ein Wunder ist und in den allermeisten Fällen wahrscheinlich auch gelogen, weil's mit der Selbstlosigkeit wohl schnell vorbei wäre, wenn die Kronen erst einmal auf dem eigenen Konto sind. Und drittens: Reisen! Viel reisen. Ganz viel reisen! Am besten wär' eine Weltreise! Oder zwei. Einmal hinten rum. Und einmal vorn herum. Ein Leben lang Urlaub also! Für viele wäre das offenbar der Inbegriff von Freiheit und Glück – das Symbol dafür ist die Kokospalme auf schneeweißem Sandstrand. Aber Obacht! »Be careful what you wish for«, warnt nicht nur der Angelsachse vor der Erfüllung lang gehegter Träume. Denn die Reiserei birgt bekanntlich Gefahren. Wer dabei nur an touristenfleischhungrige Haifische oder Köpfe sammelnde Islamisten denkt, verkennt die statistisch weltweit größte Bedrohung: Cocos nucifera! Also unsere sanft im Tropenwind hin und her schwingende Kokospalme. Denn nicht nur in der Hurrikansaison lässt sie gern ihre Früchte fallen, die mit menschlichen Schädeldecken nur bedingt kompatibel sind. Eine vier Kilo schwere Nuss, die mit 80 Stundenkilometern aus 25 Metern Höhe heruntersaust, wäre selbst für harte bayerische Köpfe, die im oktoberfestlichen Masskrugnahkampf gestählt sind, mehr als eine Zumutung. Vielleicht ist das ein Grund dafür, dass auch der Bayer immer häufiger bodennahe Urlaubsdestinationen bevorzugt; sprich: Er bleibt lieber daheim und denkt im Fall eines großen Lottogewinns tatsächlich auch mal an die Verwandtschaft; wenngleich nicht ganz uneigennützig, denn er mag dabei das Sprichwort im Ohr haben, das auf den pazifischen Inseln weit verbreitet ist: »Machen Sie mit Ihrer Schwiegermutter einen Spaziergang unter Kokospalmen.« Eine wird dann hoffentlich schon mal runterfallen. Weil man aber nie weiß, ob sie auch auf die richtige Seite fällt, würde die großzügige Reiseeinladung auf Bairisch vermutlich ungefähr so lauten: »Geh weida, Mutti, da fliegst jetzt allein hin, auf die Fidschi-Inseln, des hast du dir verdient! Mia zahlen's schon, gell!«

Selbstverständlich wird die Mutti dankend ablehnen und lieber mit dem Reisebus der Arbeiterwohlfahrt auf die Landesgartenschau nach Rosenheim fahren, auch wenn sie nichts von pazifischen Sprichwörtern weiß. Denn sie kennt die Tücken von Cocos nucifera nur zu gut aus den heimischen Heiligenlegenden. Schließlich genießt vor allem im östlichen Bayern und in Österreich seit langem eine christliche Märtyrerin höchste Verehrung, die mit Palmen extrem schlechte Erfahrungen gemacht hat. Die heilige Corona, heißt es, war erst 16 Jahre alt, als sie zu Zeiten der Christenverfolgung im Jahr 177 ihrem verhafteten Glaubensbruder Victor von Siena solidarisch zur Seite sprang und dafür ebenfalls festgenommen wurde. Nach längerem Verhör banden ihre Peiniger das Mädchen zwischen zwei herabgebogene Palmen und ließen diese auseinanderschnellen. Die brave Corona hat es förmlich zerrissen. Seither ist sie die Patronin der Metzger, und man muss wohl keinen Pathologen bemühen, der die Unfallfolgen zwischen den Palmen minutiös dokumentiert, um die logische Stimmigkeit dieses Patronats einzusehen. Warum die arme Märtyrerin aber ausgerechnet auch noch zur Schutzherrin des Geldes und der Schatzgräber werden durfte? Nun, das liegt wohl an ihrem Namen, heißt es. Denn Corona bedeutet auf Deutsch »Krone« und ist seit Jahrhunderten die Bezeichnung für diverse Währungen. Ja, ja, wie sich's nur immer wieder alles fügt, im allumfassenden Kosmos der Katholizität, in dem auch für allzu menschliche Anliegen noch immer ein Plätzchen frei ist.

Jedenfalls pilgert man im katholisch-süddeutschen Raum seit langem zur heiligen Corona, die als Flinsbeauftragte und Fürsprecherin für Menschen in Geldnöten wirkt. Mancher mag dabei an seinen Lottoschein denken, wenn er vor jener Dame im Mantel kniet, die in der Linken die Märtyrerpalme und in der Rechten ein Geldkästchen hält. Wer weiß, manchmal hilft es ja auch. Schaden tut's gewiss nicht. Wer also kann, der geht, und wer es nicht mehr kann, für den ist auch gesorgt. Er darf sich via Internet an die Patronin wenden. Unter www.schutzheilige.net heißt es: »Sie haben sich nun entschlossen, die heilige Corona zu bitten, Ihnen bei Ihren Geldangelegenheiten und/oder bei einem Lotteriegewinn zu helfen.« Der virtuelle Pilger trägt anschließend nur noch seinen Namen, die Mailadresse und das Anliegen ein:

Heilige Corona zu dir schicke ich mein Gebet,
das um deine Hilfe fleht,
heilige Corona, deine Fürbitte rufe ich an,
hilf mir, dass ich _ _ _

An dieser Stelle darf der Hilfesuchende dann seinen Wunsch präzisieren. Um dem Gläubigen die Sache etwas zu erleichtern, haben die Website-Betreiber schon mal ein paar Textvorschläge in Klammern dazu gesetzt:

Z. B.: »meine Geldprobleme rasch lösen kann« oder »bald einen Gewinn auf meinem Lottoschein finden kann«.

Damit die Fürbitte so richtig Fahrt aufnimmt und auch garantiert bei der Heiligen landet, bekommt der Hilfesuchende noch folgenden Rat aus dem Netz:

Um die Wirkung dieser Anrufung noch zu verstärken, sagen Sie den obigen Satz (Heilige Corona zu dir schicke ...) laut und klicken dann unten auf ANRUFUNG ABSENDEN! – Sie können den Satz natürlich auch nur in Gedanken sprechen und danach unten auf ANRUFUNG ABSENDEN! klicken. – ganz wie es Ihnen am angenehmsten erscheint. Tipps und Tricks zur Anrufung gibt es unter diesem: »Forum-Direktlink«.

Dort ist freilich nicht mit Hilfe vom obersten Webmaster zu rechnen. Ganz lapidar heißt es: »Sorry but this board is currently unavailable.« Kein Draht nach oben also! Aber das macht nichts, denn das Wichtigste an der ganzen Sache ist ohnehin nur eins, nämlich: »ANRUFUNG ABSENDEN!«

Wo die Daten landen? Wer mit der virtuellen Schutzheiligen-Verehrung am Ende die Corona, also den Flins macht? Nun, das bleibt natürlich ein himmlisches Geheimnis. Und wer würde da schon nachbohren wollen? In Glaubensfragen braucht's halt immer auch ein bisschen Vertrauen. Wie heißt es so schön auf dem Internet-»Anrufungsformular für die heilige Corona«:

Es spielt auch keine Rolle, zu welchem Glauben Sie sich bekennen; das Wichtigste ist, dass Sie der heiligen Corona vertrauen!

Eben! Und sollte die Heilige am Ende doch keinen Lottogewinn vermitteln, ist es auch nicht schlimm. Denn geholfen hat sie trotzdem, schließlich ist sie ja nicht nur Patronin für Geldangelegenheiten und Glücksspiel, sondern auch gegen Aberglauben. In diesem Sinne kann man nur fleißig beten: Heilige Corona, hilf! Und schick etwas! Es muss ja kein Hauptgewinn sein! Ein bisschen Hirn würd' auch schon reichen!

Sollte aber nun trotzdem jemand von materieller Gier übermannt werden, kann er sich ja den Traum des Mesners vom Wiener Stephansdom in Erinnerung rufen. Der hatte einst gehadert mit seiner ewigen Mittellosigkeit. Er träumte davon, so herrlich und prunkvoll wie die Reichen zu leben. Er wollte halt auch mal wer sein! Deshalb sprach der Mesner das »Coronagebet« mit der Bitte um Öffnung des unversiegbaren Schatzkästleins, auf dass seine Träume allesamt wahr werden. Karriere für die Buben! Einen reichen Hochzeiter für die Tochter! Und für sich selber: Cash! Und zwar reichlich! Als aber der Mesner sein Beschwörungsritual in finsterster Nacht vollführte, da geriet sein Flins-Voodoo ein wenig außer Kontrolle. Der Mann hörte plötzlich Stimmen, hatte Erscheinungen; ja sogar die heilige Corona selbst trat ihm warnend entgegen. Der Mesner jedoch blieb allen Mahnungen zum Trotz stur: Nix da, die Kohle muss her! Und so ließ Corona ihre Schürze fallen und ein riesiger Haufen Gold landete auf dem Kirchenboden. Er war also jetzt ein reicher Mann, unser Mesner, und ließ fortan – wie man so schön sagt – die Sau raus. Er kaufte das größte Haus am Platz, lud allerhand Gesindel zu üppigen Gelagen und ließ jeden Tag die Musik aufspielen. Aber die Legende will es, dass er nicht glücklich wurde mit dem Geld. Bloß gut, dass eh alles nur ein Traum war, aus dem der arme Mann am Ende schweißgebadet, aber unbeschädigt erwachte. Die heilige Corona hatte ihm nur einen Warnschuss verpasst! Auf dass der Kirchenmitarbeiter nie wieder unbotmäßige Träume von Reichtum und sozialem Aufstieg habe. So weit kommt's nämlich noch, dass jetzt auch schon die Mesner …

Coronas Warnschuss blieb freilich weitgehend ungehört. Die Mesner-Geschichte ist heutzutage längst nicht mehr allen geläufig. Man hält sich dann doch lieber an eine andere Wiener Legende, an Johann Nestroy, der schrieb: »Armut ist ohne Zweifel das Schrecklichste. Mir könnt' einer zehn Millionen herlegen und sagen, ich soll arm sein dafür, ich nähmet's nicht!« Dann schon lieber das öde und abgeschmackte Leben in der Langeweile des Reichtums. Denn wie sagt Nestroy: »Millionärs sind immer liebenswürdig.« Kein Wunder also, dass der Bayer so oft vom Geld träumt.

Kommt drauf an, was man draus macht!

Manchmal schlägt das Glück aus heiterem Himmel zu. Ein Lottogewinn – völlig unverhofft! Freilich trifft er wieder nicht den ALG II-Bezieher, der nach einer verpatzten Bandscheiben-OP im Rollstuhl sitzt und seither bei der Münchner Tafel kostenlose Lebensmittel holen muss, weil die 8 Euro 67 am Tag dann doch nicht ganz fürs Essen reichen. Geschweige denn für einen Lottoschein. Nein, der liebe Gott hat Humor. Er sucht sich schon andere Glückspilze wie damals im Jahr 2001 jenen 50-jährigen Münchner, der vor lauter Arbeit zunächst gar nicht auf seinen Zettel schaut. Nur durch Zufall kommt er nach einer Woche drauf, dass er sechs Richtige plus Zusatzzahl hat. Mehr als 1,9 Millionen D-Mark gewinnt der Mann, der in seinem Leben immer viel gearbeitet und sehr gut verdient hat. Seine Frau ebenso. Aber 1,9 Millionen? Ist das wirklich Glück? Der Gewinn stresst die beiden, sie sind völlig überfordert. Jetzt nur keinen Fehler machen! Schön auf dem Teppich bleiben! Zum Glück hat der Glückspilz aber einen verlässlichen Freund, der in der Finanzbranche tätig ist. Der rät ihm, ein halbes Jahr nachzudenken über die Frage: Wie willst du in Zukunft leben? Nach sechs Monaten beschließt der Gewinner, dass er nichts mehr mit Geld zu tun haben will. Er lässt sich eine Sofortrente einrichten und lebt seither ganz gut davon. Zwar nicht das Leben eines Millionärs – keine Yacht, keine teuren Autos, keine großen Weltreisen. Aber für ein vernünftiges Dasein in materieller Freiheit reicht es. Ausgesorgt! Als freier Künstler steht der Mann heute in seinem geräumigen

Münchner Atelier und philosophiert mit dem Pinsel auf der Leinwand. Zum Glück gehört halt immer auch, dass man etwas mit ihm anfangen kann. Mancher aber hat offenbar kein Talent dafür. »Acht Millionen gewonnen – und nach zehn Jahren nur noch Schulden!« Boulevardzeitungen lieben solche Glücks-Schicksale und breiten sie genüsslich-mitfühlend vor ihren Lesern aus. So gesehen ist es dann nämlich fast schon tröstlich, dass Lottogewinne relativ selten sind. Die Wahrscheinlichkeit, vom Blitz getroffen zu werden, ist mit eins zu sechs Millionen mehr als doppelt so hoch. In der Regel gewinnt also immer die Bank beziehungsweise der Lottoveranstalter. Aber das war nicht immer so.

Zum Beispiel im alten Bayern, dem ersten deutschen Land, das im Jahr 1735 das klassische Lotto einführte. Kurfürst Karl Albrecht brauchte wieder mal Flins, sehr viel Flins, denn er war Wittelsbacher und deshalb immer knapp bei Kasse – wegen der Schlösser, der Mätressen, der Kriege. Gut ein Drittel der Staatsausgaben floss in die prächtige Hofhaltung, und die Armee wurde ebenfalls fleißig aufgerüstet. Obwohl nie Geld da war, weil Karl Albrecht von seinem Vater Max Emanuel Schulden in Höhe von 26 Millionen Gulden übernommen hatte. »Aber nur der Not koan Schwung lassen« lautet ein altbairisches Motto, das auch in höchsten Staatskreisen weit verbreitet war. Trotzdem, irgendwann mussten auch wieder ein paar Gulden in die Staatskasse fließen. Und so kam die Idee mit dem Lottospiel gerade recht. Als zusätzliche Steuer quasi! Manche sagen auch Deppensteuer dazu! Aber das sind keine Freunde des Glücksspiels. Ganz im Unterschied zu Georg Suttöun. Der Engländer war ein typischer Abenteurer und Glücksritter seiner Zeit. Der Hazardeur stammte eigentlich aus London, hatte aber viele Jahre in Italien gelebt und dort das Lotto kennengelernt. Als Suttöun gegen

Ende des Jahres 1734 plötzlich am bayerischen Hof auftauchte, war das Spiel dort so gut wie unbekannt. Aber die Beziehungen zu Italien waren damals sehr eng, es kamen viele Südländer mit neuen Geschäftsideen über die Alpen; so viele, dass der Historiker und Aufklärer Lorenz von Westenrieder noch 1780 darüber klagte, dass die Namen der meisten Geschäftsleute in München auf -ino oder -ano endeten. Der englische Italiener Suttöun jedenfalls versprach den bayerischen Finanzpolitikern reiche Beute, als er ihnen seinen Lottoplan vorlegte. In Italien sei das Geschäft bestens gelaufen; die Städte, die Fürsten, ja sogar der Papst machten richtig viel Reibach mit dem Glücksspiel. Der klamme bayerische Kurfürst musste gar nicht lange überlegen und entschied sich, das Projekt als staatliche Unternehmung zu betreiben. Weil bayerische Beamte aber keine Erfahrung mit solchen Dingen hatten, betraute man Italiener und Franzosen mit der Geschäftsführung. Der Chef des Unternehmens sollte kein Festgehalt bekommen, sondern mit einer zehnprozentigen Umsatzbeteiligung richtig motiviert werden. Als erster Direktor des Lotterieamtes fungierte natürlich Georg Suttöun selbst. Das Amt unterstand übrigens nicht der Hofkammer, die eigentlich für alle finanziellen Belange zuständig war. Die Einkünfte sollten direkt in die Kabinettskasse fließen.

Bald schon wurde also nördlich der Münchner Feldherrnhalle ein Lottoamt eingerichtet, und der geneigte Untertan durfte fortan in der »1. Schwäbing Gassen« sein Glück mit dem in Deutschland bis dato unbekannten Spiel versuchen. Am 13. Juli 1735 fand im Redoutensaal die erste Ziehung statt. 90 Kugeln, die jeweils mit einer Zahl und dem Namen eines armen Mädchens versehen waren, kamen in ein sogenanntes »trüchl«. Aus dem Behälter zog ein Bub dann fünf Kugeln und las die Nummern laut vor. Alles wurde fein säuberlich protokolliert. Das Ganze hatte auch schon einen sozialen Anstrich; die armen Mädchen, die gezogen wurden, bekamen finanzielle Unterstützung. Aber darum ging es nur am Rande. Im Mittelpunkt standen natürlich die Gewinne. Und die waren unter Umständen beträchtlich. Ein Spieler konnte nämlich eine beliebig hohe Summe setzen. Der Gewinn bestand dann aus einem Vielfachen des Einsatzes. Gespielt werden konnte auf »Einser«, »Zweyer« und »Dreyer«. Für eine richtig gezogene Kugel bekam man im Gewinnfall das 13,5-Fache des eingezahlten Betrags, für einen »Zweyer« das 200-Fache und für einen »Dreyer« das 2400-Fache. Eigentlich waren neun Ziehungen im Jahr geplant. Es sollten dann aber nur fünf werden. Der finanzielle Erfolg des Unternehmens war nämlich äußerst bescheiden, das Lottoamt war von Anfang an ziemlich schwach auf der Brust. Aus der landesweiten Ausdehnung wurde jedenfalls nichts, das Lotto beschränkte sich auf München und ein paar andere bayerische Städte. Die Gesamteinlagen waren daher denkbar niedrig. Und obwohl Direktor Suttöun nach eigenen Angaben Tag und Nacht arbeitete, sah er lange Zeit keinen Pfennig von seinen Tantiemen. Deshalb bekniete er den Kurfürsten und seinen obersten Beamten Franz Xaver Josef von Unertl, das Unternehmen doch endlich zu fördern. Aber die Herren blieben zögerlich. Das Lotto sollte ja vor allem schnell Geld in die bayerischen Kassen spülen. Investieren? Also erst einmal Geld ausgeben? Nein danke, das wollte man doch lieber nicht. Oder nur wenig. Und so scheiterte das staatliche Glücksspiel endgültig, nämlich an jenem Tag, als der Augsburger Kaufmann Franz Karl Bernhardt sein Glück versuchte und gleich einen flotten »Dreyer« hatte: 21 000 Gulden gewann der Schwabe! Und im Lottoamt herrschte das blanke Entsetzen, denn die Bank war faktisch gesprengt. Der Kurfürst und seine Berater waren gar nicht amused über den dummen Untertanen, der seine Pflichten offenbar völlig missverstand. Einzahlen! Nicht gewinnen! – das ist die Lottoidee bei Hofe. Die hohen Herren witterten jedenfalls Betrug und leiteten eine Untersuchung ein, mit der der Hofratspräsident Graf Seinsheim beauftragt wurde. Der konnte allerdings keine Unregelmäßigkeiten feststellen. Man musste dem glücklichen Gewinner aus Augsburg wohl oder übel sein Geld auszahlen. Doch woher nehmen? Man einigte sich auf Ratenzahlungen! Der bayerische Staat lebte also wieder einmal auf Pump. Aber selbst die 2000-Gulden-Raten konnte die Lottokasse bald nicht mehr aufbringen – das Hofzahlamt musste einspringen. Was dem kurfürstlichen Staat natürlich gar nicht gefiel, weshalb er mit dem Augsburger Kaufmann zu handeln anfing. Statt der noch ausstehenden 17 000 Gulden sollte er nur 10 000 bekommen. Aber selbst die konnte das Hofzahlamt nicht leisten. Und so musste am Ende der Hofkammerrat Ruffini einspringen und 8000 Gulden aus seinen Salzgeldern dazuschießen.

Nein, das Lotto war kein gutes Geschäft für Bayern. Der Kurfürst machte daher noch einen Versuch, das unleidige Projekt den bayerischen Landständen anzudrehen; aber die Herrschaften waren natürlich auch nicht ganz blöd und lehnten die Übernahme des Finanzabenteuers dankend ab. Der Traum vom staatlich-bayerischen Lotto war erst einmal ausgeträumt! Die Unternehmung wurde verpachtet. Und es brauchte einen weiteren Anlauf, bis das Glücksspiel aus Genua endlich Fuß fassen konnte.

Mittlerweile ist das Lottogeschäft ein recht einträgliches geworden. Jedes Jahr grinst der bayerische Finanzminister bis über beide Ohren, weil er sich über einen Lottoumsatz von mehr als einer Milliarde Euro freuen darf. Knapp die Hälfte davon geht an die Lottogewinner. Und die andere Hälfte an den Staat. Der nämlich hat seine Lektion im 18. Jahrhundert gelernt. Und gewinnt seither immer. Recht so! Vielleicht fällt ja dann bald auch mal was für den ALG II-Bezieher im Rollstuhl ab, dem die 8 Euro 67 am Tag in einer Stadt wie München nicht ganz reichen. Auch wenn sein Name nicht auf einer der Lottokugeln steht.

Gesalzene Preise? Immer schon!

Nein, es ist kein Gerücht! München gehört zu den schönsten Städten der Welt. Auch wenn man über einschlägige Rankings streiten kann. Schweizer Unternehmensberater zum Beispiel sehen die bayerische Landeshauptstadt bei der Lebensqualität nur auf Platz sieben – hinter Zürich, Wien, Genf, Vancouver, Auckland und – Obacht! Jetzt wird's gleich lustig! – Düsseldorf. Offenbar haben Unternehmensberater doch ihre ganz eigenen Kriterien dafür, was das Leben lebenswert macht. Aus ihrer Warte ist es vermutlich auch nur ein zutiefst provinzielles Vorurteil, dass München teuer sei. Ja mei, was heißt schon teuer? Man muss es sich halt leisten können. Durch die Berater-Brille betrachtet ist München sogar richtig billig. Im internationalen Vergleich liegt es weit hinter Moskau, Tokio, London und Oslo – nur auf Rang 37!

Also, lieber Münchner, wenn Ihnen Ihr Geld wieder einmal hinten und vorne nicht reichen sollte, dann sind nicht Mieten, MVG-Gebühren oder das Essen an der Isar schuld, sondern einzig und allein – Sie selber. Und Ihr engstirniger, kleinhäuslerischer Blick auf das Schöne, Wahre und Gute. Denkens doch einmal ein bisserl weiter! Gesalzene Preise? Ja freilich! Schon seit der Gründung der Stadt! Das weiß doch jeder Grundschüler! Heinrich der Löwe! Der den Salzhandel ausbaute und den Isarübergang kaperte! Auf Kosten des Bischofs von Freising. Der war auch kein zimperlicher Mann und obendrein stocksauer, weil der Löwe ihm kurzerhand seinen Markt- und Zollplatz Föhring einäscherte –

samt dazugehöriger Münze und Brücke. Was den Bischof besonders empfindlich traf. Nämlich am Geldbeutel! Denn er war es ja, der bislang den Zoll für den gesamten Transportverkehr einstreichen durfte; vor allem für den lukrativen Salzhandel. Diesen Flins hatte sich jetzt der Löwe unter den Nagel gerissen. Einige Kilometer flussaufwärts ließ er einen neuen Marktflecken errichten – bei den Munihen, also bei den Mönchen des Schäftlarner Klosters, die hier einst gehaust haben sollen; woraus sich später der Name der schönen Stadt München entwickelte.

Nun ja, eine Schweinerei war's schon von dem Löwen, aber wie es halt mal so ist, auf der Krim und an der Isar! Oft zählt die normative Kraft des Faktischen! Der bissige Löwe ging jedenfalls als Sieger hervor. Und München durfte seine Rechte behalten – den Markt, die Brücke, die Münze, den Zoll. Also den ganzen Flins! Freilich, ganz leer gingen die heiligen Herren von Freising bei dem Geschacher auch nicht aus. Ein Drittel der Münchner Münz-Gewinne strich künftig der Bischof ein. Und beim Münchner Brückenzoll hielt der fromme Freisinger Kirchenmann noch bis Mitte des 19. Jahrhunderts die Hand auf.

Die Gründungslegende Münchens wird übrigens neuerdings von einigen Historikern in Zweifel gezogen. Ob und wann die Brücke brannte, sei gänzlich ungewiss, heißt es. Vielleicht war's ja alles nur Propaganda des Bischofs, der auch sonst nicht zimperlich war im Umgang mit historischen Dokumenten. Na ja, wenn's um lukrative Geschäfte geht! Vom Klingelbeutel allein wurde ein Bischof ja noch nie satt.

Kein Wunder jedenfalls, dass die Gebühren dauernd steigen, wenn so viele Herrschaften mitkassieren. Die ersten nachgewiesenen Einwohner der Stadt waren übrigens – neben dem Festungskommandanten und dem Dekan – der Münzmeister und der Zöllner. Geldleute also! Der Flins macht's halt aus an der Isar!

Immer schon. Und die Preise? Ja, stimmt! Ein wenig gesalzen sind sie durchaus, nicht nur bei den Mieten, für die man heutzutage 65 Prozent mehr zahlt als im Bundesdurchschnitt. Auch sonst sind die Lebenshaltungskosten in der bayerischen Landeshauptstadt höher als anderswo. München ist und bleibt halt die Nummer eins.

Immer mehr und immer schneller!

Zu den gefährlichsten Straßen Deutschlands zählt die Bundesstraße 12, die quer durch Bayern verläuft – von Lindau am Bodensee über München und Passau bis nach Philippsreut an der tschechischen Grenze. Im Volksmund wird sie nur die »Todesstrecke« genannt, weil auf ihr jedes Jahr mindestens ein Dutzend Menschen das Leben lässt. Hunderte waren es in den vergangenen Jahrzehnten, und wenn man die vielen Holzkreuze am Straßenrand sieht, könnte man meinen, auf dem längsten Friedhof Deutschlands unterwegs zu sein. Meist ist heute die Raserei schuld an den tödlichen Unfällen. Aber pressiert hat es auf dieser Strecke auch früher schon. Ein besonderer Zeuge dafür steht im Großhaager Forst zwischen Hohenlinden und Haag; wer nicht allzu flott unterwegs ist auf der B12, kann ihn sehen, den Gedenkstein aus Granit mit dem schwarzen Wappen und dem weißen Pferd. Dieser »Schimmelstein« erinnert an Gier und Raserei im Mittelalter.

Die Geschichte spielt im Jahr 1058, unweit der heutigen Bundesstraße, in der Gegend von Wasserburg. Dort hauste einst auf einer mächtigen Burg über dem Inn ein unersättlicher Adliger, der die Leute rundherum aufs Ärgste schikanierte. Der Raubritter und seine Mitarbeiter hatten einen ziemlich perfiden Lieblingstrick. Sie spannten eine Kette quer über den Fluss, knapp unter der Wasseroberfläche. Dann warteten sie auf vollbeladene Schiffe. Diese oberbayerische Variante der Angelei war zwar nicht gerade vornehm, aber doch recht effizient. Hatte sich nämlich erst einmal ein Boot in der Kette verheddert, war es ein Leichtes, die Ladung zu rauben und die überraschte Besatzung ins Burgverlies zu verschleppen. Einer der Gefangenen wurde dann zu den Angehörigen der Schiffer heimgeschickt, mit der mehr oder minder freundlichen Bitte um Lösegeldzahlung.

Nun lief dieses Geschäft mit der Schiffsmaut ausgesprochen gut, und der Ritter rieb sich zufrieden die Hände. Nur der gemeine Oberbayer war wenig begeistert, er rieb sich die Augen, weil er ständig weinen musste vor Wut über das adlige Arschloch, das ihm das Leben zur Hölle machte. Die Untaten sprachen sich jedenfalls schnell herum. Eines Tages sollte Kaiserin Agnes davon erfahren. Diese Agnes hatte kein leichtes Los, denn es war noch keine zwei Jahre her, dass ihr Mann gestorben war. Kaiser Heinrich III. war mit 38 Jahren nach kurzer, schwerer Krankheit verschieden, im Oktober 1056. Weil der Sohn noch unmündig war, musste Agnes den Laden übernehmen. Und der war nicht klein. Immerhin war's eines der größten Reiche seinerzeit. Und das zu regieren, da ist frau schon leicht einmal überfordert. Die fromme Agnes jedenfalls flüchtete sich gern ins Religiöse und hielt Hof im nahe gelegenen Altötting. Dort erfuhr sie auch von den adligen Piraten auf dem Inn. Und reagierte herzerfrischend pragmatisch. Wer den Schurken das Handwerk legt, sollte Land bekommen. Viel Land. Genauer gesagt so viel, wie er von Sonnenaufgang bis Sonnenuntergang mit dem besten Ross aus dem kaiserlichen Marstall umreiten kann.

Prompt meldete sich der Meier Kuno aus Altdorf bei Haag in Oberbayern. Der Bauer Meier wusste, dass Raubritterbekämpfung ein riskanter Job ist. Aber er war kein Dummer und hat sich einen guten Trick einfallen lassen. Fünf Plätten hat der Meier mit Strohpuppen präpariert und in einer mondhellen Nacht den Inn hinuntertreiben lassen. Der Köder war also ausgelegt. Und prompt biss die Adelsbande an. Die Königswarter Raubritter rannten zum Fluss hinunter und hofften auf fette Beute, als die Flöße an der Sperrkette hängenblieben. Just in diesem Moment sprang der Meier Kuno mit ungefähr fünfzehn Spezln – allesamt kräftige Bauern und Handwerker aus Haag und Umgebung – aus dem Unterholz heraus. Kernige Burschen waren das, um nicht noch deutlicher zu werden. Jedenfalls mischten sie mit Äxten und Stöcken die Ritterknechte sauber auf. Und fackelten am Ende ihre Burg ab.

Die Asche war noch heiß, als der Kuno bei seiner Kaiserin in Altötting vorstellig wurde und seinen Lohn haben wollte. Agnes hielt Wort und ließ ihr bestes Pferd aus dem Stall holen, einen prächtigen Schimmel. Mit dem sollte der Meier Kuno einige Tage später in der Morgendämmerung seinen Landnahme-Ritt antreten. Nun muss man wissen, dass bayerische Bauern für neue »Grünt«, also neues Land, fast zu allem bereit sind. Das ist heute so und war seinerzeit vermutlich auch nicht viel anders. Der Meier ging also aufs Ganze und ritt wie vom Leibhaftigen getrieben den ganzen Tag, so schnell es ging. Das arme Ross wurde keine Minute geschont – immer Vollgas! Bei Sonnenuntergang brach das Pferd schließlich zusammen und stand nicht mehr auf. Und der Meier Kuno jammerte ganz gottserbärmlich: »Mei, hältst hier schon, Gurre!«, hat er angeblich gesagt. So steht es wenigstens auf dem Gedenkstein an der B12. Was der gierige Meier damit sagen wollte? Ein paar Kilometer mehr auf dem blöden Ross wären schon noch recht gewesen. Weil mehr ist halt immer mehr! Aber so hat's auch gereicht. Der Meier baute sich auf sein eiligst zusammengerittenes Land eine schöne Burg und nannte sich fortan »Edler von Gurre«. So folgte also auf eine gierige Raubrittersippe eine nicht minder gierige Landadelsdynastie. Die freilich sollte bereits 1245 wieder aussterben. Ob's wohl ein

Reitunfall war? Genaueres ist hierzu leider nicht bekannt. Tatsache ist nur – und dafür reicht schon ein kurzer Blick auf die amtlichen Verkehrsstatistiken und Unfallzahlen –, dass man auf der B12 noch heute höllisch aufpassen muss, weil tagtäglich ziemlich viele damische Ritter und Raser unterwegs sind.

Richiesta di intervento! – Otto und die Räuberleiter

Münzen sind ja nie nur Zahlungsmittel, sondern oft auch Propagandamedien. Schon die Kaiser der römischen Antike wollten ihren Ruhm als Herrscher für die Nachwelt verewigen und wiesen ihre Münzbeamten an, glorreiche Taten, militärische Siege, monumentale Bauwerke oder besonders positive Eigenschaften des Regenten auf Münzen zu schlagen und so unters Volk bringen zu lassen. Flins war also immer auch ein wirksames Verlautbarungsorgan der Regierung, lange vor den Massenmedien unserer Tage. Auch im mittelalterlichen Bayern war das nicht anders. Der Welfenherzog und München-Gründer Heinrich der Löwe ließ zum Beispiel in Regensburg einen Pfennig schlagen, der einen Helm tragenden Mann zeigt, wie er mit Schwert und Schild einen nach rechts laufenden Löwen vertreibt. Die Botschaft ist klar: Mutiger als ein Löwe ist er, dieser Welfenherzog, der mit seiner aggressiven Expansionspolitik bald zum mächtigsten Reichsfürsten aufsteigt und deshalb Ärger mit Kaiser Barbarossa bekommt. Der knöpft ihm seine beiden Herzogtümer – Sachsen und Bayern – ab und schickt Heinrich zu seinem Schwiegervater nach England. Der vertriebene Löwe auf der Regensburger Münze kann also plötzlich auch ganz anders interpretiert werden: Der Welfen-Löwe ist raus aus dem Spiel! Jetzt kommen die Wittelsbacher dran! Am 16. September 1180 belehnt Barbarossa nämlich den Wittelsbacher Otto mit dem bayerischen Herzogtum. Und das wird bald auch auf den Münzen sichtbar, zum Beispiel auf den Pfennigen, die in München geschlagen werden – da ist jetzt plötzlich ein geflügelter Löwe mit Adlerkopf zu sehen. Die frühesten Wappen der Wittelsbacher Herzöge zeigen damals oft einen stilisierten Adler. Wie aber kam's zu dem Karriereschub Ottos? Nun, eines kann man nicht behaupten, nämlich dass es besonders schnell ging mit der Belohnung. Jahrzehntelang musste Otto seine Waffentreue unter Beweis stellen. Einmal kam er seinem Chef sogar mit gezücktem Schwert zu Hilfe, auf dem Reichstag von Besancon. Ja, so was mögen Vorgesetzte! Das vergessen sie einem nie! Wenn Sie sich also bei Ihrem Chef mal so richtig einschleimen möchten, dann werfen Sie sich für ihn in die Bresche! Retten Sie ihm den Hintern! Oder noch besser: Retten Sie ihm sein Geld! Also kurz gesagt: Machen Sie's wie der Wittelsbacher Pfalzgraf Otto VI.!

Der hat nämlich in den Jahren 1154/55 seinen Kaiser auf dem Krönungsfeldzug nach Italien begleitet. Ein schwieriges Geschäft, bei dem übrigens auch Heinrich der Löwe dabei ist und etliche Lorbeeren einheimst. Also Städte erobern, Leute totschlagen, solche Sachen – na ja, was man halt so macht bei Feldzügen. Die Italiener erweisen sich damals nämlich als ein wenig widerspenstig, es kommt zu heftigen Unruhen, weil Barbarossa, der alte Geizhals, sich weigert, für seine neue Krone ein wenig Flins locker zu machen. Obwohl es ja fast ein Schnäppchen ist – 5000 Pfund Silber? Für eine funkelnagelneue Kaiserkrone aus Volkes Hand. »Isse doch wirklich eine gute Preise? Allora! Eh!« – meinte der Römer. Der alte Schwabe Barbarossa aber ist anderer Ansicht. Er lässt sich lieber vom Papst einen draufsetzen – und zwar für lau! Also gratis. Da sind die Römer – die alten Hitzköpfe – natürlich sauer und veranstalten ein paar flotte Straßenschlachten an der Engelsbrücke und im nördlichen Trastevere. Also genau dort, wo's bei einem kühlen Glaserl Fontana di Trevi eigentlich recht lauschig wäre und deutschen Gästen immer gut gefällt. Aber nein, die Römer müssen ja wieder Ärger machen! So geht's natürlich gar nicht, sagte deshalb Heinrich der Löwe und gab den renitenten Südländern kräftig eins aufs Haupt. Weil's dann für weitere derartige Freizeitaktivitäten etwas zu heiß wurde im sommerlichen Italien, trat Barbarossa samt Mannschaft den Rückzug an. Heim über die Alpen also! Aber oben bei Verona warten schon die nächsten, die dem Kaiser an den Beutel wollen. Die Veroneser lauern ihm auf und bitten höflich zur Kasse. Es war also – wenn man so will – eine frühe Form von italienischer Autobahngebühr! Nun ist die Nutzung der Superstrada bekanntlich noch nie ganz billig gewesen. Obendrein gilt es, an italienischen Mautstellen stets einige Dinge zu beachten. Man kann dort zum Beispiel in bar zahlen oder mit Kreditkarten. Ob der Kaiser jetzt eine Visa Card hatte, wissen wir leider nicht. Archäologen melden da eher Zweifel an.

Weil aber verbilligte Gruppentickets in Italien bekanntlich selten sind und auch der Telepass vor allem für Vielfahrer gedacht ist, kommt der sparsame Barbarossa nicht in den Genuss einer Ermäßigung. Trotz seiner zahlreichen Italienfeldzüge. Die ganze Sache ist also schon von vornherein etwas verfahren. Und so gibt es prompt wieder Ärger. Ob es jetzt das teutonische Verhalten an der italienischen Zahlstation war? Vielleicht haben sich ja die deutschen Gäste nicht rechtzeitig auf der richtigen Fahrspur eingeordnet? Vielleicht aber hat Barbarossa auch seinen Scontrino, also die Quittung, nicht eigens angefordert und musste mit dem ganzen Zug wieder zurücksetzen, um dann auf RICHIESTA SCONTRINO zu drücken, was natürlich überhaupt nicht geht – weil Rückwärtsfahren auf der Autobahn in Italien strengstens verboten ist. Da macht man sich ja strafbar!

Wie auch immer, der erste Kassierversuch an der Etschbrücke schlägt fehl. Der zweite erfolgt südlich von Rivoli, an der sogenannten Veroneser Klause. Hohe Felswände, eine schmale Straße und oben eine Burg – durch dieses Nadelöhr müssen die Kaiserlichen also durch! Auf der Felsspitze oben sitzen die veronesischen Geldeintreiber. Barbarossas Vorhut lassen sie noch kostenlos durch, als aber das Hauptheer durch die Klause ziehen will, schnappt die Maut-Falle zu. Barbarossa ist im Engpass eingekesselt. Die Etschbrücke zerstört, der Fluss viel zu reißend – Schwimmen war ja bekanntlich eh nicht so seins, wie wir seit Barbarossas tragischem Ende im türkischen Fluss Saleph wissen –, jedenfalls bleibt die deutsche Reisegruppe lieber erst einmal brav stehen. Wie sich's halt gehört an einer Mautstation! Der Kaiser schickt zwei Veroneser, die in seiner Mannschaft dienen, zu den Wegelagerern hinauf, um herauszufinden, was sie eigentlich wollen. Die Forderung ist deutlich! »Flins!« – und zwar reichlich! Richtig viel Reibach wollen die Räuber haben. Und obendrein von jedem Ritter ein Ross und den Panzer.

»Schweinerei!«, schimpft Barbarossa, der sich auf solch eine demütigende und vor allem teure Unverschämtheit gar nicht erst einlassen will. Aber was tun? Er überlegt kurz und drückt dann geistesgegenwärtig die AIUTO-HELP-Taste. RICHIESTA DI INTERVENTO ist angesagt: Also quasi ein Antrag auf Zahlungsunterbrechung. Barbarossa fordert geistesgegenwärtig ASSISTENZA und findet sie beim Wittelsbacher Pfalzgrafen, dessen große Stunde jetzt schlägt. Der Bayer Otto hat nämlich die rettende Idee. Er sammelt 200 handverlesene Krieger, allesamt Söhne des bayerischen Hochlands, um sich. Also Gebirgler aus dem Oberland! Was nichts Gutes verheißt für unsere italienischen Freunde. Otto und seine Baiernbuben ziehen nämlich hinauf zur Festung, wo das Räuberpack sich verschanzt. Die beiden loyalen Veroneser weisen ihnen als Fremdenführer den Weg. Oder besser gesagt den Umweg, denn die bayerischen Blockadebrecher müssen erst einmal außen herum wandern, über Felsen und durch Schluchten – es ist eine Mordshatscherei, bis sie endlich den Fuß einer steilen Anhöhe erreichen. Wie aber soll man jetzt da hinauf kommen, zur Ritterburg?

Nun sind Oberlandler bekanntlich keine Dummen und mit dem Kraxeln kennen sie sich auch aus. Einer steigt also auf die Schulten des anderen. Die Lanzen, die sie bei sich tragen, binden sie zusammen zu Leitern, und so können sie den überhängenden Felsen glücklich erklimmen. Was die Veroneser nie und nimmer erwartet haben. Jetzt sind sie nämlich in der Zwickmühle. »Wer längs der steilen Abhänge zu entkommen versucht, zerschellt im Abgrund, und als sich Otto mit seinen Leuten auf die Besatzung der Burg wirft, wird deren größerer Teil niedergemacht«, schreibt der bayerische Historiker Sigmund Riezler. Der Rest der Bande wird dann gefangen genommen und dem Kaiser vorgeführt. Vergeblich versuchen jetzt die Veroneser ihrerseits, sich freizukaufen. Aber da haben sie die Rechnung ohne den Wirt gemacht. Bei Mautfragen sind deutsche Herrscher bekanntlich unerbittlich. Barbarossa jedenfalls lässt sie alle aufknüpfen, bis auf einen französischen Söldner, der den Henker spielen muss. Die fast 500 Toten lässt der Kaiser zur Warnung an der Straße aufhäufen. Zugegeben, diese Veroneser Gebührendiskussion ist etwas aus dem Ruder gelaufen, ist mehr zu einer Art Partisanenbekämpfung auf Barbarossisch geraten! Die Nazis wussten später schon, warum sie ihre blutigsten Überfälle als »Unternehmen Barbarossa« bezeichnen sollten.

Die Heldentat unserer bayerischen Gebirgstruppe hat der Kaiser jedenfalls nie vergessen. Na ja, wenn sich ein Schwabe schon mal ein paar Mark sparen kann – könnte man da spöttisch anmerken. Aber der Kaiser war nicht nur sparsam, sondern auch ein Fuchs. Nach den schlechten Erfahrungen mit dem mächtigen

Löwen wollte er jetzt einen nicht ganz so potenten Nachfolger. Und so revanchiert sich Barbarossa Jahre später und gibt dem Wittelsbacher Otto 1180 endlich das Herzogtum Bayern – als Lehen samt Münzrecht! Der Diridari und die neuen Propagandamünzen waren also schon einmal gesichert. Die Macht der Wittelsbacher auch bald. Und das alles wegen dem einfachen Trick mit der Räuberleiter. Hund waren's halt schon immer, unsere Oberlandler!

Berthold von Regensburg – der erste Linke Bayerns

Linke haben's bekanntlich nicht leicht in Bayern. Meist reichen für ihre politischen Versammlungen heutzutage die Nebenzimmer einer Gastwirtschaft. Aber das war nicht immer so. Einst strömten Tausende herbei: Männer, Frauen und Kinder, Bürger und einfache Leute, Menschen vom Land und aus den Städten. Die Nachricht verbreitete sich damals auch ohne Zeitungen oder Radio wie ein Lauffeuer: Der bayerische Prediger Berthold spricht! – Ein echtes Event! Alle wollen dabei sein, wenn der Franziskaner auf einen hölzernen Turm steigt, den er als Kanzel nutzt, um eine seiner mitreißenden Predigten zu halten. Auf der Spitze des Turms flattert eine Fahne, damit jeder gleich weiß, woher der Wind weht und wo man sich hinsetzen muss, damit man nur ja kein Wort dieses Mannes überhört. 60 000 Menschen kommen zusammen, manchmal 100 000, heißt es. Andere Quellen sprechen gar von 200 000 Zuhörern. Das mag übertrieben sein, und doch sind es stets so viele, dass eine Kirche nicht gereicht hätte; ja oft nicht einmal ein heutiges Olympiastadion. Deshalb spricht Berthold meist auf freiem Feld, auch mitten in den Städten. In Regensburg und Augsburg, in Zürich, Konstanz oder Speyer. Und er tut es so überzeugend, dass man ihn getrost als den bedeutendsten Prediger deutscher Sprache im Spätmittelalter bezeichnen darf. »Sælic sint die armen, wan daz himelrîche ist ir. Sælic sint die reines herzen sint«, schmettert der wortmächtige und stimmgewaltige Franziskaner von seinem Turm herab und trifft den Nerv der Zeit – Berthold ruft zu Buße und Umkehr auf!

Denn es ist eine unruhige Zeit, in der er predigt – eine Zeit des Umbruchs und der Krise. Die alte feudale, grundherrschaftliche Welt des frühen Mittelalters ist ins Wanken geraten, neue Berufe und Städte entstehen. Es kommt Bewegung ins Spiel – die Bevölkerung wächst und wird mobiler, nicht nur, was das Reisen angeht, auch was die Möglichkeit zum sozialen Aufstieg betrifft. Gewerbe und Geldwirtschaft bekommen einen höheren Stellenwert. Es ist aber auch die Zeit des Interregnums, jener Übergangsphase zwischen 1250 und 1273, die man die schreckliche, weil kaiserlose Zeit nennt. Die alte Ordnung ist dabei zu zerbrechen und wird bald schon den Landesfürsten und den sich emanzipierenden Städten Platz machen. Neu auf den Plan tritt nun ein Bürgertum, das mit Geld und entsprechendem Selbstbewusstsein gesegnet ist. Neu sind auch die Ketzer und Häretiker wie jene Armen von Lyon, die sogenannten Waldenser, die Besitzlosigkeit predigen und die Missstände der Kirche anprangern. Es brodelt im Abendland! Die Kritik am reichen, adligen Klerus wächst von Tag zu Tag. In diesem Geist der Armutsbewegung entstehen zunächst auch die neu gegründeten Bettelorden der Franziskaner und Dominikaner, die predigen und seelsorgerisch tätig sind. Aber ausgerechnet sie sind es, die sich bald schon vor den Karren der Kurie spannen lassen und in der ersten Hälfte des 13. Jahrhunderts die Grundpfeiler der sogenannten Inquisition bilden. Mit ihrer Hilfe setzen sich Kirche und Staat gegen die revolutionären Umtriebe der Häretiker zur Wehr. Aber dieser scheinbar paradoxe Funktionswandel erlöst die Bettelorden nicht von jenen inneren Widersprüchen, die sie immer wieder in die Nähe ketzerischer Gedanken bringen und in Gegnerschaft zur eigenen Kirche. Die Frage ist: Wie viel Flins darf ein Orden, darf ein Kleriker haben? Der theoretische Armutsstreit wird im 14. Jahrhundert später sogar zur weltpolitischen Angelegenheit. Kaiser Ludwig der Bayern instrumentalisiert die Frage im Kampf gegen den macht- und geldgierigen Papst in Avignon. Und gewährt den radikalen Franziskanern am Münchner Hof sogar Asyl.

Der Streit um den Flins bahnt sich freilich schon in den 1220er-Jahren an. Während die frühen Franziskaner in Nachfolge ihres Ordensgründers radikal auf Geld verzichten, finden die Ordensoberen bald schon Wege, wie man sich Immobilien und Güter schenken lassen kann, ohne gegen das Armutsgebot zu verstoßen. Dagegen wehren sich die Linken, die sogenannten Spiritualen, die solche Tricks ablehnen. Die feinsinnige Unterscheidung in unerlaubten Besitz und erlaubten Gebrauch spaltet am Ende den Orden – auf der einen Seite steht die kompromisswillige Mehrheit der Konventualen, auf der anderen die radikale Minderheit der Spiritualen.

Einer der ersten Franziskaner in Deutschland ist David von Augsburg – ein Mystiker und Theologe, Novizenmeister, Volksredner und Inquisitor, der in Regensburg wirkt und zum linken Franziskaner-Flügel zählt. David wird als Lehrer und Freund das rhetorische Talent jenes Bertholds von Regensburg entdecken, mit dem er später durch die Lande zieht, um Klöster zu inspizieren und gegen Ketzer zu predigen.

Berthold ist um 1210 in Regensburg geboren. Mit 16 Jahren tritt er den Franziskanern bei, studiert Theologie, vermutlich in Magdeburg, und ist nicht nur ein kluger theologischer Kopf, sondern auch als Redner ein Naturtalent. Der Bayer spricht die Sprache des Volkes. Und so zieht er seit 1250 jahrelang als Wanderprediger durch den ganzen deutschsprachigen Süden und ist bald auch in Frankreich, Italien, Böhmen und Ungarn bekannt. Ein europäischer Linker also, dieser Berthold, der dem spiritualistischen Flügel des Ordens angehört. Als guter Franziskaner wettert er nicht nur gegen die Verfehlungen des Fleisches, sondern vor allem auch gegen die Versuchungen des Mammons. Recht anschaulich warnt er vor der »gîtekeit«, jener Geldgier, die mit der aufziehenden Geldwirtschaft immer weitere Kreise der Gesellschaft erfasst. Der Begriff »Gîtekeit« – das ist mehr als nur Geiz und Habgier. Er meint auch Wucher und Betrug. Und den will Berthold ausrotten.

Seine Zuhörer auf den Marktplätzen entstammen vor allem den städtischen Mittel- und Unterschichten. Aber auch Leute vom Land lauschen aufmerksam, wenn der berühmte Mann den Wucher der Kaufleute kritisiert. Oder die Betrügereien der Händler und Handwerker. Geldwechsler, die Kohle unterschlagen! Rechtsgelehrte, die schlechte Ratschläge geben! Goldschmiede, die mit Billigmetallen panschen! Fischhändler, die einem stinkende Tiere andrehen, oder Metzger, die Gammelfleisch verscherbeln! Überall Lug, Betrug und Habgier, wo man hinschaut. Es gibt halt viele Gauner in der Stadt. Aber die Städte sind nicht das Problem, sagt Berthold. Ihre Entstehung ist unvermeidlich. Und letztlich stellt er den Städtern sogar ein besseres moralisches Zeugnis aus als der Landbevölkerung. Denn der spätmittelalterliche Streetworker und Stadtseelsorger kennt die Nöte der einfachen Leute in den Straßen der Stadt. Und prangert deshalb eines besonders an – die schlechte Behandlung der ärmeren Schichten!

Gewiss, Berthold von Regensburg ist kein bayerischer Kanzel-Che Guevara des 13. Jahrhunderts, auch wenn bei ihm »manches fast wie marxistische Kapitalismuskritik« klingt, wie der Historiker Friedrich Prinz geschrieben hat. Natürlich geht es dem Volksprediger nicht um die Emanzipation der verelendeten Massen, allenfalls um die Wiederherstellung einer alten, gerechteren, ständischen Ordnung, in der jeder seinen angestammten

Platz hat und die Herrschenden ihre Untergebenen anständig behandeln sollen. Kein Revolutionär im modernen Sinn also! Und doch muten seine Reden durchaus »links« an – bis ins 19. Jahrhundert hinein waren solche Töne jedenfalls selten zu vernehmen und schon gar nicht in Bayern.

Der sozialkritische Berthold ist stets eifrig um sozialen Ausgleich bemüht. Der Lynchjustiz des einfachen Volkes, das einen ausbeuterischen Burghauptmann kurzerhand aufknüpft, stellt er sich entgegen. Oft vergeblich. Es waren wohl keine guten Zeiten für moderate Lösungen. Und so predigt Berthold weiter mit Vehemenz gegen Gier und Ausbeutung. Oder gegen arbeitsloses Einkommen aus Kapitalrente. Der »Gîtige«, der Habgierige also, der sein Geld verleiht und durch die hohen Zinsen noch im Schlafe mehr und immer mehr verdient, ist dem Regensburger Prediger besonders ein Dorn im Auge. »Nun sei froh, Habgieriger, du versäumst keinen Heller bei dieser Predigt« – poltert der Gesellschaftskritiker Berthold von seiner Kanzel. »Ihr anderen Leute aber, ihr versäumt gar viel bei eurer Arbeit.« (Zitiert nach Friedrich Prinz.) Freilich, nicht die Zinsen generell kritisiert der Franziskaner, nur die maßlos überhöhten. Denn ganz ohne Zins scheint eine städtische Geldwirtschaft nicht mehr auszukommen. Aber das rechte Maß macht's! Besonders bemerkenswert ist dabei, dass sich der intelligente Berthold beim Thema Geldverleih und Zins keineswegs auf gängige Sündenbockmuster einlässt. Allen antijudaistischen Klischees zum Trotz betreiben damals nämlich nicht nur Juden solche Geschäfte. Berthold verurteilt die seinerzeit weit verbreiteten grausamen Judenverfolgungen. Ein Aspekt, der den nationalsozialistischen Berthold-Interpreten, die seine deutschsprachigen Predigten gern als »völkisch« lobten, gar nicht gefallen haben dürfte (überdies stammen seine deutschen Texte wohl nicht direkt von ihm selbst, wie man heute weiß, sondern wurden erst später von Franziskanern aus Bertholds lateinischen Predigttexten redigiert).

Der bayerische Volksprediger hat also durchaus linke Argumentationsmuster, auch wenn er sich mit seiner »Gier-Kritik« nicht nur gegen »die da oben« wendet. Was Jahrhunderte später mit dem modernen Begriff der »strukturellen Gewalt« umrissen wird, formuliert er mit einfachen, anschaulichen Worten. Nämlich, dass Menschen auf unterschiedlichste Weise unterdrückt und ermordet werden können. Flins kann töten, lautet die Botschaft. Ein Habgieriger erschlägt nämlich mit eigener Hand tausend Hungerleider, denen er nicht genügend zum Essen übrig lässt. Deshalb fordert der Franziskaner zwar keinen Güterkommunismus oder völlige soziale Gleichheit – das wären Ketzerparolen, auf die der Scheiterhaufen steht! –, aber doch eine Verteilungsgerechtigkeit, die allen Menschen genug zum anständigen Leben lässt. Berthold verdammt die Reichen nicht – denn auch Handel ist eine Form von Arbeit und Gewinn durchaus gerechtfertigt. Und doch gilt: »Ein einziger von ihnen hat so viel, dass wohl hundert mit Recht daran genug hätten, wenn man es gleich aufteilte.« Mit Fleiß und Arbeit allein, so Berthold, wird es ein Armer jedenfalls nie schaffen, auch wenn er noch so reinhaut. Die Arbeiter bleiben arm – trotz ihrer Arbeit, die für Berthold – höchst modern! – nichts Ehrenrühriges mehr war wie in früheren Zeiten, als sie nur als Strafe für den Sündenfall galt.

Arbeit ist also nützlich, und doch, klagt Berthold von Regensburg, bleiben manchem, der eigentlich hundert Pfund verdient haben müsste, nicht genug, um sich eine warme Bleibe leisten zu können. Schuld sei die Habgier. Und deren schlimmste Form sei erreicht, wenn ein Herr seinem Arbeiter, Knecht oder Handwerker den angemessenen Lohn verwehrt – für Berthold eine der verwerflichsten Sünden! Was dieser gemäßigte bayerische Linke, der 1272 in Regensburg gestorben ist, wohl heute zum Thema Spekulationsgeschäfte, Turbokapitalismus, Globalisierung und Bankenmacht predigen würde? Man kann es sich lebhaft vorstellen.

Ja, mi host ghaut!
Die Maut!

Nun fährt ja der Mensch bekanntlich gern in der Weltgeschichte herum. Das war noch nie billig. Und heutzutage ist es das schon gleich gar nicht. Man muss was essen, trinken, tanken und seine Notdurft verrichten – für Letzteres wirft man in der Autobahntoilette Münzen in einen Apparat, um sich durch ein Drehkreuz zwängen und endlich austreten zu dürfen, wofür man – Brav hat er's gemacht! – dann einen Gutschein bekommt, mit dem man in der Autobahnraststätte wieder was zum Essen und Trinken kaufen darf, wofür der Klo-Gutschein allerdings nie ganz reicht, weshalb man wieder Münzen aus der Tasche zieht ... und so weiter. Jedenfalls gehört zum Reisen der Flins. Viel Flins sogar. Zum Beispiel auch für den Wegzoll. Ein uraltes Thema, das in jüngster Zeit auch in Bayern wieder heftig diskutiert wurde. Und zwar durchaus kontrovers! Beim Stichwort PKW-Maut hatte mancher CSU-Politiker schlagartig einen Blutdruck von 200. Dabei ist es doch eigentlich eine schöne Idee: Man will beherzt eine sogenannte Gerechtigkeitslücke in Europa schließen – und fällt dann prompt selbst hinein. Nur weil man autobahnfahrende EU-Mitbürger ein bisserl aussackeln will, wird man plötzlich von aller Welt beschimpft als populistischer Wegelagerer, Raubritter, Abzocker – und was es sonst noch für einschlägige Schimpfnamen gibt. Dabei wollte man in Bayern das Problem doch nur nach alter Väter Sitte angehen. Führte früher nämlich irgendwo irgendein sumpfiger Waldweg von einer bayerischen Einöde zur nächsten, beschloss man höchstamtlich, einen Wegzoll zu erheben –

angeblich zwecks Instandhaltung der sogenannten Straße. Sumpfig war sie danach zwar immer noch. Aber irgendwie erträglicher sumpfig. Und vor allem aber: einträglicher. Wir haben es hier also mit einem uralten Prinzip bayerischer Verkehrspolitik zu tun!

Waren die örtlichen Honoratioren besonders findig, errichteten sie auf halber Strecke auch noch eine Servicestation, eine sogenannte Tafernwirtschaft. Seinerzeit noch ohne Drehkreuz und Klo-Gutschein, aber ein Aufschlag war trotzdem fällig – beim Wein- und Bierpreis zum Beispiel. Denn die Schank-, Krug- und Herbergsrechte kriegte man ja auch nicht umsonst. Tafernwirtschaft hin, Vetternwirtschaft her. Von irgendwas muss der Mensch ja leben, auch in Bayern. Deshalb merke: Wo ein Wille ist, da ist ein Weg; wo ein Weg ist, da ist ein Flins, und wo ein Flins ist, da zahlt man bald eine Maut. Das ist ein ehernes verkehrspolitisches Gesetz.

Zum Beispiel in der schönen Stadt Dachau. Dort hat man früher am oberen Ende des Karlsbergs erst die Menschen und dann die Hand aufgehalten. Beides stets ganz freundlich, versteht sich, wie es halt so Dachauer Art ist – und dabei doch ganz bestimmt. Denn wer hinein wollte in die Stadt, um etwa Handel zu treiben, der musste Zoll bezahlen. Übrigens bis 1926. Heutzutage ist das dem geneigten Publikum nicht mehr ganz so leicht zu vermitteln, drum haben die Dachauer das »Alte Zollhäusl« schön angemalt und die Touristen-Info hineingesetzt. Die hält zwar nicht die Hand auf, im Gegenteil: Sie versorgt die Gäste aus nah und fern mit Wissenswertem über die Tourismusregion. Zum Beispiel mit einer »accomodation list«, in der steht, dass ein Doppelzimmer mit Dusche 95 Euro kostet. Klammer auf: Messe- und Oktoberfestpreis 140 Euro! Klammer zu.

Billiger ist es also nicht geworden. Irgendeiner hält halt immer die Hand auf, und sei es nur die unsichtbare Hand des Marktes!

Und die alte Zollhäuschen-Politik hat auch noch nicht ganz ausgedient. Im Bundesverkehrsministerium hält sie sich noch wacker, denn dort herrscht ein bayerischer Verkehrsminister mit Traditionsbewusstsein. Ganz lang hat er sich überlegt, wo man so ein Häuschen aufstellen kann. Und vor allem: Wen man dort zur Kasse bitten könnte. Einheimische lieber nicht, hat sich der Minister gesagt und an die nächsten Wahlen gedacht. Dann schon lieber eine »Ausländermaut!«. Ein Sturm der Begeisterung wehte durch die Reihen der CSU, denn das Prinzip, dass die andern für unsere sumpfigen bayerischen Waldwege zahlen sollen, leuchtete sofort jedem ein – schon aus Tradition. Dem ausgeklügelten Plan des Verkehrsministers stand also nichts mehr im Wege. Außer einer kleinen und gemeinen juristischen Finesse, die besagt, dass es heutzutage keine Ausländer mehr gibt (allenfalls Asylbewerber, aber die fahren ja bekanntlich selten Auto). Autofahrende Ausländer – also Holländer, Österreicher, Belgier und dergleichen mehr – sind neuerdings keine Ausländer mehr, sondern Europäer. Also undiskriminierbar! Und leider auch unbemautbar! Zumindest wenn nur sie allein blechen sollen und die Inländer befreit sind.

Da grinste unser bayerischer Verkehrsminister schelmisch durch das Gestell seiner schmucken Kassenbrille und benannte die Ausländermaut kurzerhand um: in »Gebietsfremdenmaut!«. So, jetzt passt's, europarechtlich. Hauptsache, die Österreicher müssen auf unseren Straßen blechen.

Denn lange schon lieferten sich die beiden aufs Innigste verfreundeten Nachbarn Bayern und Österreich eine unerbittliche Auseinandersetzung über die Frage, wer die größten Schlitzohren, Beutelschneider und Banditen beherbergt. Prellt Wien Bayern um Milliarden? Oder ist es umgekehrt? Die diversen Landesbank-versus-Hypo-Alpe-Adria-Prozesse ergaben diesbezüglich kein eindeutiges Ergebnis. Es dürfte Remis stehen. Und vermutlich handelte es sich dabei auch um keinen echten landsmannschaftlichen Streit, es waren wohl eher milieubedingte Konflikte!

Jedenfalls sah der Verkehrsminister in seiner Maut eine lukrative Idee, wie man den Nachbarn wieder ein paar Euro abknüpfen könnte. »Von Österreich lernen heißt Kassieren lernen!«, war seine Devise in Autobahnfragen. Freilich, auch dazu gab es mahnende Stimmen, und zwar schon seit dem 18. Jahrhundert. Der Schriftsteller Wilhelm Ludwig Wekhrlin (sic!) kritisierte 1777/78 die bayerische Finanzpolitik im Allgemeinen und die Mautfrage im Besonderen: »Die Bayern werfen dem Ministerio vor, daß es nichts könne als Österreich nachäffen. (...) Man sieht nicht ein, welche Politik die Finanzkammer zu München verleiten konnte, ein Mautsystem nach dem Beispiel Österreichs zu errichten«, knurrte der streitbare Schwabe Wekhrlin, denn: »Jede Maut verzehrt sich selbst, indem sie die Konsumtion vermindert. (...) Durchgängig betrachtet, wäre zu wünschen, daß kein Staat jemals von der Erfindung der Maut einigen Nutzen zu ziehen das Glück haben möchte. Die Erfindung der Maut ist die Epoche der Schleichhändler, der Übeltäter, der Galeeren, der Zuchthäuser und der Strickreuter.«

So weit die Mautdiskussion im 18. Jahrhundert, bei der recht deutlich wird, wer am Ende immer zahlt. Dem ist nichts hinzuzufügen. Außer vielleicht eine Erklärung des schönen, alten und überaus anschaulichen Begriffs »Strickreuter«. Das waren früher berittene Gerichtsdiener, die eingefangene Delinquenten mit Seilen an ihre Rösser banden, um sie hinter sich herzuziehen. Eine Art staatliches Abschleppunternehmen für säumige Zahler also. Nur gut, dass das Mauteintreiben heutzutage auch in Bayern anders läuft. Ganz ohne Stricke, wenn auch nicht ohne Fallstricke – nämlich elektronisch. Also technisch weitgehend unproblematisch, wie man ja schon bei der Einführung der LKW-Maut erleben durfte. Ob sich aber die PKW-Maut überhaupt rechnet? Mal schauen. Vielleicht zahlen am Ende ja doch nicht nur die »Gebietsfremden«, sondern auch die Einheimischen. Hauptsache, bis zur nächsten Wahl ist wieder alles vergessen.

Dass man sich bei Mautfragen manchmal auch grob verrechnen kann, zeigt ein weiterer Blick in die bayerische Geschichte. Wer vor vier Jahrhunderten von München nach Regensburg reisen wollte, überquerte die Amper bei Zolling. Fuhrwerke und Rösser klapperten hin und her über die Brücke, sie kamen aus Böhmen, Sachsen, Franken und der Pfalz. Ein richtiger Fernverkehr also. Und alle mussten über die Zollinger Brücke, die dem Hochstift Freising gehörte. Der Fürstbischof freilich kümmerte sich nicht selber drum, sondern setzte einen »Pruckhay« ein, d.h. einen Brückenpfleger. August Dirmayer hieß der Mann, der für den Unterhalt der Zollinger Brücke zuständig war. Dirmayer musste die Instandhaltung aus eigener Tasche bestreiten und hatte dafür das Recht, Brückenzoll und andere Abgaben einzubehalten. Der »Pruckhay« kassierte daher regelmäßig bei jedem Passanten; mit seinen Instandhaltungspflichten aber nahm er es nicht ganz so genau. Bald waren die Pfähle ramponiert vom Hoch- und Eiswasser des Flusses. Auch das Geländer wurde morsch, und zwischen den Bohlen der Fahrbahn konnte man schon durchschauen, hinab in die kühlen Fluten der Amper. Eines schönen Tages im Jahr 1623 fuhr ein gewisser Striegl aus Österndorf über die Brücke, und obwohl er eigentlich hätte sehen müssen, dass sie schon »etwas paufellig« war, trieb er seine vier Rösser an, damit sie das Fuhrwerk mit den schweren Baumstämmen recht hurtig hinüberziehen. Wahrscheinlich hat's ihm pressiert, dem Striegl, und »Oamoi gehts oiwei no«, mag er sich gedacht haben – jedenfalls, gerade als er die Brücke passierte, ist es passiert – sie stürzte ein. Der Striegl landete samt Fuhrwerk, Ladung und allen vier Rössern in der Amper. Nur mit größter Mühe gelang es dem Transportunternehmer, sich aus den Fluten zu retten. Der Rest war verloren, nur ein einziges Pferd überlebte. Die Sache wurde alsbald gerichtsmassig. Bauer Striegl verklagte den Brückenunternehmer Dirmayer beim Stadt- und Landrichter von Freising! Dirmayer wusste wohl genau, was ihm blühte, und scheute ein Urteil. Lieber verglich er sich vorab mit dem Geschädigten. 160 Gulden war er bereit zu zahlen – für Striegls Verlust an Ross und Ware. Der Striegl war damit einverstanden, nahm 100 Gulden als Anzahlung und wartete auf den Rest, der in Raten kommen sollte. Er wartete allerdings vergeblich. Der Brückenunternehmer blieb das fehlende Geld einfach schuldig. Sein Geschäft durfte er aber weiter betreiben. Freilich nur unter allerschärfsten staatlichen Auflagen – man kennt das ja. Der »Pruckhay« wurde vom Hofmarksrichter »jedenfalls streng angehalten, Weg und Steg in ordentlichem Zustand zu halten, damit deratige Unfälle nicht wieder vorkommen«.

Fairnesshalber muss man an dieser Stelle hinzufügen, dass das Zöllnergeschäft schon immer ein recht karges war. Alle paar Jahre wechselten die Pächter. 1798 wurde ein gewisser Johann Baptist Wailleder Bruckzollner zu Zolling. »Ja mi host ghaut, die Maut … ist vielleicht ein Scheißgeschäft«, mag sich der Wailleder bald schon gedacht haben. Denn viel Geld ist für den Witwer schon in normalen Zeiten nicht herum gekommen. Als aber Krieg und Teuerung das Leben in Bayern noch schwerer machten, da fasste sich der Zöllner ein Herz, schrieb einen Brief an seinen durchlauchtigsten Kurfürsten und beschwerte sich über seinen Job: »Allein eben diese Anstellung ist für mich mehr Strafe als Belohnung«, klagte er, weil die 150 Gulden im Jahr nie und nimmer reichten, wo doch die Lebensmittelpreise dauernd stiegen und er eh schon »Tag und Nacht beim Schrankenbaum angespannt sein muss«, was auf Dauer »... nicht einmal ein Vieh bestehen könnte«. Kurzum, der Wailleder bat »untertänigst gehorsamst« um eine Versetzung. Doch die bayerische Obrigkeit beharrte stur auf ihren Mautplänen und hatte kein Erbarmen mit dem Mann. Im Gegenteil. Die kurfürstliche Hofkammer setzte ihm einen pensionierten Unterleutnant als Kontrolleur vor die Nase. Wailleder fühlte sich dadurch aufs Ärgste gedemütigt, verlor über der Schmach langsam den Verstand und verließ eines Nachts – irregeworden – sein Zollhaus. Mitten im kalten Januar streifte er durch die Wälder mehrere Tage lang. Bis er eines Tages völlig entkräftet an der Pforte eines nahen Spitals auftauchte. Zum Klopfen kam er noch, der Wailleder. Kurz darauf war er tot. Ja, ja, diese Mautgeschichten, die können einen schon wirklich in die Verzweiflung treiben.

Finanzkrise! Der Sturm auf die Münze

Der große Wiener Philosoph, Theatermann und Sprachartist Johann Nestroy brachte es wieder einmal auf den Punkt, als er schrieb:

Laßt's mich aus mit der Welt, es is nix ohne Geld!

Um den Flins kommt halt keiner herum, ohne ihn läuft nichts. Manchmal läuft freilich mit Geld auch nichts. Oder immer weniger. Zum Beispiel, wenn man für ein und dieselbe Münze immer kleinere Portionen kaufen kann. Heutzutage kennt man das aus dem Supermarkt. Plötzlich sind nur noch zehn statt zwanzig Scheiben Toast in einer Packung – die Preise aber sind nahezu gleich. Der Endverbraucher flucht, die Hersteller schieben's auf den Handel, die Händler auf die allgemeine Preisentwicklung und beide gemeinsam auf die Kundenwünsche. Schließlich gebe es ja immer mehr Singles in unseren Großstädten! Und die sind doch froh drüber, wenn sie nicht so viel Zeug heimtragen müssen, weil's eh nur ein Pelzchen kriegt im Kühlschrank und dann mit spitzen Fingern entsorgt werden muss. Also, lieber kleinere Packungen! Die dann natürlich auch mehr kosten! Aber die Leut' zahlen's schon, sie hamm's ja!

Im 13. Jahrhundert war man im Umgang mit solchen Fällen auf buchstäblich erfrischende Weise unkompliziert. Ein Bäcker, der wiederholt dadurch unangenehm auffiel, dass er zu kleine Brote unters Volk brachte, musste damit rechnen, in aller Öffentlichkeit in einen eisernen Korb gesperrt und am Wippgalgen hochgezogen zu werden. Bei dieser lustigen Kettenkarussellfahrt sollte es nicht bleiben. Denn der Delinquent wurde alsbald geschnellt, wie man damals sagte. Das heißt, die Wippe wurde über einen Bach geschwenkt, der Korb langsam nach unten gelassen, ins saukalte Wasser, bis der Käfig nicht mehr zu sehen war. Nach einiger Zeit hat man ihn dann wieder herausgezogen, den Bäcker – waschelnass und unter johlendem Gelächter des schadenfrohen Publikums, das eine Mordsfreude an dem Spektakel hatte. Diese frühe Form von Waterboarding für betrügerischen Einzelhandel war in ganz Deutschland verbreitet. In München wurde die als relativ mild geltende Schandstrafe an der Rossschwemme am nördlichen Ende des Viktualienmarktes praktiziert; die Wippe kam bis ins 17. Jahrhundert hinein zum Einsatz, manchmal auch für Gotteslästerer und Ehebrecher. Allgemein bekannt und beliebt aber war sie als Bäckerwippe.

Heutzutage verstieße ihr Einsatz natürlich nicht nur gegen die Menschenwürde, sondern wäre auch zutiefst ungerecht. »Warum eigentlich nur wir Bäcker?«, würden diese zu Recht fragen. Wo bleibt die Discounter-Wippe? Wo die Gammelfleischmetzger-Wippe? Und was ist mit dem Elektroschrotthandel und seinen eingebauten Sollbruchstellen? Aus Gerechtigkeitsgründen wären wohl viele Branchen einzubeziehen, und schnell würden sich immense logistische Probleme auftun. Wohin nur mit all den Wippen? Kein Mensch könnte mehr an den Chiemsee oder Ammersee fahren, alles stünde dauernd voller Wippen und Hinweistafeln: »Achtung! Heute kein Badebetrieb! Schnellertag! Von 8–10 Uhr Bäcker! Von 10–12 Uhr Metzger! Von 13–15 Uhr Wiesnwirte! Danach Finanzberater! Open End!« Nein, nein, es ist schon besser so, dass sich unsere Rechtsordnung in gewerberechtlichen Fragen anders entwickelt hat.

Doch zurück ins Mittelalter. Zimperlich war der Mensch damals nicht, vor allem nicht, wenn es um den Flins ging. Diese bittere Erfahrung musste auch die Münchner Münze machen, als im Sommer des Jahres 1295 wieder einmal der Volkszorn hochkochte. Im Jahr zuvor war Herzog Ludwig der Strenge gestorben und sein Sohn Rudolf folgte ihm nach. Der junge, energische Wittelsbacher Rudolf brauchte wieder einmal Geld. Besorgen sollte es Meister Schmiechen, Chef der herzoglichen Münze am Schrannenplatz, dem heutigen Marienplatz. Der war dafür verantwortlich, dass der Rubel rollte, denn nicht nur der Herzog, sondern auch die Kaufleute benötigten Münzen für den Handel mit Salz und anderen Waren. München war schließlich das Wirtschaftszentrum Oberbayerns und machte Geschäfte bis nach Tirol hinunter. Der Flins selbst war damals längst zur Ware geworden, denn Finanzgeschäfte und Geldverleih waren eng verbunden mit der Handelstätigkeit. Nun waren einem frommen Christenmenschen Wucher und Zins von der Kirche verboten. Das Privileg für Geldleihgeschäfte lag seit 1236 deshalb bei den Juden. Aber auch Nichtjuden umgingen mit viel Geschick das formale Zinsverbot und betrieben ihre lukrativen Finanzgeschäfte! Nicht zuletzt die Kirche selbst.

Für den Fernhandel ist jedenfalls eine stabile Währung erforderlich. Die Münze und ihr Feingehalt an Silber müssen also anhaltend gleich gut sein wegen der Wechselkurse. Leider haben die Münzherren damals eine schlechte Angewohnheit. Sie lassen die umlaufenden Münzen, die sogenannten Brakteaten, in regelmäßigen Abständen für ungültig erklären, so dass sie gegen Gebühr umgetauscht werden müssen. Solche Münzverrufungen führen zu Wechselkursschwankungen und kosten die Kaufleute unter Umständen viel Geld. Vor allem die deutschen Handelsstädte sind daher daran interessiert, die Münzprägung in die eigenen Hände zu nehmen, um einen »Ewigen Pfennig« zu prägen, der nicht jedes Jahr durch Münzverrufung verfällt und mit Gebühren belastet ist. Und obendrein auch immer schlechter wird.

Herzog Rudolf der Stammler und sein Münzmeister Schmiechen verfolgen freilich ganz eigene Ziele. Alle Zoll- und Steuergelder werden in Schmiechens Münze eingesammelt, eingeschmolzen und neu geprägt: Herauskommen sollen gute bayerische Pfennige! Die bald aber nicht mehr so gut sind, weil Herr Schmiechen eine Idee hat, wie er seinem Chef noch mehr Geld verschaffen kann. Die guten Pfennige aus reinem Silber lässt er einschmelzen und mit ein wenig Blei oder Zinn mischen. Aus zwei mach drei, lautet die Schmiechen-Formel, die des Herzogs Miene heiter werden lässt. Damit aber die Bürger Münchens die Manipulation nicht gleich bemerken, taucht man die neuen Münzen in ein Säurebad, damit sie schön glänzen. Bald sind immer mehr von diesen »Weißlingen« im Umlauf. Weil aber die Münchner auch nicht ganz dumm sind, bemerken sie den herzoglichen Münzschwindel schon ziemlich bald. Die Metzger sind sauer, weil die Bauern für das schlechte Geld keine Rindviecher mehr hergeben wollen. Die Handwerker rühren bald keinen Finger mehr für die Schrottwährung. Und die Händler nehmen die Pfennige auch nicht mehr an. Eines Tages im Sommer 1295 ist es dann so weit. Die Finanzkrise eskaliert! Das wütende Volk rüstet zum Aufstand und stürmt die Münze! Die Stadtwache hat keine Chance, irgendwie einzugreifen. Und so wird das herzogliche Mobiliar kurzerhand zu Sägemehl verarbeitet, und die vielen guten und schlechten Münchner Pfennige landen in den Taschen der Aufständischen! Meister Schmiechen hat wohl schon Schlimmes geahnt und sich in einem Verschlag versteckt. Lang dauert es aber nicht, bis man ihn entdeckt, herausschleift und mitten am Schrannenplatz auf dem Richtblock enthauptet. Nun ja, wofür hat man denn seine leitenden Beamten, mag sich Herzog Rudolf gedacht haben. Einer muss ja den Kopf hinhalten! Die aufmüpfigen Münchner aber ließ der Herzog gleich sauber in ihre Schranken weisen. 300 Pfund Pfennige sollen sie für ihre Unbotmäßigkeit zahlen! Und die herzogliche Münze wird auch verlegt. Strafe muss sein!

Aber auch Rudolf selbst sollte bald heftigen Gegenwind verspüren. Sein jüngerer Bruder Ludwig, der als Ludwig der Bayer später sogar Kaiser wird, kann auf Betreiben der Habsburger 1301 in Bayern mitregieren. Und bald schon alleiniger Herzog werden, während sich Rudolf in die Pfalz zurückzieht. Die Münchner erhalten 1309 das Versprechen, dass die Geldschneiderei ein Ende haben muss und der Münzfuß nicht mehr verschlechtert werden soll. Was der Wirtschaft in der Residenzstadt sehr guttut. Und am Ende auch den Wittelsbachern, denn die können sich jetzt von den reichen Münchner Kaufleuten jene Gelder ausleihen, die sie zum Regieren und Repräsentieren dringend brauchen. Wie sagte Johann Nestroy gleich wieder: »Laßts mich aus mit der Welt, es is nix ohne Geld!« Das gilt auch für Politiker!

Ruachad und reich – die Herzöge von Niederbayern

Kinder erziehen ist bekanntlich nicht einfach. Das fängt schon beim Taschengeld an. Wenn ja, wie viel? Kaum hat man eine Summe festgelegt, kommen die ersten Klagen: »Der Franzi kriegt fünf Euro mehr im Monat!« Der Vater mault: »Egal, bei uns ist es anders!« Aber die Mutter gibt zu bedenken, dass auch die Nachbarin gemeint hat ... Und schon ist man mittendrin in der lustigsten Gelddiskussion. Klar ist nur eins: Flins will gelernt sein! Die lieben Kleinen sollen ja keine leichtsinnigen Verschwender werden, andererseits auch keine knickrigen, habgierigen und geldgeilen Ruachen, wie man in Bayern sagt. Aber wie man's macht, ist es verkehrt. Am Ende kommt oft das Gegenteil von dem heraus, was man sich als Erziehungsberechtigter erhofft hat. Das Phänomen ist nicht ganz neu, man kann es schon im 15. Jahrhundert an bayerischen Herzogshöfen beobachten.

Die herrschenden Wittelsbacher waren im Spätmittelalter untereinander so zerstritten, dass das schöne Bayern gleich mehrfach geteilt werden musste. Das reiche Niederbayern hatte es recht gut erwischt, in Landshut regierte damals ein Mann, der zwar kein Feingeist war, aber sein Land fest im Griff hatte, vor allem in Finanzfragen: Herzog Heinrich XVI. von Niederbayern konnte mit Salz und Silber ziemlich viel Reibach machen. Und obendrein einen modernen Staat!

Sogar eine Art Finanzminister leistete sich unser Heinrich, der den Turm seiner herzoglichen Nebenresidenz Burghausen angeblich randvoll mit Gulden hatte. Der Herzog betrieb die

Staatsfinanzen also mit System. Er ließ die Gelder überwachen und kontrollieren und genauestens Buch führen. Was durchaus eine gute Idee war, weil's seinerzeit ein rechtes Durcheinander war mit den vielen unterschiedlichen Währungen, Maßen und Gewichten. Überhaupt war das Steuerwesen noch recht bunt und kreativ. Man zahlte nämlich nicht nur in barer Münze, sondern gern auch mit einem Fass Wein oder einem Scheffel Getreide. Mancher lieferte auch nach alter Väter Sitte am Finanzamt seine alte Armbrust ab. Gemütliche Zeiten eigentlich! Man stelle sich's für heute vor: Dutzende von Steuerwilligen, die ihren Kleinlaster vorm Finanzamt parken und ausladen. »Die alte Eckbank dahinten, des waarad dann die Einkommensteuer 2014. Und das Küchenregal gehört zur Umsatzsteuervoranmeldung 2015.« Was glauben Sie, wie so was die Steuermoral erhöht. Andererseits – wohin mit den ganzen staatlichen »Einnahmen«?

Eine gewisse Neuordnung war also seinerzeit bestimmt nicht ganz verkehrt, auch wenn's Heinrich bei der staatlichen Straffung gelegentlich etwas übertrieben hat. Zum Beispiel hat er die reichen und selbstbewussten Bürger seiner Residenzstadt Landshut ziemlich hart rangenommen. Stadtrat und Zünfte beanspruchten nämlich in Stadtangelegenheiten einige Mitspracherechte, was dem Herzog gar nicht passte. Im August 1408 lud er deshalb zum Essen und ließ 40 Bürger verhaften. Wer nicht spurte, wurde des Landes verwiesen, sein Vermögen eingezogen. So was mögen die Landshuter gar nicht. Und Heinrich lag vielleicht gar nicht verkehrt, als er zwei Jahre später eine Verschwörung von Handwerkern und Gewerbetreibenden in der Isarstadt witterte. 31 Männer und 24 Ehefrauen ließ er festnehmen, viele wurden noch in der Karfreitagsnacht getötet, andere später hingerichtet oder verbannt. Heinrich machte also deutlich, wo der Hammer hängt und wer ihn gegebenenfalls auf den Kopf kriegt. Es ging um Flins und Macht. Beides wollten Landesherr und hoher Adel nicht gern teilen mit den reichen Patriziern und Finanzmoguln der Stadt. Die ihrerseits hatten keine Lust, die kostspielige Bautätigkeit des Herzogs zu finanzieren. Also ließ Heinrich sie kurzerhand enteignen. Was ihm eine ziemlich schlechte PR in den Geschichtsbüchern bescherte. Gnadenlos und blutrünstig sei er gewesen, geldgierig und grausam! Ein Bürgerschlächter und Flinsklauer! Der erfolgreiche Modernisierungspolitiker war hinter diesem Vorhang des Hasses lange Zeit nicht mehr zu erkennen. Obwohl Niederbayern unter seinen »reichen Herzögen« zu den finanzkräftigsten Territorien des Reichs zählte und Landshut München in jeder Hinsicht in den Schatten stellte.

Allerdings ist der Finanzfuchs Heinrich auch privat ein ausgesprochen strenger und sparsamer Mann gewesen. Sein einzig überlebender Sohn Ludwig darf nicht – wie bisher im Hause Wittelsbach üblich – am Hof des Vaters leben, sondern muss mit seiner Mutter auf der Burg zu Burghausen ausharren. Und das Taschengeld ist auch knapp bemessen. Ludwigs Erzieher ist ein alter Haudegen, der auf den Schlachtfeldern des Abendlandes zu Hause ist und wenig für Luxus, Wissenschaft und Kultur übrig hat. Auf dem Lehrplan stehen vor allem Religion, Kriegskunst und Leibeserziehung. Das kommt dem jungen Ludwig zunächst auch entgegen, denn er ist mit großer körperlicher Kraft und einem »stolzen Leib« ausgestattet, liebt das Ringen, den Schwertkampf und das Steinwerfen. Kurzum: er ist mehr der Sportler-Typ. Das karge Leben in Burghausen hat ihm vermutlich weniger geschmeckt. Ludwig wird ausgesprochen knapp gehalten an Geld, Kleidern und Pferden. Nicht einmal zum Jagen darf er gehen. Damals schon regen sich die Leute über den strengen Erziehungsstil des Herzogs auf. Sohn Ludwig aber rebelliert nicht, sondern harrt aus, bis der Alte endlich abtritt.

Als Herzog Heinrich der Reiche 1450 stirbt, zieht der 33-jährige Sohn sofort nach Landshut und wird ein Nachfolger, der fortan alles anders machen will. Ludwig ist ein echter Haudrauf und oft in Kriege verwickelt. Zwei Monate nach Amtsantritt lässt er die unter herzoglichem Schutz stehenden Juden Niederbayerns des Landes verweisen. Die Juden haben eine wichtige Rolle in Bayerns Wirtschaft, weil sie nicht dem christlichen Zinsverbot unterliegen und als Darlehensgeber Geldgeschäfte betreiben können. Viele bayerische Herzöge arbeiten eng mit jüdischen Beamten, Gelehrten und Finanziers zusammen. Ganze Städte und Burgen werden mit geliehenem Flins finanziert. Auch Landshut hat damals eine wirtschaftlich erfolgreiche jüdische Gemeinde mit vielen Gelehrten. Allerdings sind sie Bürger zweiter Klasse, leben außerhalb der Stadt in einem Ghetto und werden schon im 14. Jahrhundert Opfer von Pogromen.

Ludwig der Reiche vertreibt sie nun endgültig aus der Stadt. Die Schuldbriefe werden eingezogen; die der herzoglichen Räte und Diener unbezahlt an die Aussteller zurückgegeben. Alle anderen Schuldner müssen nur die geliehene Summe erstatten, unter Abzug der bereits geleisteten Zinsen. Nur wenige Juden bleiben, lassen sich freiwillig taufen – die Landshuter Synagoge wird bald schon in eine Kirche verwandelt. Aber um Religion geht's nur am Rande, im Vordergrund stehen wirtschaftliche Motive. Die Enteignung der Landshuter Juden gipfelt nämlich in einer außerordentlichen Steuerzahlung von 25000 Rheinischen Gulden. Nach heutigen Maßstäben ein Millionenbetrag, den Ludwig der Reiche einkassieren lässt. Kurz danach sagt er den Juden der Reichsstadt Regensburg Sicherheit und Freiheit zu, weil er auch auf deren Geld scharf ist. Diesmal freilich mit legalen Methoden, quasi finanzamtlich, weil Ludwig in Regensburg als rechtmäßiger Adressat der Steuergelder gilt.

Dass mit dem frisch gekürten Regenten ein ganz anderer Wind durchs Land weht, kann man schon von Weitem sehen. Der neue Herzog liebt Protz und Prunk und rauschende Feste. Er wirft das Geld mit beiden Händen zum Fenster hinaus. Zum Reichstag anlässlich der Türkengefahr zieht er mit einem Gefolge von 1000 Reitern ein, allesamt »prächtig und alle überstrahlend« kommen sie daher. Endlich kann's Ludwig den anderen Fürsten zeigen: Jetzt wird nicht mehr gespart! 22 000 Gäste und 9000 Pferde verköstigt er eine Woche lang bei seiner eigenen Hochzeit. Und als 1475 sein Sohn heiratet, schlagen sich bei der »Landshuter Hochzeit« wieder 10 000 Gäste samt Pferden sechs Tage die Wänste voll. Knapp 70 000 Gulden kostet der Spaß! Das sind etwa die Jahreseinnahmen des Bräutigamvaters.

Ludwig ist also in Flinsfragen eher leger. Sein Sohn Georg wird freilich wieder ganz anders als der Herr Papa, fast das Gegenteil. So sparsam und geizig wie einst der Opa Heinrich. Na ja, Kinder erziehen war eben noch nie einfach. Aber lieber schwierige Kinder als gar keine, könnte man einwenden, denn ohne sie wird es manchmal richtig kompliziert. Das darf Georg am eigenen Leib erfahren. Geld und Reichtümer sammelt der Landshuter »Ruach« zwar reichlich, am Ende aber fehlt ihm der legitime männliche Erbe. Und so kommt nach Georgs Tod 1503 natürlich gleich die bucklige Verwandtschaft aus München daher und will das Landshuter Erbe kassieren. Prompt kämpfen wieder Wittelsbacher gegen Wittelsbacher und verwüsten das schöne Bayernland. Bis die leidige Nachfolgefrage endlich geklärt ist, und zwar ein für alle Mal. Erst Albrecht IV. führt nicht nur die getrennten Landesteile wieder zusammen, sondern erlässt auch das sogenannte Primogeniturgesetz. Von jetzt an wird der Erstgeborene

Rechtsnachfolger. Die unselige Zeit der bayerischen Teilungen und Landes-Zersplitterungen ist damit vorbei. Aber die Kindererziehung wird nicht einfacher, vor allem nicht in Geldfragen. Der fehlende Flins wird sie in den folgenden Jahrhunderten immer wieder quälen, die Wittelsbacher. Und vor allem ihre bayerischen Untertanen.

Bellende Hundsköpfe oder: Freunderlwirtschaft im Frühkapitalismus

Der bayerische Schwabe ist sparsam und naturverbunden. Klar, ein Klischee! Aber der Schwabe sagt's ja selber. Bittet man ihn, sich und die Menschen seiner Region zu beschreiben, fällt fast doppelt so oft wie bei anderen Bayern der Begriff »Sparsamkeit«. Dies zumindest ergab 2012 eine Studie des Bayerischen Rundfunks, der 3501 Menschen aus dem ganzen Freistaat zu Themen wie Heimatverbundenheit, Traditionsbewusstsein, Religion und Werte befragen ließ. Geld ist dem Schwaben also wichtig. Ebenso die Zugehörigkeit zur eigenen Stadt oder Gemeinde. Beides kommt nicht überraschend. Denn lange bevor Schwaben an Bayern fiel, war es ein bunter Flickenteppich, der aus den unterschiedlichsten regionalen Herrschaften und Zugehörigkeiten bestand. Und der Flins war sowieso daheim, im Schwäbischen.

Wie in vielen süddeutschen Reichsstädten können sich zum Beispiel in Augsburg wohlhabende Patrizierfamilien als führende politische Schicht durchsetzen. Florierendes Gewerbe, weltweiter Fernhandel und einträgliche Geldgeschäfte sichern ihnen riesige Vermögen. Nicht immer auf die elegante Art, denn vertickt werden neben Gold und Silber, Pfeffer und Perlen, Edelhölzern, Farbstoffen und Wolle – auch Menschen. Die Sklaven des höchst einträglichen Südamerika-Handels gehörten genauso zur schwäbischen Flins-Maschine wie all jene Frauen und Kinder, die sich in Bergwerken zu Tode schufteten. Die kommerzielle Revolution der ersten Globalisierungswelle geht buchstäblich über Leichen.

Der Profit der Fugger und Welser – um nur zwei der bedeutendsten Augsburger Handels-Familien zu nennen – ist jedenfalls so groß, dass die »Pfeffersäcke« bald auch Kaiser und Päpste sponsern oder »kaufen« können. Das grenzüberschreitende Handelsgeschäft bringt 1540 sogar eine eigene Börse – die älteste Deutschlands – nach Augsburg, das zu einem der bedeutendsten Wirtschaftszentren der Welt wird. Was den großen Reformator Philipp Melanchthon zu dem schmissigen Vergleich bewegt, dass Augsburg ein »deutsches Florenz« ist und die Fugger »den Medici an die Seite zu stellen« sind.

Dass es in Schwaben-Florenz keineswegs nur bieder, bescheiden und sparsam zugeht, beweisen die Meisterwerke in Gold und Silber, die seit dem 16. Jahrhundert die Augsburger Edelschmieden verlassen: Tafelgeschirr und Trinkgefäße, Möbel und Toilettenaccessoires, Altäre und Reliquienschreine! Diese Nobelartikel sind nicht für den heimischen Markt gedacht, sie sollen die Superreichen an den Fürstenhöfen Europas beglücken. Die schicken ihre Einkäufer nur allzu gern ins beschauliche Augsburg zum Shoppen, denn zu den liebenswürdigen Angewohnheiten der hohen Herrschaften jener Tage gehört es, sich permanent gegenseitig mit kleinen Geschenken zu überhäufen. Die erhalten ja bekanntlich die Freundschaft! Und gute Freunde kann man immer brauchen.

Das wissen auch die Herrschaften der Augsburger Oberschicht, die es beim Profitmachen nicht immer ganz so genau nehmen. Wucher! Betrügerischer Bankrott! Münzverschlechterung! Preistreiberei! Handel mit falschen Münzen! Krumme Geschäfte machen die Handelsleute im 16. und 17. Jahrhundert jede Menge. Die öffentliche Meinung vergleicht sie daher gern mit Räubern und Betrügern. Aber wer interessiert sich schon für die öffentliche Meinung – solange er (einfluss-)reiche Spezln in Politik und

Wirtschaft hat? Da kann die Obrigkeit noch so lange ermitteln; am Ende passiert nur wenig. Zu unübersichtlich ist das Geschäftemachen im 16. Jahrhundert – verwirrend die Vielzahl der Münzen und Währungen. Die Wechselkurse schwanken ständig, Lug und Trug sind an der Tagesordnung. Der Reichstag versucht, der großen Münzverwirrung und -verschlechterung Herr zu werden. Vergeblich! Zu groß sind die Interessen der reichen Herrschaften; etwa jener Großkaufleute, die mit dem Export ungemünzter Edelmetalle gutes Geld machen.

Für die damals umlaufenden Kurantmünzen gilt der Grundsatz – was drauf steht, ist drin. Der Nominalwert wird durch das Metall (fast) vollständig gedeckt. Zumindest sollte es so sein. Aber die Münzherren sind oft Gauner. Minderwertige oder falsche Münzen verdrängen bald die wertvollen Gold- und Silbertaler. Ein ehernes Gesetz: Keiner rückt mehr gutes Geld raus! Und so führt die »Münzkrankheit« irgendwann zu Inflation und Verarmung weiter Bevölkerungsschichten.

Süddeutsche Großkaufleute, vor allem aus Nürnberg und Augsburg, haben oft ihre Finger in diesem Münz-Spiel. Manche lassen gleich badewannenweise schweres Silber einschmelzen, ins Ausland exportieren und dort wieder zu Münzen schlagen, die dann bald als minderwertige, als »böse Münz«, im Reich kursieren.

Im Jahr 1543 ist eine ganze Reihe renommierter Augsburger Bürger in solch einen Münzskandal verwickelt. Der Rat der Stadt lässt zunächst zwei Herren verhaften, die im Verdacht stehen, gute Münzen im Gegenwert von 7000 eingeschmolzen zu haben. Bald werden auch der Augsburger Münzmeister Balthasar Hundertpfund und sein Kaufbeurer Kollege Hans Apfelfelder wegen solch betrügerischer Geschäfte verhaftet. Hundertpfunds Bruder und etliche Kaufleute – viele von ihnen Metallhändler – übernehmen eine Bürgschaft, und schon war der Münzmeister wieder auf freiem Fuß. Zu den Bürgen gehörten auch Herren, die engste Verbindungen zu den Fuggerschen Unternehmungen aufweisen. Die schwäbische Geldmafia also!

Der Augsburger Rat verhängt seinerzeit zwar saftige Geldstrafen gegen die drei Hauptangeklagten und 14 weitere Personen. Richtig weh tut es den Herren aber nicht. Und so wird mancher natürlich zum Wiederholungstäter. Die Wirtschaftskriminellen stammen allesamt aus der örtlichen Oberschicht, der Augsburger Kaufleutezunft. Und mit den Gebrüdern Kraffter sind sogar zwei echte Wirtschafts-Promis unter den Gaunern. Hieronymus Kraffter verkauft für Fugger Samt und Luxusstoffe nach Italien; er macht Finanzdeals mit dem Kaiser und dem Papst; handelt mit allem und jedem, in Salzburg, Antwerpen, Venedig oder Florenz: ein Global Player seiner Zeit. Ebenso seine Brüder Alexander, Jakob und Christoph – auch sie sind erfolgreiche Großkaufleute, die über Flins, Ansehen und politische Kontakte verfügen. Krumme Geschäfte? Na und! Eine Verurteilung kann ihnen wenig anhaben. Im Gegenteil, die Karriere der Brüder geht danach erst richtig los! Fünf Jahre nach dem Münzskandal werden die Kraffter-Brüder sogar vom Kaiser ausgezeichnet.

Die einfachen Schwaben regen sich damals sauber auf über die Oberschichtkriminalität und die Augsburger Freunderl-Vetternwirtschaft! Politik und Justiz seien viel zu nachsichtig mit den Delinquenten! Die Gauner hätten wohl zu viele »guote schweger und frendt im Rat« gehabt.

Noch Generationen schimpft man über jene Hundsköpff, die sich der Todsünde des Geizes schuldig machen. Gern wird dabei die Geschichte vom steinreichen schwäbischen Edelmann erzählt, der um 1560 alle Nahrungs- und Futtermittel seiner Gegend aufkauft und hortet. Der Spekulant hofft auf Missernten und hohe Profite in Notzeiten. Als der Hunger dann tatsächlich losbricht, trifft den Wucherer selbst ein Fluch: Seine Ochsen, Rösser, Hunde und Schweine fressen alle Vorräte – der Mann verendet elendiglich! Und wird am Ende vom lieben Gott in einen »Hundskopff« verwandelt. So zumindest berichten es noch im Jahr 1696 bayerische Barockprediger wie Christoph Selhamer aus Burghausen, der am Beispiel des schwäbischen Adligen gegen Geiz- und Raffhälse aller Art wettert. Aber so richtig geholfen scheint der gerechte Zorn des Strafwunders nicht zu haben. Hunger gehört bekanntlich bis heute zu den Begleiterscheinungen der modernen Welt.

Der Martinszug oder: Das Kreuz mit dem Teilen

Mit dem Teilen tun sich Bayern manchmal schwer. Die einen beantworten die Aufforderung zur tätigen Nächstenliebe mit »Na wirkli ned!«, die anderen mit »Ja braucht's des?!«, und die Dritten zücken widerwillig den Geldbeutel und raunzen: »In Gotts Nam', wenn's sei muass!«. Große Begeisterung klingt bei allen dreien nicht durch. Man hält seinen Flins lieber zusammen. Auf dass jeder seinen eigenen Ablassbrief bezahle! Wahrscheinlich geht dieses eher distanzierte Verhältnis zu protestantischer Brüderlichkeit zurück bis in die Zeit des stahlharten und unerbittlichen bayerischen Adligen Leonhard von Eck. Eck war Bayerns politischer Return auf abtrünnige Protestanten und renitente Bauern. Beides lief für Eck früher oder später ohnehin auf dasselbe hinaus, nämlich auf soziale Unordnung und Anarchie.

Hofrat Leonhard von Eck war 35 Jahre lang wichtigster Berater des Wittelsbacher Herzogs Wilhelm und ein vehementer Verteidiger der bestehenden Ordnung im 16. Jahrhundert. Schlau, wendig, verschlagen, eisig und herzlos – so hat man ihn immer wieder beschrieben. Wohl nicht zu Unrecht. Eck war ein Machiavellist und als Herzogsflüsterer äußerst einflussreich. Auf sein politisches Anraten hin ändert Bayern seine anfangs tolerante Haltung gegenüber reformatorischen Ideen, die fortan mit staatlichen Zwangsmaßnahmen beantwortet werden. Luthers Anhänger werden verfolgt, ihre Schriften verbrannt. Noch blutiger stellt man den Täufern nach, die allesamt für Sozialrevolutionäre, Umstürzler und Terroristen gehalten wurden. Urchristentum?

Bergpredigt? Obacht! So was endete in Bayern auch schnell einmal auf dem Scheiterhaufen.

Zum Thema Teilen antwortet Leonhard von Eck jedenfalls mit feiner Ironie und eisiger Kälte: Er sähe es auch gern, wenn steinreiche Bankiers wie die Augsburger Fugger »die brüderliche Liebe hätten, mit mir zu teilen«. Noch deutlicher wird der bayerische Spitzenpolitiker des 16. Jahrhunderts, wenn es ums einfache Volk geht: »Der Bauern brüderliche Liebe ist mir ganz zuwider; ich habe mit meinen leiblichen Geschwistern nicht gern geteilt (…) geschweige der Fremden und Bauern.«

Nun war dieser niedrige Adlige aus Kelheim, dem die charakterliche Härte und Scharfkantigkeit im Gesicht geschrieben stand, nicht nur ein berechnender Politikberater, sondern auch ein kühl rechnender Geschäftsmann, der schon mal die Hand für politische Gefälligkeiten aufhielt. Einer der reichsten Männer Bayerns, bei dem – wie Carl Amery schreibt – stets die Hartherzigkeit des katholischen Großgrundbesitzers durchscheint. So einem brauchte man mit christlicher Nächstenliebe nicht zu kommen. »Meins ist meins, und die andern sollen schauen, wo sie bleiben!«, lautet die Devise dieses radikalen Besitzindividualismus' bäuerlichen Zuschnitts. Es gibt ihn bis heute. Nun ist beileibe nicht jeder Bayer ein Eck und schon gleich gar kein Unmensch. Aber die soziale Ader des Bayern hat manchmal etwas Unbeholfenes, wie Joseph Friedrich Lentner Mitte des 19. Jahrhunderts schreibt. Der Ethnograph berichtet zum Beispiel über die Menschen im südöstlichen Oberbayern: »Ihre Gutmüthigkeit, die sie gegen Arme wohlthätig sein läßt, hat etwas Plumpes.« Man gibt also, aber nicht sonderlich gern.

Nichtsdestotrotz liegt dieses Bayern doch auch irgendwie im christlichen Abendland, wo kluge Menschen seit längerem die zivilisierende Wirkung des Teilens mit einem wiederkehrenden

Ritual zu befördern versuchen. Es geht zurück auf einen Herrn namens Martin. Nein, um Gottes willen ... nicht auf den Luther, sondern den anderen aus dem vierten Jahrhundert. Der hat als römischer Legionär einem nackten Bettler einen halben Soldatenmantel geschenkt und machte ob solch sozialistisch-pazifistischer Anwandlungen bei der römischen Armee natürlich keine Karriere mehr; dafür aber in der katholischen Kirche – zunächst als Einsiedler, später als Bischof im französischen Tours, wo er unter anderem hauptamtlich mit der Ausrottung heidnischer Sitten beschäftigt war. Der heilige Martin und sein mannigfaches Wirken erfreuen sich im katholischen Bayern bis heute großer Beliebtheit. Nicht nur wegen der fetten, gebratenen Martinsgänse und dem Hefegebäck, die an seinem Ehrentag traditionell aufgetischt werden. Nein, auch wegen des sittlich-moralischen Vorbilds, das vor allem junge Bayern zu christlicher Mitmenschlichkeit erziehen soll.

Die Idee ist an sich nicht schlecht, aber es gibt da ein paar Haken. Erstens findet der Martinstag traditionell im November statt, wenn's draußen greislig kalt werden kann, vor allem weil's gegen Abend hin oft schon recht feuchtelt. Für den jungen Bayern bedeutet dies, dass er von seinen Eltern genötigt wird, zum Martinsumzug eine lange Unterhose zu tragen und eine Wollmütze aufzusetzen, damit er sich vor lauter Nächstenliebe keinen Katarrh holt. Meist ist es am spätherbstlichen Martinstag nicht ganz so kalt wie erwartet, was dazu führt, dass die lange Unterhose und die Wollmütze bald schon ganz fürchterlich zu beißen anfangen und der junge Bayer sich beim Warten auf den Heiligen zu Ross unablässig den Kopf und die Wadeln kratzen muss; was ihm die Warterei nicht angenehm erscheinen lässt. Zumal er ohnehin von der ganzen Martins-Angelegenheit schon einigermaßen genervt ist, weil er im Kindergarten seit drei Wochen nichts anderes macht, als mit Schere, Karton und buntem Transparentpapier an seiner Martinslaterne herumzubasteln. Das freilich will nie so recht gelingen, weshalb am Tag X – kurz vor Abmarsch – die Mama noch schnell mit Pattex die Laterne vor ihrer Selbstauflösung retten muss, damit vor Ort rechtzeitig die kleine weiße Kerze angezündet werden kann; sofern der Papa nicht wieder sein Feuerzeug daheim vergessen hat. Die Aufregung ist also traditionell groß und die Gemüter sind lang vor dem eigentlichen Ereignis stark erhitzt, was das Jucken von Wollmütze und langer Unterhose natürlich noch wesentlich verstärkt. Kurzum, das Kratzen lässt sich allen Ermahnungen zum Trotz bald nicht mehr vermeiden und ist unseligerweise auch mit dem elterlichen Laternen-Imperativ »Grad halten!« nur schwer zu vereinbaren. Es kann also passieren, dass lange bevor der heilige Martin auf seinem Gaul endlich einreitet, das bunte Transparentpapier der Do-it-yourself-Laterne, die in Material und Machart allen feuerpolizeilichen Bestimmungen Hohn spricht, plötzlich in Flammen aufgeht. Was natürlich bei den Umstehenden zu großem Hallo und Gelächter führt und dem ohnehin schon gepeinigten kleinen Laternen-Träger einen fast schon obligatorischen Martins-Anschiss einbrockt. Schlimmstenfalls sogar eine würdevolle Papst-Franziskus-Watschn! Ob Vorkommnisse solcher Art, die nicht gerade selten sind, dafür verantwortlich gemacht werden können, dass das Teilen auch in seinen modernen Erscheinungsformen – etwa als Befürwortung von Sozialstaat, Steuern zahlen, Solidaritätsabgaben etc. – in Bayern nicht sonderlich beliebt ist? Wie auch immer. Jedenfalls dauert es an jenem berüchtigten 11. November für unseren jungen Bayern eine gefühlte Ewigkeit, bis seine brennende Laterne gelöscht und das eigentliche Martinsfeuer endlich entzündet ist. Nun betritt das legendäre Protagonisten-Trio die Bühne des Geschehens.

Das Pferd? Nervös wie jedes Jahr wegen dem großen Martinsfeuer. Der halbnackte Bettler? Griesgrämig wie jedes Jahr wegen dem feuchten Boden. Und der heilige Martin? Saugrantig wie jedes Mal seit 28 Jahren, in denen der örtliche Hufschmied den Job übernehmen muss, weil der Pfarrgemeinderat keinen anderen Blöden mit Ross gefunden hat. Jedenfalls reitet er auch heuer wieder bis zu jener Stelle, wo der nackte Bettler schon viel zu lang vor sich hin schlottert. Und dann? Dauert's! Eine halbe Ewigkeit. Und alles im Publikum wartet auf die Schlüsselszene des Stücks: Den Umhang elegant zurückgeworfen, das Rapier gezückt und »Zack«! Wie man es halt aus diversen Mantel- und Degenfilmen so kennt. Leider ist unser Hufschmied auch im achtundzwanzigsten Jahr seines schauspielerischen Wirkens immer noch kein D'Artagnan. Umständlich holt er sein Schwert heraus, sägt an seinem Mantel herum und zaubert endlich ein Stück Stoff hervor. Beim jungen Publikum machen sich erste Zweifel am christlichen Teilungsakt breit: »Du bist ja ein lustiger Heiliger, wenn's mit deinem Schwert nicht einmal dem bisserl Vorhangstoff Herr wirst«, mag sich mancher Klein-Bayer denken.

Ist der barmherzige Akt aber endlich vollzogen, nimmt der bibbernde Bettler das überschaubare, halbe Kleidungsstück dankbar entgegen und deckt sich behelfsmäßig zu. So gut es halt geht mit dem bisserl Stoff. Jetzt schleichen sich bei unserem kleinen Bayern doch erhebliche Zweifel an der Praxis der christlichen Soziallehre ein: »Ja hö, des reicht ja nie! Der Mann erfriert uns doch! Ich hätt da noch eine lange Unterhosn dabei!«, will der Bub gerade schreien. Doch sein Appell bleibt ungehört, weil die Eltern den kindlichen Einwand mit einem rüden »Pst! Sei stad!« gerade noch zu unterbinden wissen.

Spätestens jetzt hat der Klein-Bayer genug vom Martins-Zauber! Er will gerade ansetzen und laut in die Menge hineinrufen, dass der Sinn sozialstaatlicher Steuerungsmaßnahmen doch darin bestehe, die Lebensrisiken in einer kapitalistisch-marktwirtschaftlichen Ökonomie aktiv zu beseitigen, um ein soziales Existenzminimum für alle gesellschaftlichen Gruppen zu sichern – auch und vor allem für Obdachlose und Bettler! Aber da fällt ihm gerade noch rechtzeitig ein, dass er ja schon für die angebrannte Laterne seinen Martins-Anpfiff kassiert hat. Also verkneift er sich die kritische Bemerkung. Denn eigentlich ist er ja eh nur wegen der Martins-Brezn da. Der wichtigste Teil der Inszenierung! Jetzt kommt's auf jede Sekunde an. Wie an der Börse! Wer zu langsam schaut, kriegt keine von den süßen Brezn! Wer zu sehr drängelt, auch nicht! Schließlich sind Demut und Zurückhaltung ja die pädagogischen Leitziele der ganzen Übung. Also drängelt unser Klein-Bayer nur moderat. Und staubt zwei Brezn ab. Der pädagogische Clou an der ganzen Martinsbrezn-Sache aber ist der: Sie reichen nie! Müssen also geteilt werden. Was natürlich keiner von den kleinen Laterndl-Rittern gern macht. Am Ende müssen wieder die Eltern eingreifen und schimpfen: »Geh weida, schau, der Ludwig weint doch schon, weil er keine Brezn erwischt hat. Jetzt gib ihm halt dann deine!« Oh mei! Es ist doch jedes Jahr dasselbe G'schiss mit diesem Martinsumzug! Und mit dieser sozialen Gerechtigkeit!

Vermutlich liegt es an solch traumatischen Umzugserlebnissen, dass der traditionelle Martinstag neuerdings sogar im tiefkatholischen Bayern in die Krise gerät. In einigen Kindergärten Oberbayerns werden Martinszüge bereits durch Halloween-Paraden ersetzt! Die Kinder dürfen selbst entscheiden, was sie lieber wollen. Auweh zwick! Schlechte Aussichten für den heiligen Martin? Gut möglich, dass sich der Heidenbekehrer seinen Feiertag künftig mit der ungläubigen Konkurrenz teilen muss. Am

Ende kommt noch jemand auf die Idee, am 11. November den Tauftag Luthers zu feiern. Nein, dann schon lieber den Martin mit der halben Brezn. Auch wenn man teilen muss! Übrigens, auch der deutsche Spendenrat weist darauf hin, dass Süd- und Westdeutsche mehr geben als Nord- und Ostdeutsche. Und Katholiken mehr als Protestanten! Na also, wer sagt's denn. Geht doch!

Auf die Galeere! Oder: Wie man unbequeme Untertanen loswird

Der Taglöhner Lorenz Heugenhauser aus Güntersdorf bei Freising war bestimmt kein Unschuldslamm. Er hatte einiges auf dem Kerbholz. Unter anderem soll er gestohlen haben. Vermutlich waren es zwar nur Lebensmittel, aber das kümmerte im Jahr 1718 niemanden. Schon gar nicht den Moosburger Pflegskommissär, der mit Heugenhauser kurzen Prozess machte. Er »condemnierte« den Taglöhner »auf das Meer« – und zwar »auf ewig«. Der arme Lorenz wurde erst nach München ins Zuchthaus und von dort nach Venedig deportiert – »ad triremes«! Also auf die Galeeren, wo er lebenslänglich als Zwangsruderer dienen musste. Seine Frau Maria weinte bitterlich und überschrieb das kleine Bauernhaus sofort ihrer Tochter, denn die Hoffnung, den Gatten je wiederzusehen, war bei diesem Urteilsspruch verschwindend klein. Das war ja auch der tiefere Sinn solcher Verdammungen: »Auf Nimmerwiedersehen!«, rief das alte Bayern seinen ungeliebten Landeskindern hinterher. Und so kam es meistens auch.

Die Galeerenstrafe war in Bayern relativ spät eingeführt worden, erst Mitte des 16. Jahrhunderts. Die seefahrenden Spanier, Portugiesen, Holländer und Franzosen kannten sie schon viel länger, weil billige Ruderer dort immer – und vor allem immer häufiger – gebraucht wurden. Weltpolitischer Hintergrund dafür war die Türkengefahr im Mittelmeer. Da wollte das kreuzkatholische Bayern natürlich nicht nachstehen, zumal man auf diese Weise gleich mehrere Fliegen mit einer Klappe schlagen konnte:

Einerseits leistete man seinen Beitrag zur Verteidigung des Abendlandes, andererseits löste man auf diese Weise seine sozialen Probleme. Die erste Galeerenstrafe wurde 1566 in der handelstüchtigen Reichsstadt Augsburg verhängt. Aber auch in München war man nicht faul, sammelte drei Jahre später 22 Sträflinge aus verschiedenen bayerischen Landgerichten und schickte sie zum Rudern aufs Boot.

Im Visier der bayerischen Behörden standen damals vor allem Wilderer, Vaganten, Zigeuner und »gartende Knechte«, also herumziehende entlassene Soldaten. Arme Schlucker jedenfalls, die der Herrschaft meist nur Scherereien bereiteten. Allerdings war der Export dieser sogenannten Galeotten recht aufwändig und teuer, denn viele Verurteilte konnten fliehen und mussten mühsam wieder eingefangen werden. Trotzdem hielt sich die Galeere als Ersatz für die Todesstrafe im Herzogtum Bayern und in den Reichsstädten 150 Jahre lang – eine typische Verdachtsstrafe, die ausgesprochen wurde, wenn es für den Galgen nicht ganz reichte, weil der sichere Tatnachweis fehlte. Das Urteil musste dann etwas milder ausfallen. Aber was heißt schon milder? Oft genug bedeutete die Galeere den sicheren Tod.

Vor allem Herzog Wilhelm V. von Bayern lässt sich Ende des 16. Jahrhunderts die Ausweisung von »starckh verdechtigen Personen«, die einen unsteten Lebenswandel pflegten, einiges an Geld kosten. Einwände gegen die Galeerenstrafe kommen damals nicht etwa aus humanitären Gründen, sondern allenfalls aus ökonomischen. Aber zur Eindämmung der in Bayern weit verbreiteten Wilderei hält man auch im 17. Jahrhundert unter Kurfürst Maximilian I. an der Zwangsruderei im Mittelmeer noch fest. Die italienischen Seerepubliken sind dankbare Abnehmer, aus der Lagunenstadt kommen Anfang des 18. Jahrhunderts sogar eigens Werber nach München, um den kostbaren Rohstoff

Mensch aufzutreiben. Der macht- und prunksüchtige Kurfürst Max Emanuel, wegen seiner politischen Ambitionen und teuren Hofhaltung dauernd in Geldnot, sieht eine günstige Gelegenheit, ein wenig Flins einzutreiben – und lässt seine Delinquenten als Zwangsarbeiter deportieren.

Auch der Freisinger Anton Steurer landet seinerzeit auf der Galeere. Steurers Sündenregister ist umfangreich. Seit Jahren zieht er im Land herum, erschwindelt sich mit Betrügereien sein bisschen Geld, führt falsche Titel. Obendrein lebt er mit einer Münchner Schneidertochter in liederlicher Weise zusammen. Das reicht für die Behörden schon! Sie scheuen keinen Aufwand, ihm die Hände in Eisen zu legen und beim Gestehen etwas nachzuhelfen. Denn die Ermittlungs- und Befragungsmethoden entsprechen keineswegs modernen rechtsstaatlichen Prinzipien. Steurer gesteht angesichts der peinlichen Befragungen wohl auch einiges, was er gar nicht angestellt hat. Hauptsache, das Ergebnis stimmt. Ab nach Venedig! Dort geht man mit Delinquenten wie Steurer nicht zimperlich um, lässt sie kräftig rudern, weit über die Strafzeit hinaus. Wer auf dem Rücken das große »G« für Galeerensträfling trägt, erleidet wohl meist Unmenschliches. Aber Landesherrn wie Kurfürst Max Emanuel oder sein Sohn, der Bischof von Regensburg und Freising, halten enge Geschäftsbeziehungen zu Venedig und verdienen gutes Geld mit der Ware Mensch. Der Sklavenhandel mit bayerischen Untertanen wird erst Mitte des 18. Jahrhunderts aufgegeben.

Wenn's im alten Bayern strafrechtlich wurde, ging es nicht selten um den Flins. Eigentumsdelikte standen schon im 16. Jahrhundert ganz vorn in der Kriminalitätsstatistik. 65 Prozent der in München Hingerichteten landeten damals am Galgen, weil sie anderen Leuten an den Beutel gegangen sind. Um 1650 werden sieben von zehn Todesstrafen gegen Räuber und Diebe verhängt.

Und wo die maximale Tortur in allen drei Graden zur Anwendung kommt, geht es auch fast immer um Geld und Habseligkeiten. Der Schutz des Eigentums ist es, der damals die bayerische Gesellschaft umtreibt, schreibt der Sozialhistoriker Wolfgang Behringer: »Der Kampf der Besitzenden gegen die Armen und Fremden überlagerte alle anderen denkbaren Themen (...). Die Scheidelinie verläuft zwischen den Einheimischen, deren Familien über Besitz verfügen, und den ›anderen‹, den Besitz und Wohnlosen, die man bei der ersten Gelegenheit vertreiben konnte« – oder auch köpfen respektive hängen. Freilich nicht ohne sie vorher zu foltern: »Diebstahlsverdächtige wurden bis zu zwanzigmal ›aufgezogen‹, davon etwa jedes zweite Mal mit dem besonders schmerhaften ›Schnellen‹ des Seils oder mit an den Beinen angehängtem Steingewicht.« Das erleichtert das Gestehen natürlich sehr, auch wenn man gar nichts getan hat. Ende des 16. Jahrhunderts werden in München jedenfalls jedes Jahr zwei bis drei Menschen hingerichtet. Zwei Drittel von ihnen haben angeblich oder tatsächlich einen Diebstahl begangen.

Die Palette der Verbrechen gegen die Eigentumsordnung ist dabei recht vielfältig: einfacher Diebstahl, Kirchendiebstahl, Pferde-, Fisch-, Bienen- und Perlendiebstahl, Einbruch, Raub, Wilderei, Veruntreuung, Betrug ... und so weiter. Besonders im Visier der Behörden stehen arme Leute und Ausländer: Zigeuner, Türken, Perser, Juden ohne Pass, Vaganten, Bettler und herumziehende entlassene Soldaten. Also all jene, die damals unter dem Oberbegriff »heilloses Gesindel« laufen und der Not am stärksten ausgesetzt sind. Vor allem in Krisenzeiten nehmen die Eigentumsdelikte kräftig zu. Mitte des 17. Jahrhunderts, in Zeiten von Teuerung und Nachkriegsnot, steigt ihr Anteil auf 60 Prozent der Gesamtkriminalität. Weil nach dem Dreißigjährigen Krieg aber Arbeitskräfte fehlen, geht man behördlicherseits dazu über, Diebe auch mal zwangsarbeiten zu lassen – etwa im Festungsbau in Ingolstadt.

Räuber und andere Malefiz-Gesellen, die sich in Wäldern und Tälern versteckt halten, werden weiterhin mit dem Tod bestraft. Etwa die anarchischen Wilderer, die in der bayerischen Bevölkerung immer schon große Sympathien genießen, weil sie sich am Hochwild der verhassten Aristokratie schadlos halten. Wer nicht am Galgen oder auf der Galeere landet, muss mit Landesverweis oder Zwangsarbeit rechnen. Oder darf seit 1680 mit dem Münchner Zuchthaus als milder Alternative vorliebnehmen.

Verschwunden ist die Kriminalität dadurch natürlich nicht. Hunger ist eben stärker als die Angst vor Strafe. Eine Einsicht, die sich langsam auch in den Köpfen der Behörden breit machte. Man fing an, über die sozialen Motive der Delinquenten nachzudenken. In solchen Phasen juristischer Milde fanden in Bayern dann auch weniger Hinrichtungen statt, worüber sich freilich die Münchner Scharfrichter beschwerten. Wegen des Verdienstausfalls! Oft hingen die Skelette der Gehenkten jahrelang in der Gegend herum als Abschreckung. Und so gar keine neue Kundschaft war in Sicht! Dem armen Henker blieb nur mehr die Entsorgung von Selbstmörderleichen, um die er sich noch mit dem Abdecker streiten musste. Aber es sollten auch wieder bessere Zeiten für die Scharfrichter kommen. Dank der Räuberbanden, die Anfang des 18. Jahrhunderts in Bayern häufig unterwegs waren. Die hat man nämlich wieder vorzugsweise exekutiert.

Der Popularität des Räuberhandwerks hat das in Bayern jedoch nicht geschadet. Das Land hat wahre Meister dieser Zunft hervorgebracht. Etwa den »gerechten Räuber«, Wilderer und Mehrfachmörder Matthäus Klostermayr, der als Bayerischer Hiasl im Volk viel besungen und 1771 in Dillingen an der Donau von der Obrigkeit erdrosselt, geköpft und gevierteilt wurde. Oder den berühmt-berüchtigten Räuber Kneißl aus Unterweikertshofen, der 1902 in Augsburg unter der Guillotine zu liegen kam. Oder jenen Michael Heigl aus Beckendorf bei Kötzting, der sich vom einfachen Opferstock-Knacker zum Robin Hood vom Bayerwald hocharbeitete und mit seiner Räuberbraut Resl in Wäldern und Höhlen hauste. Auch Heigl wurde 1854 zum Tod verurteilt, vom bayerischen König aber begnadigt. Das »Lebenslänglich« sollte dann nur mehr drei Jahre dauern. Heigl wurde 1857 im Gefängnis von einem Mithäftling mit der Kugel seiner Fußkette erschlagen. Ob es dabei auch um Flins- und Eigentumsfragen ging, ist leider nicht bekannt.

Weißbier und Salz – Gott erhalt's!

Man kann von einer Weltgegend nun wirklich nicht alles verlangen. Hat eine Region zum Beispiel ein Talent fürs Hervorbringen historischer Persönlichkeiten – sagen wir einmal Päpste –, so darf man von ihr nicht auch noch kulinarische Besonderheiten erwarten; zum Beispiel einen rundherum gelungenen Sauerbraten, dessen Ochsenfleisch – vom Schwanzstück oder vom Schlegel – geklopft, gewaschen und drei bis vier Tage in Sauermilch gebeizt, am Ende mit einem Schuss Rotwein abgerundet und mit ein paar Löffeln Schmand im Geschmack veredelt wurde. Nein, so etwas darf man nicht auch noch verlangen.

Aber das musste der Autor dieser Zeilen auch erst lernen. Und zwar an einem milden Abend vor einigen Sommern, als er in fast noch jugendlichem Leichtsinn einen Landgasthof im östlichen Oberbayern aufsuchte, just in jener lieblichen Gegend am Inn, die berühmt dafür ist, der Welt historische Persönlichkeiten ersten Ranges zu schenken. Um genau zu sein, waren es zwei Päpste, wovon einer seit tausend Jahren tot und der andere schon zu Lebzeiten in den Ruhestand gegangen ist. Der Dritte aus der Gegend war weder Papst noch Persönlichkeit, weshalb man ihn heute in der Region nur ungern erwähnt, allenfalls als den »Braunauer«, der, wenn die Rede drauf kommt, sofort über den nahen Grenzfluss ins benachbarte Österreich abgeschoben wird.

Aber darum ging es an jenem Abend im Landgasthof nicht. Sondern um den Sauerbraten. Den bestellte sich der Autor, nicht ahnend, was ihn da erwarten sollte. Nun gehört es ja bekanntlich zum Wesen des Sauerbratens, dass er seinen würzigen Geschmack von der Essigbeize bekommt, in die er möglichst tagelang eingelegt wird. Dass zu dieser Beize neben Nelken, Lorbeerblättern, Wacholderbeeren und Pfefferkörnern auch Salz gehört, bleibt an dieser Stelle unbestritten. Nur das Verhältnis sollte halt stimmen. Wird die fehlende Beizzeit durch ein Mehr an Salz ersetzt, kann man keinesfalls von einem Sauerbraten sprechen. Ja nicht einmal von einem Salzbraten, der – unter Kulinariern auch beliebt und vielleicht sogar zu Recht – sich doch wesentlich von einem versalzenen Sauerbraten unterscheidet. Aber genau einen solchen servierte man dem hungrigen Autor seinerzeit im Biergarten des Landgasthofs. Er reklamierte zunächst nicht, weil er seiner Natur nach ein freundlicher Mensch ist, der Auseinandersetzungen mit bayerischen Biergartenbedienungen grundsätzlich aus dem Weg geht. Außer wenn's unbedingt sein muss. Und es musste sein. Denn das Wechselspiel von Gast und Braten nahm bald schon ungeahnte Formen an. Kaum hatte jener diesen zur Hälfte aufgegessen, fing dieser auch schon an, jenen förmlich aufzufressen; nämlich von innen heraus. Bald loderte im Gast ein gleichsam Dantesches Höllenfeuer, weshalb er sich seither auch nicht mehr darüber wundert, dass laut einer Umfrage des Jahres 2012 immer noch 22 Prozent aller Deutschen an die Existenz der Hölle glauben. Es muss etwas mit dem Sauerbraten zu tun haben.

Jedenfalls bestellte der Gepeinigte ein weiteres Bier, und zwar ein Helles. Bekommen hat er dann ein Weißbier, das sich ob seiner schäumenden Eigenschaften zum Löschen von Bränden aller Art nur bedingt eignet. Nun reklamierte der Gast also doch. Freundlich und leise sagte er zur abräumenden Kellnerin: »Ein bisserl salzig war er fei schon!« Schweigen! Die Bedienung würdigte ihren Gegner keines Blickes, drehte sich – den halb leeren Teller fest in der kräftigen Hand – ohne weitere menschliche Regung um und rief durch den gut besuchten Biergarten: »Schorsch! War da Sauabrodn vasoizn?«

Der angesprochene Herr Schorsch, der kurz zuvor ebenfalls in den Genuss dieser Mahlzeit gekommen war, schüttelte – leicht eingeschüchtert – und pflichtschuldigst den Kopf. Es war nicht schwer zu erkennen, dass der betagte Mann in einem gewissen Abhängigkeitsverhältnis zu der Bedienung stand. Als einsamer Rentner, der bar jeder menschlichen Ansprache und durch jahrelanges Abo-Essen an Seele, Gaumen und Speiseröhre abgestumpft war, traute er sich seiner Herrin nicht zu widersprechen. Denn man beißt bekanntlich nicht die Hand, die einen füttert. Und was hätte der arme Alte auch sagen sollen? Er schätzte das Bier, die Jungfrau Maria und den emeritierten Papst seiner Heimat, den er einst im Papamobil zu Altötting für den Bruchteil einer Sekunde persönlich gesehen zu haben glaubte. Auch wusste er nur wenig von jenem anderen Papst aus der Gegend; kein Wunder, denn dieser Poppo von Pildenau saß als Damasus II. nur 24 Tage auf dem Stuhl Petri, bevor er am 9. August 1048 unerwartet verstarb – an der Malaria, sagt man. Andere freilich behaupten, Damasus sei von Anhängern Benedikts des Neunten vergiftet worden. Aber nichts Genaues weiß man nicht. Von einem Sauerbraten-Attentat berichten die Quellen jedenfalls nichts.

Woher also hätte unser Herr Schorsch Anlass für Zweifel nehmen sollen? Als guter Katholik kannte er Matthäus 5, Vers 13: »Ihr seid das Salz der Erde!« Diese theologische Begründung reichte ihm offenbar, um sich mit den kulinarischen Besonderheiten seiner Heimat abzufinden. Und zwar klaglos, seit Jahrzehnten.

Die Biergartenbedienung jedenfalls deutete dies alles als Zustimmung. Sie ließ sich ihren Triumph nicht nehmen und wandte sich erneut an den bratengepeinigten Gast mit den Worten: »Da hören Sie's! Nix war vasoizn! So schmeckt a Sauerbrodn hoid amoi bei uns in Bayern!«

Was der versalzene Braten mit Bayern zu tun hat, war dem Autor damals noch nicht klar. War's etwa eine Anspielung auf den Landespatron? Den heiligen Rupert, der als »Apostel der Baiern« stets ein Salzfass bei sich führt und hierzulande als »Salzheiliger« verehrt wird?

Die Bedienung äußerte sich nicht weiter zu ihrer These, aber weil sie kein Unmensch war, brachte sie noch eine Halbe als Wiedergutmachung: »Aufs Haus!« Es handelte sich wieder um schäumendes Weißbier. Für einen kurzen Augenblick dachte der Autor an Loths ungehorsames Weib, das im Alten Testament zur Salzsäule erstarren musste. Er verfolgte den Gedanken aber nicht weiter, trank zur Hälfte aus, zahlte und ging. Das bayerische Geheimnis von Salz und Weißbier freilich beschäftigte ihn noch länger. Hier seine Deutung:

Essen und Trinken haben in Bayern nie nur mit kulinarischem Genuss zu tun. Sie sind immer auch eine patriotische Tat! Ohne Rücksicht auf Verluste. Denn kein menschliches Wesen verzehrt zum Beispiel freiwillig sechs Weißwürste und ebenso viele Brezn, dazu noch mal so viele Weißbiere und ein Viertelpfund süßen Senf – es sei denn, ein Bayer, der einen Preußen am Tisch sitzen hat, dem er beweisen muss, wie man's im Freistaat richtig macht! Also, wenn's richtig griabig werden soll. Auch wenn man danach vielleicht »schbeibd«! Das ist wurscht! Denn Essen ist immer auch ein Akt der Vaterlandsliebe!

Man nimmt daher manchmal auch Salz und Weißbier in größeren Mengen zu sich, weil man's halt der Heimat schuldig ist! Als Ehrendienst quasi, über alle medizinischen Bedenken wie Bluthochdruck und Fettleber hinweg! Nämlich zur Rettung des Staatshaushaltes! Und zwar seit dem späten 16. Jahrhundert. Damals war der Herzog im höchsten Maße verschuldet, viele Millionen Miese hinterließ Wilhelm V. seinem Sohn. Allerdings auch eine recht lukrative Idee:

Salz war als das »weiße Gold« immer schon hochbegehrt. Münchens Patrizierfamilien wie die Ligsalz hatten mit ihm einen Riesenreibach gemacht, so dass sie den bayerischen Herzögen viel Geld leihen konnten. Damit sollte jetzt Schluss sein. Der hochverschuldete Wilhelm V. knüpfte den bürgerlichen Kaufleuten ihre Salzhandelsrechte ab und wirtschaftete künftig lieber in die eigene Tasche. Und zwar buchstäblich, denn die Einnahmen aus dem Salzgeschäft flossen direkt in die fürstlichen Kammereinkünfte des Herzogs!

Wilhelms Sohn Maximilian I., eine echtes Finanzgenie, baute das Geschäft dann im großen Stil aus. Und der bayerische Untertan – seinen Wittelsbachern stets treu ergeben – salzte fleißig nach, denn »Salz gehört zu jeder Mahlzeit!«, sagt man. Es hilft gegen Kropf und nützt dem Regenten! Leider macht es auf Dauer auch recht durstig, womit wir beim Weißbier wären – einer anderen munter sprudelnden Flins-Quelle, die den bayerischen Haushalt sanieren sollte.

Für Weißbier braucht man bekanntlich Weizen, der lange Zeit fürs Brotbacken reserviert war. Nur der Freiherr von Degenberg im Bayerischen Wald hatte Mitte des 16. Jahrhunderts das Privileg, nördlich der Donau sein Bier mit Weizen zu brauen. Weil das Getränk bei den Untertanen bald großen Anklang fand, nutzte Maximilian I. die Gunst der Degenbergerschen Todesstunde und errichtete 1603 ein staatliches Weißbier-Monopol – das Geschäft mit dem flüssigen Gold lief so gut, dass bald mehrere staatliche Weißbierbrauhäuser den Durst der Untertanen löschen mussten. Und diese tranken nicht ungern, schließlich war's ja für den Staatshaushalt. Der Kurfürst jedenfalls war bald schuldenfrei, und der Bayer in all seinen Inkarnationen – sei es als Waldi oder als Becki – wird seither vorzugsweise mit einem Weißbierglas in der Hand dargestellt. Was aber offenbar weder der Gesundheit noch dem Image des Stammes besonders geschadet hat. Hauptsache, der Rubel rollt. In diesem Sinne gilt auch weiterhin: »Kellnerin! An Sauerbraten und a Weizen, bitte!«

Flins für die Teuerste! Oder: Zweitfrauen kosten (manchmal) mehr

»Einkaufen ist weiblich!« Hätte ein Mann diesen Satz ausgesprochen, vermutlich wäre ihm die Macho-Schandgeige von der Gender-Beauftragten höchstpersönlich um Hals und Handgelenke gelegt worden. Und vielleicht sogar zu Recht. Aber es ist eine Frau, die diesen Satz formuliert hat. Und noch dazu eine, die das Zauberwort von Berufs wegen trägt: »Gender-Marketing« – so nennt man die Beschäftigung, der die Autorin Diana Jaffe professionell nachgeht. In ihrem Buch »Was Frauen und Männer kaufen« verrät sie dem Leser und der Leserin, wie man Waren gender-gerecht verkauft: Man müsse vor allem herausfinden, »welches Geschlecht dem Produkt, der Branche, der Marke oder auch dem Verkäufer zugeordnet wird«. Dazu hat Jaffe eine große Befragung angeleiert. Und siehe da: Schmuck und Mode werden mehr den Frauen zugerechnet. KFZ, Armbanduhr und Computer sind eher etwas für die Buben. Das mag nicht weiter überraschen. Ebenso wenig, dass beim Autokauf in 80 Prozent der Fälle die Frauen entscheiden. Und bei Alltagsgütern wie Lebensmitteln oder Hygieneartikeln sogar in neun von zehn Fällen das Sagen haben. Einkaufen ist also weiblich.

Der Soziologe Werner Sombart hat es schon 1913 geahnt, dass Shopping und Geschlecht einiges miteinander zu tun haben. In *Luxus und Kapitalismus* denkt Sombart über die »Entstehung der modernen Welt aus dem Geist der Verschwendung« nach und nimmt das Wechselspiel der Geschlechter genauer unter die Lupe. In seiner historischen Analyse kommt er zu dem Ergebnis: Männchen sucht Weibchen, umwirbt es fleißig und tut dies im Laufe der Jahrhunderte mehr und mehr mit Materialeinsatz. Welcher Art die Materialien zu sein haben, bestimmt vor allem die Frau. Deshalb sind es bald schon schöne, feine, teure Dinge, die im adligen und bürgerlichen Alltag Einzug halten. Und mit ihnen die eleganten Theater und Ballhäuser, die feinen Restaurants, Salons und Hotels. Und natürlich auch die noblen Läden, in denen all die schönen Dinge angeboten werden. Dinge, die eigentlich keiner braucht – der Luxus des Lebens halt. Und der sei vor allem durch das Betreiben der Weiblichkeit in die Welt gekommen. Das wiederum hat Importe angeregt, die große Industrie ins Laufen gebracht und zu guter Letzt zum Kapitalismus geführt. Die Frauen waren's also, meint Sombart! Darüber kann man natürlich trefflich streiten. Aber ganz von der Hand ist es nicht zu weisen, dass Frauen beim Konsum eine große Rolle spielen.

Dabei muss man nicht nur an rauschende Ballnächte oder an Colliers denken, es reicht auch schon das züchtige und überaus bet-freudige Ambiente des Münchner Hofes im 17. Jahrhundert. Auch da hatten die Frauen in Geld- und Konsumfragen oft die Hosen an. Es gab nämlich nicht nur den männlichen Hofstaat von Maximilian I., sondern auch das herzogliche »Frauenzimmer« der adligen Damen und geldigen Bürgerstöchter, die ihrer Landesherrin geduldig zuarbeiteten. Die Hierarchie war genau festgelegt: ganz oben die Obersthofmeisterin, die engste Vertraute der Fürstin. Danach die Hofmeisterin, die die Aufsicht über all die adligen »Junckhfrawen« führt. Und darunter dann jede Menge Hoffräulein, die zur Adelsausbildung vor Ort waren und nebenbei noch einen standesgemäßen Ehegatten suchten. Alles ganz züchtig, versteht sich. Bei geöffnetem Fenster durfte jedenfalls nicht gelacht werden. Und Gespräche oder gar Kutschfahrten mit jungen Verehrern waren vollends tabu.

Denn bei Maximilian I. – dem erzkatholischen bayerischen Herzog, der 1623 zum Kurfürsten aufstieg – ging's recht sittenstreng zu. Es wurde viel gebetet und noch mehr geschwiegen – an Feste war nur selten zu denken, an Ausschweifungen nie. Maximilian war eben ein frommer und ausgesprochen sparsamer Mann, der den immensen Schuldenberg seines alten Herrn abzutragen hatte. Keine ganz leichte Aufgabe angesichts der astronomisch hohen Schuldenlast von 4,8 Millionen Gulden – das war ungefähr das Sechzehnfache der jährlichen Staatseinnahmen Bayerns. Maximilian I. ging bei Regierungsantritt sofort daran, den Haushalt zu sanieren und »auf alle Weg' Geld zu sammeln« und »einen Schatz und Vorrat zu machen«. Er war darin äußerst erfolgreich, was bis heute von den Historikern als finanzpolitische Meisterleistung gewürdigt wird. In wenigen Jahrzehnten gelang ihm das Wunder der schwarzen Null! Obwohl er mitten im nicht gerade billigen Dreißigjährigen Krieg regierte.

In München unter dem sparsamen Kurfürsten war also kein Platz für echte Luxusentfaltung, möchte man meinen. Aber das täuscht. Auch zu Maximilians Zeiten zählte der bayerische Hof zu den prunkvollsten und prächtigsten im ganzen Reich. Und das war – wen wundert's – nicht zuletzt einer Frau zu verdanken. Weil die erste Ehe mit Elisabeth kinderlos geblieben war, heiratete Maximilian im April 1635 Maria Anna, die Tochter des Habsburger Kaisers. Sie gebar ihm nicht nur zwei Buben, sondern brachte auch sonst viel neues Leben an den Hof. Neben den Hofmeisterinnen und Hoffräulein, neben den vier Kammerdienerinnen und zwei Aufwärterinnen, neben der Kammermagd, dem Kammerweib und den Kammerfrauendienerinnen, neben der Krankenköchin und den Wäscherinnen tummelten sich bald auch noch weitere Damen im Frauenzimmer – eine eigene Hofmeisterin für die Prinzen, eine Oberstkinderfrau, eine Kinderfrau, eine Helferin, eine zusätzliche Dienerin. Sie alle wurden neu eingestellt und bezahlt. Denn die Damen waren keineswegs ehrenamtlich tätig, sondern ähnlich besoldet wie die bediensteten Männer am Hofe des Kurfürsten.

Da mag der sparsame Max ganz schön geschluckt haben, als seine neue Gemahlin die ersten Rechnungen ihres Regiments präsentierte. Das Personal im Frauenzimmer hatte sich nämlich bald mehr als verdoppelt. Und obendrein war die Kurfürstin alles andere als geizig. Sie erhöhte die Gehälter ihrer Angestellten teils um das Zwei- und Dreifache. Obwohl Krieg herrschte und überall sonst gespart werden musste. Nur bei den Frauen am Hof nicht! Die drehten richtig auf! Und achteten stets ganz besonders auf ihre feine Ausstattung. Shoppen war eben immer schon weiblich. Lange bevor es die Gender-Marketing-Strateginnen gab.

Obrigkeitliche Zugriffe oder: Die Flins-Fahnder

Helden? Sind eher selten in Bayern. Man muss sie schon erfinden, wie zum Beispiel den tapferen, vollbärtigen Best-Ager, der als Schmied von Kochel in unsere Geschichtsbücher einging, weil er 1705 das Vaterland gegen die bösen habsburgischen Besatzer verteidigte. Freilich, gegeben hat's ihn höchstwahrscheinlich nicht. Aber das macht nichts, immerhin hat Bayern seither seinen ureigenen Nationalhelden. Einen, der aufbegehrt hat gegen die da oben. In der Regel aber ist man hierzulande eher pragmatisch im Umgang mit der Obrigkeit. Außer wenn's ans Eingemachte geht. Also an den Flins! Der Bayer hat nämlich ein recht inniges Verhältnis zu seinem Geld. Besitzt er es erst einmal, gibt er es nicht mehr gern her. Und schon gleich gar nicht der Obrigkeit, also dem Finanzamt. Darin unterscheidet er sich vermutlich nicht sonderlich von anderen Menschen auf der Welt. Unterschiede gibt es allenfalls darin, wie man mit heiklen Fällen umzugehen pflegt. Auf seiner ethnographischen Reise durch Bayern schreibt Joseph Friedrich Lentner Mitte des 19. Jahrhunderts über die Menschen in der Region von Laufen, Dietmanning und Reichenhall:

Ein Hauptgrundzug des Volkscharakters dieser Gegend ist der gänzliche Mangel an Offenheit und Vertrauen gegen Alles, was nicht Bauer ist; besonders gegen Obrigkeiten, von der sie grundsätzlich nur Bedrückung, Plünderung, Ueberlistung u.

dgl. befürchten. Darauf beruht auch ihr ungemein durchgeführtes Geheimhalten ihres Wohlstandes, daher die Uebergaben mit der niedrigsten Werthsbezeichnung, Privattheilungen der Baarschaft ohne gerichtliche Versicherung, verzögertes Abzahlen von Kapitalien, geheimes Ausleihen von Geldern ohne Verbriefung, weniger aus Ehrlichkeit als aus Furcht vor Taxen und Besteuerung und das allgemein übliche Geheimhalten des Baarbesitzes, wobei sehr häufig das Vergraben und Vermauern desselben vorkömmt, so daß sogar einzelne Fälle gerichtlich vorliegen, daß nach dem plötzlichen Tode des Besitzers solches Geld nicht gefunden werden konnte, weil er den Ort selbst seinen Angehörigen geheim hielt, wie es denn selbst bei den Sperrkommissionen bereits eine stehende Frage geworden ist, ob nirgend ein Geld vergraben sey.

Vergraben und Vermauern! Solche Steuersparmodelle erinnern ein wenig an eine Geschichte, die der Münchner Schriftsteller Eugen Roth (1895–1976) in seinen *Erinnerungen eines Vergesslichen* erzählt. Roth berichtet darin von seinem Kollegen, dem Schriftsteller Georg Queri (1879–1919), der als Journalist und Autor sein Geld verdiente. Aber offensichtlich nicht immer genug. Denn die Schritte des Geldeintreibers, der sich frühmorgens die Stiege heraufschleppt, um seines Amtes zu walten, waren dem zutiefst bayerischen und gelegentlich etwas derben Queri durchaus vertraut. Oft hatte er tagelang keinen Pfennig in der Tasche. Rien! Niente! Nada! Nix! Manchmal aber besaß er dann doch wieder ein paar Mark, und man darf es getrost in die Rubrik Künstlerpech einordnen, dass ausgerechnet an einem solch »flüssigen« Tag in aller Herrgottsfrühe wieder einmal das schwere Schnaufen und Stapfen des Gerichtsvollziehers im Treppenhaus vernehmbar wurde. Queri musste schnell handeln und suchte trotz der gebotenen Eile mit großer Weitsicht ein Versteck für seine Münzen. So schlau wie der Vollstreckungssekretär war unser Autor nämlich schon lang. Er wusste sehr wohl, dass so ein alter Fuchs vor allem dort suchen würde, wo das vermeintlich sicherste Versteck war. Für so was haben die Herrschaften vom Amt nämlich einen sechsten Sinn. Also beschloss Queri, lieber das allzu Naheliegende als Versteck zu nehmen. Was aber war naheliegend zu so unchristlicher Zeit, noch vor dem Frühstück? Eugen Roth klärt die Sache auf: Georg Queri »warf also die Goldstücke in den Nachttopf und bedeckte sie in aller Eile mit jenem Eigenerzeugnis, das man erst in unsern Tagen freiweg aus dem Munde edler Damen mit Namen nennen hören oder in besten Büchern gedruckt lesen kann«.

Queris Plan ist voll aufgegangen. Er kann seine Goldstücke in Sicherheit bringen. Der Vollziehungsbeamte schöpft in diesem Fall die von der Abgabenordnung § 287 Satz 1 zugestandenen Befugnisse, nämlich »die Behältnisse des Vollstreckungsschuldners zu durchsuchen«, nicht in vollem Maße aus. Was man ihm zu so früher Stunde und angesichts der spezifischen Umstände auch nicht wirklich übel nehmen kann. Vielleicht war unser Beamter aber auch nur ein gutmütiger Mensch. Einer wie Florian Kreittmayer (alias Jörg Hube) in der ARD-Fernsehserie *Der Gerichtsvollzieher*, der stets ein weiches Herz und viel Mitleid mit seiner Kundschaft hatte. Auch solche soll's geben, sogar im richtigen Leben.

Definitiv nicht von dieser Sorte waren die Flinsfahnder, die 1705 im Dienste des habsburgischen Kaisers mit brutaler Gewalt die bayerischen Höfe und Hütten durchkämmten. Die Besatzungs-Soldaten hätten wohl auch vor Queris Nachttopf nicht haltgemacht. Ihnen grauste vor gar nichts. Sie brandschatzten, plünderten, vergewaltigten und raubten, was das Zeug hielt. Wein, Bier, Met, Fleisch, Fisch und natürlich auch Geld haben die Quälgeister dem Landvolk abgenommen. In den Berichten über jene Jahre heißt es:

> **Unter den vorgekommenen Grausamkeiten werden erwähnt: Das Zusammensperren der Leute im offenen Hofe bei grimmiger Kälte oder das Zusammensperren in einer Kammer bei großer Hitze, das Annageln durch den Bart oder das Kinn an den Tisch, das Bockspannen und das feste Zusammenbinden der Hände am Genick. Die Steuereinheber werden mit Blutegeln verglichen. Selbst den Verarmten schickt man militärische Exekution ins Haus.**

Die bayerischen Bauern, die ja schon von ihrem Wittelsbacher Kurfürsten zur Genüge ausgenommen worden waren, litten also unter der habsburgischen Fremdherrschaft so sehr, dass sie sich schließlich erhoben. Mit Dreschflegeln, Mistgabeln und gerade geschmiedeten Sensen bewaffnet wagten sie einen handfesten Aufstand, der schließlich in zwei grausamen Massakern mündete: Am Weihnachtstag 1705 in Sendling und am 8. Januar 1706 im niederbayerischen Aidenbach. Die kaiserlichen Besatzer metzelten die schlecht gerüsteten bayerischen Bauernhaufen kurzerhand nieder; an die zehntausend Tote sind damals in ganz Bayern zu beklagen – vor allem Bauern und ihre Söhne, aber auch Knechte. Sie stellen 80 Prozent der Aufständischen. Den Rest machen vor allem junge Handwerksburschen aus. Nur die Anführer kommen teils aus höheren, bürgerlichen Schichten: Offiziere, Beamte, Studenten, Wirte oder Juristen.

Traumatische Erlebnisse wie diese machen Joseph Friedrich Lentners Bericht dann doch etwas verständlicher. Es leuchtet schon ein, warum der Bauer allem misstraut, was nicht Bauer ist; vor allem einer Obrigkeit, von der er grundsätzlich nur Bedrückung, Plünderung, Überlistung und dergleichen befürchten muss. Es ist also wenig verwunderlich, dass zu den Forderungen der Bauernschaft auf dem großen Bauernkongress zu Braunau 1705 auch der Wunsch nach größerer Unabhängigkeit und nach Minderung der Steuerlast gehört.

Aber was heißt Steuer damals? Steuer muss nicht immer Geld bedeuten! Eine besondere Belastung stellt für die Landbevölkerung von jeher das Scharwerk dar; die Fronarbeit für den Grundherrn, für die der Dienstpflichtige entweder seine Muskelkraft oder sein Zugvieh samt Geschirr zu stellen hatte. Manches Scharwerk war genau festgelegt, also gemessen; anderes hingegen ungemessen, also weder in Umfang noch Dauer begrenzt. Darüber hinaus muss bei Bedarf auch noch für den Landesherrn, also den Herzog bzw. Kurfürsten gearbeitet werden. Und dann sind da selbstverständlich noch die gemeindlichen Scharwerke – Straßen- und Wegebau, Wasserleitungen, Feuerschutz und so weiter. Solche Frondienstfragen sind in Bayern der Hauptanlass für Auseinandersetzungen zwischen Obrigkeit und Untertan. Nicht zuletzt, weil die Dienste oft recht willkürlich gehandhabt werden. Zum Beispiel im Ampertal in den 1770er-Jahren.

Die Bauern hatten damals harte Fron zu leisten beim Bau eines Fahrdammes durch das Ampermoos. Zehn Jahre schon werkeln sie daran herum – täglich schuften 40 Fuhrwerke samt Mannschaft –, aber es geht nicht recht voran, denn die Arbeit im Moor ist schwierig. Und die Lust der Arbeiter wird nach so vielen Jahren auch nicht gerade größer. So manche Schandstrafe muss die Obrigkeit verhängen, um die Arbeiter bei der Stange zu halten. Und sogar militärischer Zwang ist manchmal erforderlich. Aber eines Tages hilft selbst das nicht mehr. Die Bauern streiken!

Das ist natürlich eine Ungeheuerlichkeit im Jahr 1778. »Ein höchst sträfliches, Fried und Ordnung störendes Bündnis«, pulvert der örtliche Straßendirektor und rät der kurfürstlichen Regierung, »die aufkeimende Widersetzlichkeit in ihrer ersten bösen Wirkung zu ersticken«. Soll heißen: militärische Exekution! Und zwar rasch! Denn mit halsstarrigen Untertanen wird in Bayern nicht lang gescherzt! Zehn Tage später schreibt der Herr Inspektor wieder nach München. Bosheit, Eigensinn und Stolz habe sich der Untertanen nun vollends bemächtigt. Dies gehe aus den beigefügten Vernehmungsprotokollen hervor. »Euer Kurfürstliche Durchlaucht werden aus allem gnädigst zu ermessen geruhen, wie und auf welche Weise einesteils die Revoltanten zu Paaren zu treiben sind und wie andernteils zur Sicherheit meiner Person mit hinlänglichen Mitteln zu begegnen sein dürfte.«

Dem Herrn Inspektor geht also – etwas salopp formuliert – der Allerwerteste auf Grundeis; er befürchtet Tätlichkeiten von Seiten der Freisinger Bauern. Seinem persönlichen Unbehagen versucht er ein wenig politische Brisanz zu verleihen, indem er darauf hinweist, dass im Falle von Übergriffen »kein Landesbeamter mehr vor dem Mutwillen und den boshaften Untertanen sicher sein würde«. Es drohe also quasi eine vorrevolutionäre Situation. Nur zur Erinnerung, die Rede ist hier nicht von Frankreich 1789. Sondern von Bayern im Sommer 1778.

Freilich, eine Revolution steht letztlich nicht an. Die kurfürstliche Regierung hat die Sache fest im Griff und setzt die Fertigstellung des Bauprojekts mit drakonischen Mitteln durch. Die Revoltanten werden nicht etwa zu Paaren – also in die Flucht –

getrieben, sondern wieder zur Arbeit. Da hilft den Bauern alles Klagen und Flehen nicht – dass sie und ihre Familien schon bald am Bettelstab gehen, weil sie durch die ewige Scharwerkerei ihre Arbeit auf den Feldern vernachlässigen müssen. Dieses Gejammer lässt den Kurfürsten kalt. Weiterwerkeln!, lautet die Anordnung, bis das Bauwerk endlich fertig ist!

Leider entzieht sich das Wetter dem Einfluss der mächtigen, kurfürstlichen Regierung von Bayern. Drei Tage nach der Fertigstellung kommt der große Regen über das Ampertal. Und mit ihm ein verheerendes Hochwasser, das Brücken und Straßen im großen Stil zerstört und mir nichts, dir nichts wegschwemmt. Die Arbeit von Jahren ist zerstört! Also müssen die Bauern und Taglöhner erneut ran. Doch die Zwangsarbeiter haben die Nase nun endgültig voll und streiken erneut – ohne Erfolg. Das Projekt wird eisenhart durchgezogen. Bis die Brücken und Straßen im Frühjahr endlich befahrbar sind. Strenge Zeiten! Die »gute alte« Kurfürstenzeit eben!

Sieben Generationen später probt wieder einer den Steueraufstand in Bayern. Ein mutiger Niederbayer verweigert 2011 dem Fiskus seine Zahlungen. Der damals 58-jährige Markus Zwicklbauer aus Fürstenzell bei Passau – verheiratet, zwei Kinder – ist rein äußerlich kein typischer Aufrührer. Mit Anzug, Krawatte und Brille erinnert er eher nicht an Che Guevara oder den Räuber Kneißl. Und auch das Etikett Steuerrebell, das ihm die Medien gern ansteckten, passt dem Mann, der auf einem Bauernhof groß geworden und heute noch in seiner Freizeit als Hobby-Forstwirt tätig ist, so gar nicht – denn »das geht an der Sache vorbei«, sagt er. Trotzdem lässt sich nicht leugnen, dass der Niederbayer aufbegehrt, schließlich zahlt er eines Tages einfach keine Steuern mehr. Was bei Finanzbehörden bekanntlich nicht so gut ankommt. Aber das weiß niemand besser als der Revoltant Zwicklbauer – er ist nämlich von Beruf Steuerberater. Ihm ist durchaus klar, was der Satz bedeutet: »Ich werde meine Steuern schon bezahlen. Die Frage ist nur, wann!« Zwicklbauer parkte seine Steuerzahlungen auf einem Sperrkonto, um damit ein politisches Zeichen zu setzen. Sein Protest richtet sich gegen die Politik der Bundesregierung, die seiner Meinung nach nicht mehr die Interessen der Bürger wahre.

Es dreht sich also wieder mal alles um den Flins. Genauer gesagt um den Euro. Zwicklbauer hat nicht grundsätzlich etwas gegen die Währung, nur gegen die immensen Geldsummen, die während der Euro-Krise nach Griechenland fließen. Dabei geht es nicht um plumpes Griechen-Bashing oder um egoistischen Geld-Nationalismus, sondern um eine fundierte Kritik an den weltweiten Machenschaften verantwortungsloser Finanzjongleure und Spekulanten: »Am meisten ärgert mich, dass die Milliarden, die da einfließen, nicht in Griechenland angekommen sind«, sagt der Buchprüfer aus Fürstenzell. »Das war nur eine Umverteilung in den Finanzsektoren. Damit die Banken und die Spekulanten ihre Milliarden in Sicherheit bringen. Und das Risiko wurde auf den Steuerzahler abgeladen.«

Da ist er also wieder einmal, der aufmüpfige Bayer, der sein bäuerlich-bürgerliches Selbstbewusstsein nicht mehr verstecken will: »Wir sind ja keine Leibeigenen der Politik. Wir sind der Staat! Ich bin ein mündiger Bürger und hab mich bisher auch immer herumschubsen lassen. Irgendwann ist man es der eigenen Selbstachtung schuldig, dass man sagt: Ich muss etwas tun, sonst kann ich mich morgens im Spiegel nicht mehr anschauen.«

Natürlich ist dem Steuerberater damals schon klar, dass er auf Dauer den Kürzeren ziehen wird mit seinem Protest. Egal, sagt er, jetzt wolle er's wissen: Er würde sogar sein Auto pfänden lassen und »Wenn's sein muss, sich auch einsperren lassen. Zwei, drei Tage U-Haft wären ja vielleicht eine Gelegenheit, etwas Abstand zum Alltagstrubel zu bekommen.«

So weit kommt's dann freilich nicht. Kein feuchter Kerker mit Ketten, keine Schandmaske am Pranger! So was läuft heute viel nüchterner: erst mit freundlicher Erinnerung, dann mit Androhung der Zwangsvollstreckung. Alles computergeneriert! Bis eines Tages der schwer schnaufende Vollziehungsbeamte mit der Abgabenordnung unterm Arm die Treppe heraufstapft. Wer jetzt keinen Nachttopf hat! Aber ob das Vermögen eines bayerischen Steuerberaters da noch hineinpassen würde?

Wie auch immer. Zwicklbauer lässt es nicht so weit kommen, auch weil er just zu jener Zeit noch schwer krank wird. Am Ende überweist seine Frau die ausstehendende Steuerschuld. Der Aufstand ist vorbei! Schließlich weiß man ja aus der bayerischen Geschichte, wie so ein heldenhaftes Aufbegehren mitunter ausgeht. Jedenfalls ist es wieder mal ein kurzer Sommer der Anarchie in Niederbayern gewesen! Aber Ruhm und Ehre bringt er dem Rebellen dann doch ein: »Für seine fachliche Kritik am Steuersystem und sein Plädoyer für direkte Demokratie« wird er im Dezember 2012 von einem neoliberalen Gesprächskreis mit der »Goldenen Freiheitsmünze« ausgezeichnet. Der großzügige Stifter bleibt übrigens unbekannt. Ein reicher Herr aus der Starnberger Gegend soll es angeblich gewesen sein. Heißt es.

Ob die Goldmünze auch zu versteuern ist? Und ob unser Revoltant die Geschichte von Georg Queri kennt? Nun ja, im Ernstfall wird sich ein bayerischer Steuerberater schon etwas Kluges mit seinem Flins einfallen lassen. Schließlich lebt er ja in einem Land, in dem laut Lentner »sehr häufig das Vergraben und Vermauern desselben vorkömmt«.

Max I statt Hartz IV oder: Hausierer leben länger

Selbst für fantasiebegabte Menschen ist es heutzutage nur schwer vorstellbar, dass der bayerische Ministerpräsident höchstpersönlich einem betagten und bedürftigen Bürger seines Freistaates die Füße wäscht. Diesbezügliche Anfragen dürften von der Staatskanzlei mit hoher Wahrscheinlichkeit abschlägig beschieden werden, mit freundlichem Verweis darauf, dass für Fragen der Grundsicherung und Pflege im Alter die Landkreise und kreisfreien Städte zuständig sind. Nun besteht selbst in Zeiten versteckter Altersarmut kein Zweifel daran, dass unserem Bedürftigen in bayerischen Grundsicherungsämtern, wenn schon nicht die Füße, so doch gelegentlich der Kopf kräftig gewaschen wird. Aber darum soll es an dieser Stelle nicht gehen. Wir wollen die Sache lieber vom Haupt auf die Beine stellen und einen Blick zurück in Bayerns Geschichte werfen, als sich gottesfürchtige Herrscher in der Nachfolge Christi noch demutsvoll auf die Knie begaben, um den Ärmsten der Armen die Füße zu waschen. Der Gründonnerstag bot sich als Waschtag an, weil an jenem Datum bekanntlich schon Jesus in barmherzigen Pedikürefragen stets vorbildlich handelte. Plötzlich stand er vom Abendessen auf, legte seine Oberkleider ab, umgürtete sich mit einem leinenen Tuch und goss Wasser in eine Schüssel: »Dann fing er an, seinen Jüngern die Füße zu waschen und sie mit dem Tuch abzutrocknen.« (Johannes 13,5)

Zugegeben, diese auf den ersten Blick etwas extravagant erscheinende Variante von Abwasch nach dem gemeinsamen Essen verstörte seinerzeit sogar manchen Apostel. Aber der tiefere Sinn der Handlung hatte sich im Abendland dann doch recht schnell herumgesprochen. Und zwar bis nach Bayern. Dort regierte im späten 16. Jahrhundert Herzog Wilhelm V., der seinen Beinamen »der Fromme« nicht nur aus PR-Gründen trug. Wilhelm nahm die altorientalische Geste der Barmherzigkeit und Gastfreundschaft kurzerhand in das Repertoire seines Hofzeremoniells auf. »Wer dienen will, muss Knecht sein«, war die Botschaft, die eine Generation zuvor schon der Habsburger Kaiser eingeführt hatte. Die Tradition hielt sich in München wie in Wien übrigens bis zum Ende der Monarchie im Jahr 1918.

Und so trotteten alljährlich die zwölf ältesten Armen des Landes in die Münchner Residenz, um sich im Herkulessaal von ihrem Regenten untenherum ein wenig verwöhnen zu lassen. Freilich, ganz ohne Bürokratie ging so was auch damals nicht. Arm sein allein reichte zum Beispiel nicht. Man musste schon würdig arm sein, um vom königlichen Oberhofmeisterstab als »waschbar« zugelassen zu werden. Auch das Landratsamt, damals Bezirksamt genannt, blieb dem bedürftigen Antragsteller nicht erspart. Dort waren die Gesuche um Zulassung zur Fußwaschung einzureichen. Und zwar keineswegs formlos, frei nach dem Motto: »Jessas, d'Haxn hamm aa scho lang koa Wasser mehr gsehng; dann fahrma hoit in die Residenz nei!« Nein, nein, so einfach geht das nicht. Der Verwaltungsweg ist einzuhalten. Neben Tauf- und Geburtszeugnis sind auch amtliche Bescheinigungen über das eigene Vermögen und den Leumund einzureichen. Darüber hinaus ein amtsärztliches Zeugnis, das laut Ministerialerlass vom 30. April 1870 Auskunft gibt »über Gesundheit und Rüstigkeit des Gesuchstellers im Allgemeinen und insbesondere darüber, ob derselbe mit keinem Fußleiden behaftet ist«. Aus dem Amtsbayerischen übertragen bedeutet dies: Dahergelaufene Grattler mit

Fußpilz brauchen es gar nicht erst zu versuchen, sie haben von Haus aus keine Chance, als »Apostel« – so nannte man die zwölf Auserwählten – nominiert zu werden. Die erforderlichen Unterlagen sind übrigens pünktlich fünf Wochen vor Ostern einzureichen. Poststempel zählt!

Ausgewählt werden also neben zwölf jungen Mädchen, die ein neues Gewand und ein Geschenk erhalten, vor allem ältere Herren. Das beliebte Waschritual mit Gottesdienst und Prozession beschränkt sich dabei keineswegs nur auf symbolische Handlungen: Essen und Trinken sind frei, und jedem der zwölf Apostel wird vom Landesherrn ein Lederbeutel umgehängt mit zwanzig frisch geprägten Zwei-Mark-Münzen drin. Vierzig Mark sind für einfache Leute nicht wenig: Ende des 19. Jahrhunderts kann man damit in Bayern 25 Kilo Schweinernes kaufen. Und obendrein gibt's für die alten Herren eine Leibrente auf Staatskosten!

Diese Ehre wird auch einem Mann zuteil, der als ältester Bayer aller Zeiten in die Geschichtsbücher Eingang gefunden hat: Herr Anton Adner aus Schönau bei Berchtesgaden. Wäre er zu Lebzeiten so förmlich angesprochen worden, der Adner, er hätte sich vermutlich gar nicht erst umgedreht. Denn als Hausierer, der jahrzehntelang mit seiner Kraxn auf dem Buckel selbstgeschnitztes Holzspielzeug und gestricktes Gewand über die Berchtesgadener Berge schleppte, war er natürlich alles andere als ein Herr. Sondern nur der kleine, magere, uralte Done, der überall gern gesehen war, weil er der Netteste war von allen und immer auch mit den Kindern scherzte.

Als 1816/17 die Soleleitung von Berchtesgaden nach Bad Reichenhall gebaut wurde, hat ihn ein hoher bayerischer Beamter vor Ort entdeckt, den steinalten Mann. Und dabei wohl sofort an die royale Zeremonie im Münchner Herkulessaal gedacht. Genau der Richtige! Immerhin war der Adner Done aus Schönau damals schon 111 Jahre alt! Sagt man.

Max I. Joseph – im Volk nur kurz und bündig König Max genannt – war auch gleich recht angetan vom heiteren Gemüt des Hausierers. Die Antwort auf die obligatorische Frage, wie man so alt wird, dürfte dem Methusalem nicht schwergefallen sein: viel Bewegung und nicht zu üppig essen!

Beides hat der arme Adner zeitlebens vorbildlich vorgelebt. Noch im Alter von hundert Jahren soll er zu Fuß über die Berge gewandert sein – nach Salzburg und Tirol hinüber, auch in die Steiermark und die Schweiz. Auf dem Rücken trug er jedes Mal einen schwer beladenen Tragkorb mit hölzernen Fabrikarbeiten aus seiner Heimat. So was hält fit. König Max drückte dem Greis sofort eine Rolle Thaler in die Hand und zahlte ihm fortan aus seiner königlichen Privatkasse eine Leibrente. In den beiden folgenden Jahren durfte der Adner Done dann sogar nach München reisen und als »Apostel« an der Hoffußwaschung teilnehmen.

Max I. war zweifelsohne ein großzügiger Monarch. Ob er bei all seiner Güte auch ein politisches Kalkül hatte? Schließlich war die Fürstpropstei Berchtesgaden erst sieben Jahre zuvor bayerisch geworden, da konnte es vielleicht nicht schaden, wenn die Neubürger sahen, was für ein überaus netter und wohltätiger Mann der bayerische König doch war. Und überhaupt hatte der Monarch ein wenig PR dringend nötig, denn ganz Bayern befand sich damals in einer schweren Krise. Im April 1815 war im weit entfernten Indonesien ein Vulkan namens Tambora ausgebrochen – ein Ereignis, das das Weltklima gravierend verändern sollte. Mehrere Jahre lang kühlte es stark ab. Plötzlich fiel Schnee mitten im europäischen Sommer, und so kam es 1816 in Bayern zu einer katastrophalen Missernte und noch katastrophaleren

Hungersnöten. Bayerns Behörden reagierten zögerlich und konfus. Es fehlte an Getreidevorräten und die Preise stiegen rasant. Ende 1816 kam es in einigen Städten Bayerns sogar zu Unruhen. Aus der Hungersnot wurde eine Staatskrise, und im Jahr 1817 ging bei den Regierenden in Bayern die Angst vor einer Revolution um. Mehrfach stand Bayern in jenen Jahren vor dem Staatsbankrott, und auch einem versierten (Außen- und Reform-)Politiker wie Maximilian von Montgelas gelang es nicht, die Ausgaben niedriger zu halten als die Einnahmen. Montgelas war in finanziellen Fragen wahrlich kein Genie. Die Staatsverschuldung wuchs ständig, und mehr als einmal war der Superminister gezwungen, seine Beziehungen zu liquiden Bankiers spielen zu lassen, die dem Königreich Geld pumpten. Am Ende musste Montgelas abdanken. Der König aber inszenierte sich weiterhin als »guter Vater«, der sich um seine Untertanen liebevoll kümmerte.

Da kam der alte Adner gerade recht. Polit-Show muss sein. Dennoch verdient die noble, unbürokratische Geste des Wittelsbacher Königs Anerkennung: »Max I« war vermutlich wesentlich unkomplizierter und großzügiger als unser heutiges »Hartz IV«. Dem alten Adner jedenfalls fehlt es an nichts, was er für einen heiteren Lebensabend benötigt. Den Hut, den er vom Kini geschenkt bekommen hat, muss er niemals aufhalten. Im Gegenteil, er ziert ihn nach alter Landessitte mit Gamsbart und Geierfedern und nimmt ihn nur beim täglichen Kirchgang ab. Als der 117-Jährige im Winter 1822 stirbt, kommen Tausende zu seiner Beerdigung. Und am Ende geht der Done sogar noch in die Kunstgeschichte ein: Der Maler Carl Spitzweg, der ihn als Bub noch selbst kennengelernt hat, malt den *Kraxenträger in der Schlucht*. Es ist übrigens kein Spitzwegsches Idyll – man sieht den wandernden Hausierer in höchster Gefahr, auf einem Baumstamm über einem gefährlichen Abgrund balancieren. Ein passendes Bild für einen Berufsstand, der stets auf schmalem Grat zwischen sozialer Verachtung und Verfolgung wanderte. Hausierer wurden nämlich von den Behörden oft genug schikaniert und bedrängt. Ihre Geschäfte waren seit dem 16. Jahrhundert stark reglementiert oder zeitweise ganz verboten. Dem »hausierenden Gesindel«, wie es in einem kurfürstlichen Mandat von 1644 heißt, sei nicht zu trauen, weil sie den armen Bauern in entlegenen Gebieten eh meist nur gefälschtes und minderwertiges Zeug andrehen. Betrüger also sollen sie gewesen sein, die Bettler und Versehrten, die mit ihrer ganzen Habe von Haus zu Haus zogen, um mit ihrem Gemischtwarenangebot kleine Geschäfte zu machen. Manchmal kamen sie auch mit Karren, waren also fahrende Zwischenhändler, die alles Mögliche feilboten: Von Holz und Blechwaren über Kleidung bis zu Tabak und Büchern. Die in Bayern bis heute wenig angesehenen »Grattler« oder »Krattler« waren jene, die ihr Geschäft vom »Wagen herunter« betrieben. In Schmellers Bayerischem Wörterbuch kommt die »Kratten« von der »caretta«, einem Karren mit zwei Rädern. Die Krattenzieher oder Krattler waren meist »Tyroler, die gewöhnlich in Gesellschaft ihrer ganzen Familie kleine Karren voll Obst, Kreide etc. zum Verhandeln nach Bayern ziehen und für den Rückweg Hafnergeschirr zu laden pflegen«.

Die sesshaften Händler waren auf diese mobile Konkurrenz natürlich nicht gut zu sprechen, weil sie angeblich die Preise verdarben. Und die Landesherren mochten die Vagabunden ebenso wenig, denn sie waren schwer zu kontrollieren, sprich: zu besteuern. Besonders schlecht angesehen waren die welschen Händler, die aus Italien oder Frankreich kamen, und die jüdischen Kleinhändler. Letzteren wurden Handel und Gewerbe in Bayern seit Mitte des 16. Jahrhunderts weitgehend verboten.

Dennoch konnte man das »wilde Hausieren« nie ganz unterbinden. Seit 1765 versuchten die Behörden, Schwarzhandel und Schmuggel mit Hilfe von Lizenzen und Konzessionen in den Griff zu bekommen. Wohnort, Gewerbe, Warenangebot! Alles wurde erfasst. Seit dem frühen 19. Jahrhundert wollte es der Staat ganz genau wissen, wie viele Hausierer im Land herumfahren und was sie so verkaufen. Um 1810 herum sollen es in Ober- und Niederbayern insgesamt 364 gewesen sein, die ganz oder teilweise vom Hausierhandel lebten.

Noch bis weit ins 20. Jahrhundert hinein ziehen solche ambulanten Händler von Tür zu Tür, haben Stoffe, Kleider und Teppiche dabei, die sie den Leuten andrehen wollen – wie in der folgenden Geschichte, die aus Akten der Gendarmerie Rosenheim hervorgeht. Sie spielt Anfang des Jahres 1930. Wieder einmal ist Krisenzeit in Bayern. Auch für den Hausierer Alois R., der an einem viel zu warmen Januartag auf den Hof des Bauern Benno S. kommt. Alois hat in jenen Tagen nicht schwer zu tragen: Er ist ein Hausierer ohne Ware! Denn Ware kostet Geld. Und das hat der Alois nur selten.

Deshalb ist er auch zu Benno gekommen, einem etwas eigenbrötlerischen Mann. Alois gelingt es schnell, den einfachen Bauern mit einem Schwall schöner Worte einzulullen. Der Hausierhandel, schwärmte er, sei ein wahrhaft gutes Geschäft. Man könne sehr viel verdienen, wenn man nur genügend Ware hat. Es dauert jedenfalls keine Stunde, bis der Bauer S. eine Bürgschaftsleistung unterschreibt: 250 Mark! Damit will der Alois Kleider- und Anzugstoffe besorgen. Als Sicherheit lässt er eine Nähmaschine da. Und ein Fahrrad. »Wenn das Geschäft erst einmal läuft«, verspricht er großspurig, »dann zahl ich dir für jeden Tag zwei Mark Gratifikation!« Der Bauer nickt stumm. Und unterzeichnet einen Wechsel über 120 Mark.

Die Stoffe wurden auch prompt in den nächsten Tagen geliefert – Ballen im Wert von 303 Mark. Gebracht hat sie der Hans aus Rosenheim; ebenfalls Hausierer und zufällig der Stiefvater vom Alois. Jetzt redeten sie zu zweit auf den Bauern Benno ein. Und der unterzeichnete einen weiteren Wechsel über 300 Mark!

Die Stoffballen lagen also beim Benno in der Kammer, und Alois kam regelmäßig vorbei, um Ware zu holen und so manches Geschäft zu machen. Mit Stoffen. Und anderem mehr. Es dauerte dann allerdings nur ein paar Wochen, bis bei Benno das Zehnerl fiel. Irgendetwas stimmt doch da nicht, dachte er sich und fing an nachzufragen. Die Nähmaschine? War längst an einen Kaufmann in Kolbermoor verpfändet? Der Verkauf eines Motorrads? Ein Märchen! Ja, nicht einmal das Fahrrad hatte dem Alois gehört. Sondern seiner Frau, die in einer Textilspinnerei schuftete und den Lebensunterhalt für die ganze Familie bestritt. Jetzt wusste auch der einfältige Benno, dass das Hausiergeschäft ein riesiger Schwindel und der Alois ein Hallodri war, der nie einen Pfennig Flins in der Tasche hatte. Der Bauer sah von seinem Geld jedenfalls nichts mehr wieder. Dafür war er nun stolzer Besitzer vieler großer Stoffballen in allen Farben!

Von Skorpionen und Apfeldieben – der Fürsten-Flins bei Bayerns Königen

Auch Regenten brauchen manchmal Tipps und Hilfestellungen. Dafür gibt es seit der Antike sogenannte Fürstenspiegel, die die Herrschenden an ihre Pflichten erinnern und zur Tugend mahnen sollten. Im Bayern des 18. Jahrhunderts war zum Beispiel ein gewisser Ignaz Franz Xaver von Wilhelm als schreibender Politikberater tätig. Geboren 1674, gehörte er neun Jahre lang dem Jesuitenorden an, bevor er als Kabinettssekretär für die Wittelsbacher arbeitete. Wilhelm war ein Mann des Wortes, der in den 1730er-Jahren ein zweibändiges Werk mit dem Titel »Annus politicus« schrieb. Band zwei dieses Fürstenspiegels ist in zwölf Kapitel gegliedert – jedes einzelne verziert mit einer ganzseitigen Kupfertafel, auf der die einzelnen Tierkreiszeichen zu sehen sind. Kapitel sieben und acht sind dem Thema Wirtschaft gewidmet. Im Zeichen der Waage wird das Gleichgewicht zwischen Einnahmen und Ausgaben eines Herrschers erörtert; unterm Skorpion stehen die Probleme einer gerechten Verteilung.

Nun sind Skorpione ja bekanntlich mitunter recht giftige Viecherl, die auch mal gefährlich werden können. Politikberater Wilhelm nimmt sie als Metapher, um die Fürsten zu warnen: Die zwei Zangen des Spinnentieres stehen bei ihm für Geiz und Verschwendung. Die Wahrheit im Umgang mit staatlichen Finanzen liege – wie so oft – irgendwo dazwischen.

Ob die Wittelsbacher Herrscher des 18. Jahrhunderts solch bildhafte Ratschläge immer befolgt haben? Man darf getrost daran zweifeln. Schon unter Kurfürst Karl Theodor stand Bayern finanziell nicht gut da. Und bald sollten die napoleonischen Kriege die Situation noch einmal dramatisch verschlechtern. Ständig waren Heere auszurüsten – ein teures Unterfangen, das die Staatskasse leerte. Unter Kurfürst Max Joseph – 1806 dank Napoleon zum Bayernkönig aufgestiegen – und seinem Mehrfach-Minister Montgelas gab es in bewegten Zeiten grundstürzende Änderungen und grundlegende Reformen, die Bayern bis heute prägen. Aber die Finanzen bekam man nicht recht in den Griff. Obwohl sich Montgelas von der Auflösung und Enteignung der bayerischen Klöster einiges erwartet hatte: vor allem Grundbesitz und jede Menge Schätze, mit denen man den maroden Staatshaushalt sanieren könnte. Die Rechnung ging nicht auf. Es fehlte im ländlichen Bayern an potenten Käufern. Und obendrein verfielen angesichts der Grundstücksschwemme bald auch die Immobilienpreise. Der bayerische Staat konnte sich also gerade mal wieder vor dem völligen Bankrott retten, aber die schwarze Null wurde nie erreicht. Bayern war da kein Einzelfall.

Max Joseph hatte schon im Jahre 1799 erkannt, dass er ein regelrechter Pleite-Bayer war:

> **Schwer fühlen Wir bis in diese Stunde die Unordnung der bayrischen Staatswirtschaft. Wir wissen, daß durch Unordnung in den Finanzen alle Staaten zu Grunde gehen und eben weil Wir dies wissen, liegt Uns auch nichts mehr am Herzen als unverzüglich Oekonomie in alle Zweige der Staatsverwaltung zu bringen.**

Gut gebrüllt, Kurfürst! Leider geht die Sparparole im Schlachtenlärm jener Tage unter, und auch die neu erworbenen Gebiete kosten Bayern erst einmal viel Geld. Man muss also um Kredit bitten und fragt wieder einmal bei jüdischen Bankiers an. Einer der bedeutendsten und zahlungskräftigsten jener Hoffaktoren, die schon im 18. Jahrhundert als Finanziers der prachtliebenden Fürsten dienten, war Aaron Elias Seligmann aus dem pfälzischen Leimen. Unter Karl Theodor zum bayerischen Oberhoffaktor aufgestiegen, wird er nun von Max Joseph nach München zitiert, um den bayerischen Staatshaushalt zu sanieren. Seligmann gibt der bayerischen Hauptkasse millionenschwere Darlehen, zahlt die Gehälter der Beamten des auswärtigen Dienstes und gewährt Vorschüsse für die Kabinettskasse. In Krisenzeiten wie dem Hungerjahr 1817/18 leiht er dem Innenminister für Getreidekäufe sogar 100000 Gulden – zinsfrei! Insgesamt hat der Oberhoffaktor dem Staat wohl mehr als 14,2 Millionen Gulden gepumpt. Und der erweist sich als dankbar. Seligmann wird als erster Jude 1814 in den Adelsstand erhoben – für seine »mannigfaltigen getreuen Dienste«.

Nun scheint es ein ehernes Gesetz zu sein, dass der bayerische Untertan lieber Regenten mag, die es krachen lassen. Fanatische Pfennigfuchser sind ihm unheimlich und eher unsympathisch! Jedenfalls keine echten Landesväter! Der CSU-Politiker Edmund Rüdiger Rudi Stoiber aus Oberaudorf bei Rosenheim zum Beispiel betrieb als bayerischer Ministerpräsident eine scharfe Sparpolitik (ohne freilich die Staatsverschuldung in den Griff zu bekommen) und wurde oft als zutiefst unbayerischer Aktenfresser und Preuße verspottet. Zwei Jahrhunderte zuvor war hingegen ein König Max bei den Leuten ausgesprochen beliebt. Mit der Sparsamkeit nahm er es freilich nicht so genau! Auch Max litt an der wittelsbachischen Krankheit, konnte nur schwer an schönen Dingen vorbeigehen und musste sie haben, auch wenn's ihn bald schon wieder reute. Zum Beispiel auf dem neun Monate währenden Wiener Kongress, bei dem nicht nur die politische Landkarte Europas neu gezeichnet wurde, sondern auch schweißtreibende Bälle und andere Divertimenti angesagt waren. Die hohen Herren der Diplomatie hatten jedenfalls noch genügend Freizeit, um in Wien auch mal auf Shoppingtour zu gehen. Selbst wenn sie eigentlich pleite waren. Am 13. November 1814 gesteht der bayerische König Max seinem Minister Montgelas:

> Ich habe hier nur eine Dummheit begangen und dazu nicht für mich. Ich habe Bilder der italienischen Schule gekauft, teilweise von Meistern, die wir nicht haben. Die von den in meiner Galerie schon vertretenen aber sind so viel besser und derart billig, daß ich mich nicht enthalten konnte, sie zu nehmen. Ich begreife, daß sie mir die Staatskassen nicht zurückzahlen können, meine eigenen werden es auch nicht auf einmal vermögen, aber Sie, der Sie beim Baron Aaron Elias Seligmann Kredit haben, werden es schon fertigbringen.

Der royale Schnäppchenjäger Max hat sich also beim Power-Shoppen wieder einmal auf Montgelas und Seligmann verlassen. Ein Schuldnerberater wäre vielleicht auch hilfreich gewesen. Der alte Ignaz Franz Xaver von Wilhelm mit seinem giftigen Skorpion vielleicht? Leider sind die Fürstenspiegel im 19. Jahrhundert aus der Mode gekommen.

Dafür kommen um 1800 ganz neue Moden hinzu. Im Staatsschuldenwesen zum Beispiel: Pumpt sich in alten Zeiten der

Kurfürst den Flins noch durch persönliche Darlehen und Schuldscheine, werden jetzt modernere Verschuldungsformen entwickelt. Öffentliche Anleihen gegen Inhaberschuldverschreibungen werden massenhaft unters Volk gebracht. Solche Wertpapiere sind nicht auf den Namen des Besitzers ausgestellt und können daher leicht gehandelt werden. Bald entstehen ganz neue Branchen, die die sprunghaft wachsende Kreditnachfrage der Staaten bedienen: Banken, Börsen und Spekulanten. »Zwei Drittel der bayerischen Neuverschuldung zwischen 1794 und 1808 wurden über Kreditinstitute abgewickelt«, schreibt Hans-Peter Ullmann über *Die öffentlichen Schulden in Bayern und Baden 1780–1820*.

Bald schon ziehen auch Spekulationswellen übers Land, in deren Sog die Staatspapiere gerieten – zum Beispiel in den Jahren 1816/17, als bayerische Lotterielose zum ersten großen Bankenkrach führen. Mehrere führende Bankhäuser gehen dabei pleite, und auch zahlreiche Privatanleger verlieren ihr Geld. Die Sache gerät zur regelrechten Staatsaffäre, die im In- und Ausland heiß diskutiert wird. Denn verantwortlich gemacht werden für den Spekulationsskandal zwei Männer: Königs-Bankier Seligmann und Minister Montgelas, die beide der politischen Trickserei beschuldigt werden. Hintergrund der Sache – so die zeitgenössischen Beobachter – ist ein Coup der beiden gegen den jüdischen Bankier Spiro, der von Montgelas' ärgstem politischen Gegner, dem Kronprinzen Ludwig, protegiert wird.

Die Lotterieanleihen, die der klamme Staat mit Hypotheken gesichert hatte, waren in zwei Serien mit den Buchstaben A bis D und E bis M ausgegeben worden. Mit E bis M hatte Bayern bei Spiro die Armeelieferungen des letzten Krieges finanziert. Der war nun vorbei und Spiro, der den größten Teil der zweiten Serie besaß, konnte den schwachen Kurs der Papiere erfolgreich in die

Höhe treiben. Bis die bayerische Obrigkeit eingriff. König Max, von Montgelas in allen Fragen stets stark beeinflusst, entzog der Serie E bis M den Schutz der Hypotheken. Ohne diesen Schutz waren sie faktisch wertlos, während Seligmanns Serie A bis M weiterhin hypothekarisch gesichert war. Bankier Spiro protestierte vergeblich und ging pleite – mit ihm viele andere: Mehrere Augsburger Geldhäuser bankrottierten, und auch der Münchner Bankier Franz Nockher, der sich später aus Verzweiflung eine Kugel in den Kopf jagte. Bei Nockher hatten viele wohlhabende Münchner ihr Geld angelegt. Hunderte Familien wurden durch den politischen Coup in den Ruin getrieben und man sprach offen von betrügerischem Bankrott, der Bayern um seine Kreditwürdigkeit bringe. Kronprinz Ludwig beschwerte sich gegen diese »himmelschreiende Ungerechtigkeit des Grafen Montgelas«.

Der große Reformer und Architekt des modernen bayerischen Staats, der zwei Jahrzehnte lang als Außen-, Innen- und Finanzminister die Geschicke des Landes wesentlich mitbestimmte, musste 1817 zurücktreten. »Dieser Skandal hat wahrscheinlich Montgelas am Ende seiner Regierung mehr geschadet als alles andere«, vermutet der Montgelas-Biograf Eberhard Weis in seinem Standardwerk über den allmächtigen Minister.

Einige Jahre später, 1825, sollte Montgelas' erbittertster Gegner den Thron besteigen. Der 39-jährige Kronprinz wurde jener König Ludwig I., unter dem bald ein anderer Wind wehte. Der schwerhörige Autokrat mit dem Sprachfehler und dem »äußerst aktiven erotischen Temperament«, so Heinz Gollwitzer, war in Amtsdingen äußerst pflichtbewusst, ja pedantisch. Ein echtes Arbeitstier, das gleich bei Amtsantritt die Verwaltung entschlackte, Stellen abbaute und die Gehälter kürzte. Damit macht man sich natürlich nicht nur Freunde, aber dem Sparfuchs Ludwig war's egal, er blickte auf den immensen Schuldenberg seines Königreichs und setzte den Rotstift an. Gekürzte Militärausgaben, neue Steuern, weniger Verwaltungskosten – ganz langsam gelang es Ludwig, die immer noch hohe Staatsverschuldung in den Griff zu bekommen.

Logischerweise hatte er im Volk bald den Ruf, geizig zu sein. Wenn auch nicht in allen Belangen. Bauen und Kunstsammeln machten ihm weiterhin viel Freude. Der König zückte schnell mal den Geldbeutel, um ein Kunstwerk zu kaufen. Verschwenderisch war er aber auch dabei nicht. Als 1841 sein Architekt Leo von Klenze eine große Sammlung zeitgenössischer Malerei über einen Kunsthändler zum Verkauf anbot, schlug der royale Schnäppchenjäger blitzschnell zu und kaufte die Sammlung beim Händler zum angesetzten Mindestpreis. Keine müde Mark mehr! Klenze maulte nicht. Immerhin hatte ja der König gekauft.

In anderer Hinsicht könnte man Ludwig I. auch als alten Geizhals bezeichnen. Zum Beispiel daheim im ehelichen Haushalt. Seine Verbindung mit Therese von Sachsen-Hildburghausen war eine Zweckheirat. Die liebe Therese wird jahrelang im goldenen Käfig gehalten und darf – während der Gemahl sich ständig mit seinen Geliebten vergnügt – über jeden Pfennig Rechenschaft ablegen. Ja sogar für einen neuen Wintermantel muss die Monarchin lange betteln. Ludwig braucht seinen Flins eben anderswo: für die Pinakothek, die Feldherrnhalle, das Siegestor. Und natürlich für seine Mätressen. Der Tänzerin Lola Montez opfert er nicht nur viel Geld, teuren Schmuck und ein Haus in bester Lage, sondern am Ende – wenn auch nicht ganz freiwillig – den Königsthron. Und immer wenn's darum ging, hübsche junge Frauen aus ganz Europa zu umschwänzeln, war Ludwig nicht knauserig. Er ließ die Damen vom Hofmaler Josef Stieler verewigen und in die Schönheitengalerie von Schloss Nymphenburg hängen. Freilich, die Abstandszahlungen für die Damen waren dann eher wieder ludovizianisch sparsam. Manche Geliebte wurde mit Gebetbuch samt königlicher Widmung abgespeist!

Über den alten »Noudnigl« (Geizhals) in der Residenz, der die Anzüge seines verstorbenen Vaters nicht wie üblich den Dienern vermachte, sondern versteigern ließ, kursieren in Bayern viele einschlägige Geschichten. Zum Beispiel diese: Ludwig ist erst seit kurzem König, als neue Münzen mit seinem Konterfei in Umlauf gebracht werden. Weil überall im Staat radikal gespart wird, sind auch diese neuen Kreuzer-Münzen im Durchmesser deutlich kleiner als die des Vorgängers. Als nun der neue König bei einem seiner Spaziergänge durch München an einer Bäckerei vorbeikommt und sich die Semmeln anschaut, die in der Regel für einen Kreuzer zu haben waren, beklagt er sich: »Die sind viel zu klein!« Der Bäcker lässt sich davon nicht einschüchtern und erwidert: »Majestät, die Kreuzer sind ja schließlich auch kleiner geworden.« Ob der König eine Semmel gekauft hat, ist nicht überliefert. Verbürgt ist nur, dass der Volksmund seine Kreuzer-Münzen als »Ludwigsdreckerl« verspottet hat.

Die strenge Sparpolitik hielt der Monarch jedenfalls bis zum Ende seiner Regierungszeit bei. Nach seinem Lola-bedingten Rücktritt zieht er sich ins Privatleben zurück, um sich bis ins hohe Alter ganz den schönen Dingen des Lebens zu widmen. Die Sommer verbringt der Monarch oft auf seinem Schloss Leopoldskron bei Salzburg. Zu jener Zeit – Ludwig ist schon weit über 70 – wandert ein rheinischer Handwerksbursche durch Süddeutschland. Der Drechslergeselle auf der Walz hatte sich nach seiner Lehre 1858 auf den Weg gemacht und war bei der Suche nach Arbeitsstellen über Freiburg, München und Regensburg bis nach Salzburg gekommen. Dort erzählte man sich damals eine Geschichte, über die der 19-Jährige mit seinen Spezln recht herzhaft lachen konnte. Sie handelt vom emeritierten Bayernkönig, der im grauen Sommeranzug, mit Krückstock und einem »großen, etwas ramponierten Strohhut bedeckt« bei seinen ausgedehnten Spaziergängen eines Tages an einem Apfelbaum vorbeikommt. Drunter steht ein kleiner Bub, der verzweifelt versucht, ein paar Äpfel herunterzuschütteln. Der König schaut eine Weile zu und sagt dann: »Schau, das musst du so machen!« Ludwig schleudert seinen Krückstock ins Geäst und holt eine ganze Reihe Äpfel herunter. Allerdings hat er nicht mit dem bajuwarischen Charme der Salzburgerinnen gerechnet. Aus dem nahen Haus schießt nämlich mit hochrotem Kopf die Bäuerin heraus und faucht den Fürsten an: »Du alter Lackl, schamst di net, dem Buam beim Äpfel-Stehln z'hoiffa!« Ludwig nimmt seinen Hacklstecken und zieht eiligst davon.

Am nächsten Morgen freilich schickt er seinen Diener los, der der Bäuerin einen Gulden bringt: »Für die Äpfel, die gestern der Herr vom Baum geschlagen hat.« Die Alte nimmt das Geld, will aber dann doch wissen, wer der Herr bittschön gewesen ist. Die Antwort dürfte sie etwas überrascht haben.

König Ludwig I. hat sich jedenfalls nicht lumpen lassen und lieber gezahlt – bevor er am Ende noch als Apfeldieb in die Geschichtsbücher einging. Aus dem jungen Handwerksburschen, der die Geschichte überliefert hat, wird später übrigens ein Arbeiterkaiser – so nennt man den Sozialisten August Bebel gelegentlich. Der Gründer der deutschen Sozialdemokratie hatte natürlich Verständnis für den Obstfrevler Ludwig. Schließlich war Bebel selbst »nicht ohne Fehl und Sünde«, wie er in seinen Memoiren *Aus meinem Leben* gesteht. Bei ihm waren's allerdings die prachtvollen Pfirsiche im Mirabellengarten, der dem Fürstbischof gehörte. Der junge Bebel schüttelte nicht nur die Früchte, sondern bald auch seine Gewissensbisse ab, als er beim heiligen

Ambrosius ideologischen Beistand fand: Die Natur habe ihre Güter allen Menschen gemeinsam gegeben, schreibt der Kirchenvater im vierten Jahrhundert. Und Privateigentum sei nur eine ungerechte Anmaßung. In diesem Punkt wären sich der Bayernkönig und der Arbeiterkaiser wohl nicht ganz einig gewesen. Aber sie haben sich ja auch nie wieder getroffen.

Ludwig und der immerwährende Traum vom Süden

Spinnt er jetzt? Oder spinnt er nicht? Die Frage ist nicht leicht zu beantworten. Die einen sagen so, die andern so. Und wer am Ende recht hat, wird vielleicht erst am Tag des Jüngsten Gerichts entschieden. Manchmal hängt die Antwort auch von der Weltgegend ab, in der sie gegeben wird. In Mittelfranken zum Beispiel steckt man heute noch gern Leute in die Psychiatrie, die anderswo als Whistleblower gefeiert werden, weil sie die korrupten Machenschaften von Banken, Politik und Justiz aufdecken könnten. In Altbayern hingegen verehrt man lieber Menschen, die woanders als übergeschnappt gelten. König Ludwig II. war so ein Fall. Die bayerische Nachwelt verklärt ihn als exzentrischen Traumfabrikanten, dem der Freistaat seine allerschönsten Disneywelten verdankt. Ob er gesponnen hat? Mei, er sei halt ein wenig menschenscheu und vor allem fantasiebegabt gewesen, heißt es in wohlwollenden Kreisen. Ein Deserteur der Wirklichkeit!

Freilich gibt es im Fall des Märchenkönigs ein paar dezente Hinweise darauf, dass längst nicht mehr alle Kerzen am royalen Leuchter hellauf brannten und das Licht der Vernunft keineswegs in alle dunklen Ecken Neuschwansteins vorzudringen vermochte. Man denke nur an seine Schwarmliebe für den hochverschuldeten Richard Wagner, den er mit Geld überschüttete. Oder Ludwigs Faible für Opern, die er nur für sich allein aufführen ließ. Auch seine Schlösser-Bauwut lässt auf jene oft diagnostizierten manisch-depressiven Verstimmungen schließen, die für Bayern vor allem in den manischen Phasen nicht eben billig wurden. Aber zu Ludwigs Entschuldigung hat man immer auch ein paar gute Argumente parat. Die einsame Jugend, das unterkühlte Elternhaus, den geistig umnachteten Bruder Otto! Und nicht zuletzt die tiefe Sehnsucht nach dem immerwährenden Süden, die doch in jedem Bayern ein wenig schlummert. Wer hätte noch nicht davon geträumt, sein ureigenes Königreich zu haben, wo man noch Herr im eigenen Hause ist. Ein absolutes Fürstentum also, wo der Regent seine Bierfilzlsammlung und Rehgwichtl aufhängen kann, wo es ihm gefällt. Und wo nur Gleichrangige Zutritt haben – nämlich da Wigg, da Franz und da Hias! Damit endlich wieder mal ein flotter Vierer zammgeht! Also beim Schafkopfen natürlich. Und wo Eheweiber, Kinder und anderes niederes Volk garantiert nichts zu sagen haben! Eine Oase der Ruhe also, ohne Hetze und ohne Lärm. Nur Frieden und Freiheit! Ja genau, so muss das Königreich ausschauen – drunten im Süden, wo die Palmen wachsen. Oder zumindest draußen im Kleingarten, wo die Datschen stehen! Ein Rückzugsort par excellence! Natürlich wird sich die Außenwelt sofort wieder fragen: Spinnt er jetzt? Spinnt er nicht? Oder träumt er nur wieder den alten bayerischen Traum vom immerwährenden Süden? Ein ewig Rätsel wird's wohl bleiben!

König Ludwig II. hatte zeitweise schon recht konkrete Vorstellungen, wo sein heiles Königreich liegen sollte. Nach dem verlorenen Krieg und dem geheimen Bündnisvertrag von 1866 war Bayern ein Satellit Preußens geworden. Ludwig hoffte noch ein wenig auf einen Südbund mit Württemberg und Baden, in bestem Einvernehmen mit Österreich. Aber auch dieser Traum blieb Illusion. Bismarck kaufte den Bayern den Schneid und die Freiheit ab. Was auch nicht schwer war bei den Millionenschulden, die der liebe Ludwig mit seiner Bautätigkeit angesammelt hatte. Bismarck machte sechs Millionen aus dem Welfenfond locker und erkaufte sich damit Wohlverhalten. Die bayerische Schuldenspirale aber drehte sich weiter. Am Ende sollten für das einst unabhängige Königreich unterm deutschen Kaiser nur ein paar Reservatrechte bleiben. Und der Märchenmonarch wurde zum lichtscheuen Nacht-Schatten-König. Aber ein »Schattenkönig ohne Macht will ich nicht sein«, klagte Ludwig II., der den Verlust der Souveränität nicht verwand und die Nase von der Realpolitik bald voll hatte.

Und so träumte er immer öfter davon, abzudanken und einen ganz neuen Laden aufzumachen. Bayern verlassen! Ein neues Territorium suchen! Und eine absolutistische Herrschaft errichten! Es waren nicht nur Hirngespinste des Königs. Zweimal – 1873 und 1875 – schickte er einen Vertrauten los, der Zypern und die Kanarischen Inseln abklappern musste, um zu prüfen, ob man sie kaufen und dort gegebenenfalls ein neues Paradies errichten könne. Ja, sogar Griechenland war fürs neue Königreich wieder im Gespräch, obwohl die Wittelsbacher dort nicht die allerbesten Erfahrungen gemacht hatten. Jedenfalls wurde eine gelehrte Kommission gebildet, die nach langem Hin und Her zu dem Ergebnis kam, »einen Teil der Kanarischen Inseln für das Zukunftsreich am passendsten zu erklären. Alle übrigen Länder seien teils des Klimas, teils der Bevölkerung wegen nicht zu empfehlen«.

Die Kosten für Militär, Beamte und Residenzen sollten sich auf schlappe 25 bis 30 Millionen Gulden belaufen. Und so liegt bald schon der Entwurf für eine Verfassung des neuen Inselkönigreiches vor. Die Location stimmt schon mal! Ob Teneriffa, Gomera oder Palma – die Kanaren sind optimal für das royale Aussteigerprojekt! Denn die Bewohner der Kanaren, heißt es im Verfassungsentwurf, seien »von großer Herzensgüte, milden Sitten, Einfachheit, Gastfreiheit und anständigem Benehmen«. Als

Spanier hätten sie überdies eine große Ehrfurcht und ritterliche Ergebenheit gegenüber ihren Königen! Also grad recht für einen alten, eigenwilligen Tyrannen wie Ludwig II., der seine Bediensteten auch gern mal schikanierte. So war es dann auch ganz in Ludwigs Sinn, dass der König in der neuen Erbmonarchie das absolute Oberhaupt der Staatsregierung sein sollte! Seine Person sei heilig und unverletzlich! Und vor allem durch kein Gesetz beschränkt! Demokratische Mitsprache? Gewaltenteilung? Oder ähnliche Kinkerlitzchen? Sind definitiv nicht vorgesehen. Für Untertanen gilt Unterordnung! Es ist eben der Traum von der unumschränkten monarchischen Gewalt im Schatten subtropischer Palmen! Der soll Ludwig über den Verlust realer politischer Potenz hinweghelfen. Bald aber werden kritische Stimmen im Umkreis des Königs laut; freilich nur ganz leise. Schließlich war man im höfischen München gewöhnt an die Fantastereien des Monarchen. Und wer wollte schon die eigene Karriere aufs Spiel setzen und den König kritisieren? Ludwig ließ sich ohnehin nicht abbringen von seinen Fluchtplänen, »denn der Wegfall von ›noch mehr‹ Rechten ist zum Gehen Grund genug, da, wie die politische Frage gegenwärtig ist, jene räuberische Hohenzollern-Bagage, jenes preußische Gesindel doch nicht alles erreichen könne, was ihnen erwünscht wäre. Ich verlasse mich daher darauf, daß Sie die Sache ernstlich ins Auge fassen und die ersten Vorbereitungen treffen«, schreibt Ludwig seinem Hofsekretär Bürkel. Bis in die 1880er-Jahre hinein pflegte er seine Aussteigerfantasien. Wobei nicht immer ganz klar war, ob er Bayern eintauschen wollte oder nur neues Gebiet hinzuerwerben. Vor allem nach seinem Tod wurde das heftig diskutiert. Und wohl beides ist wahr, wie der Historiker Christof Botzenhart in seinem Buch über die Regierungstätigkeit Ludwigs zeigt. Gegen das sonnige Gomera hätte er sein Bayern wohl schon gern getauscht.

Kleine Fürstentümer wie Monaco oder Liechtenstein hätte er vermutlich nur dazu gekauft. Aber womit? Ludwigs Kabinettssekretär Ziegler schreibt damals an den Hofsekretär Bürkel: »Ich soll jemand suchen, der das Kaufobjekt ausfindig macht. Richte nun gefälligst 10 bis 20 Millionen Geld her, denn auf Kredit werden wir das Fürstentum nicht bekommen.«

Eine weise Einsicht! Am Geld fehlt es freilich hinten und vorne. Aber was ist schon schnöder Flins im Vergleich zum bayerischen Traum vom ewigen Süden? Dann kaufmas halt doch auf Pump! Und wenn's am Ende nicht reichen sollte? Dann bleiben wir an einem der oberbayerischen Seen! Auch sehr schön! Aber Vorsicht beim Schwimmen! Man weiß ja, wie die Geschichte beim verehrten Märchenkönig ausgegangen ist.

Reiche Ruach und arme Schlucker – der Flins am Land

Wein macht lange nicht so trunken wie Besitz.
(Georg Kreisler)

Obacht! Die folgenden Zeilen könnten Ihre Gefühle verletzen. Zumindest, wenn Sie aus einer jener Regionen stammen, die uns der Schriftsteller Joseph Friedrich Lentner in seinen landeskundlichen Studien beschrieben hat. Lentner wanderte seit 1846 im Auftrag des bayerischen Kronprinzen Maximilian durchs Land, um »des Baierlandes Volksthum« zu inventarisieren. Ein Traumjob eigentlich, der obendrein ganz ordentlich bezahlt war. Eigentlich! Denn leider musste Lentner immer wieder um die Auszahlung seines Honorars kämpfen, er musste dem Flins förmlich hinterherlaufen. Ein Freiberufler-Schicksal also damals schon. Als ihm von der öffentlichen Hand endlich 400 Gulden bewilligt wurden, bat Lentner untertänigst, die »mir genehmigte Summe unter Einemmale in bayerischen Banknoten (in 4 Hunderten oder auch Zehnern je nach Thunlichkeit) mit dem Postwagen gegen Recepiße zu übermachen. – Den Empfang werde ich umgehend bestätigen«.

Eines Tages war es endlich so weit, Lentner konnte losstapfen und marschierte mehrere Jahre lang jeden Sommer kreuz und quer durch »die Gauen des Baierlandes«. Überall interviewte er Herren und Bauern, Pfarrer und Landrichter, Jäger, Hirten, Fuhrleute, Flößer, Näherinnen, Schnitterinnen – also alles, was ihm so über den Weg lief. Auf diese Weise bekam der Forscher ein recht lebendiges Bild vom alten Bayern, er zeichnete alles auf, was es an Trachten, Liedern und Sagen, an Glauben und Aberglauben, Gebräuchen und Gewohnheiten gab. Natürlich studierte Lentner auch die Arbeitswelt und den Besitzstand der damaligen Bayern. Und kam dabei zu recht unterschiedlichen Befunden. Er traf Reiche und Arme, Gierige und Bescheidene, Gutmütige und Hinterfotzige, Offene und Verschlagene, Grobe und Freundliche – kurz gesagt: Lentner traf Menschen! Bairische Menschen!

Im Salzburger Land zum Beispiel, in der Gegend von Laufen, Dietmanning und Reichenhall, begegnete er recht wohlhabenden Bauern, deren »Erwerbsucht sich häufig bis zum Geiz steigert« und die »sich trefflich auf den Getraidhandel bis zur Wucherei« verstehen: »Seine Wohlhabenheit gibt hier zu Lande dem Bauer eine Art von Selbstbewußtsein, das freilich sehr oft zum Bauernstolz im schlimmern Sinne wird. Er will von aller Welt anerkannt und als ebenbürtig behandelt sein; ist jedoch bei seiner geistigen Beschränktheit durch eine Art wohlwollender Ueberredung leicht zu lenken. Rohe Gutmüthigkeit ist der Grundzug seines Gemüthes.«

Lentner begegnete seinerzeit auch weniger wohlhabenden Bauern, etwa am mittleren Inn, in der Gegend von Wasserburg und Haag. Auch deren ganzer Sinn war »auf Erwerb und Gewinn und plump sinnliche Genüsse gerichtet«. Immerhin aber war man dort untereinander friedfertig und gegen Arme recht wohltätig. Von wenigen Ausnahmen abgesehen legten die Wasserburger Bauern »in Handel und Geschäften eine große Ehrlichkeit« an den Tag. Was nicht überall der Fall war! Der Ethnograph kam nämlich auch in die Altöttinger Gegend – allerdings nicht zum Wallfahrten, sondern zwecks Feldforschung. Zugegeben, es klingt wenig schmeichelhaft, was er über den »altbayerischen Schlage«

jener Region zu berichten hat. Nicht schön, aber robust und zäh gebaut, nicht die Allerschlauesten, »ohne geistigen Ausdruck, und nicht selten roh« sollen sie gewesen sein: »In ihrer Streit- und Raufsucht kennen sie keine Grenzen, blutige Verletzungen sind nichts Seltenes; nur die äußerste Strenge vermag diese Wildheit niederzuhalten. Geldstrafen sind ohne Wirkung, häufig kam es vor, daß wohlhabende Bauern zu ihren rauflustigen Buben sagen ›schlag zu, ich bezahle schon‹.«

Es waren also eher grobe Leute, diese Altöttinger, Mühldorfer und Burghauser, getrieben von einer »bis an den Geiz streifenden Habsucht« und einem nicht minder großen »Trieb zu sinnlichem Genuß und Luxus«. Vor allem sonntags hat man die Sau rausgelassen: »Man zecht gerne und viel, spielt häufig und hoch, besonders auf Kegelstätten. In Kleidung, Wagen und Geschirr und bei der Sonntagseinkehr im Wirthshause zeigt der Bauer dieser Gegend ebenso leichtfertig und prunksüchtig seine Wohlhabenheit, als er der Werktage gnauserig und mühselig arbeitet.«

Auch an der Aufrichtigkeit der katholischen Altbayern zwischen Inn und Salzach hegt Ethnograph Lentner arge Zweifel:

Ein übergroßer Hang nach Erwerb und Besitz läßt sie die angeborne Redlichkeit nicht bewahren, bei eigennützigen Zwecken werden sie unverläßig, mißtrauisch, ja selbst in ihren Leidenschaften sind sie nicht ohne Tücke, obwohl auch sie die bayerische Aufrichtigkeit als höchste Tugend anschlagen: Heimliches Aufbewahren erworbenen Geldes in Baarem, Geheimthun mit Erworbenen ist durchweg üblich.

Es muss also nicht immer ein Heiligenschein sein, wenn es beim Altöttinger im Bannkreis der Schwarzen Madonna plötzlich zu funkeln anfängt. Manchmal sind es auch Goldmünzen, die sich der brave Katholik mehr oder minder rechtmäßig unter den Nagel gerissen hat. Und als Schwarzgeld (vorm Finanzamt) oder Schmugeld (vorm Ehepartner) unterm Bett versteckt.

Schließlich steht auch die ländliche Liebe oft unter dem Flins-Vorzeichen. Zumindest berichten das die Physikatsberichte des 19. Jahrhunderts. Solche Berichte wurden im Auftrag des Innenministeriums von königlichen Gerichtsärzten verfasst. Die Beamten sammelten allerlei Wissenswertes über die Regionen Bayerns, von Klima und Bodenkultur, Wohnverhältnissen, Kleidung, Festen, Hygiene bis zum Charakter der Bevölkerung. Im Mühldorfer Bericht steht über das eheliche Leben jener Gegend zu lesen:

> **Das Herz hat hiebei keine Stimme. Das Heirathen ist eine reine Finanzspeculation. Geld oder Geldeswerth ist das entscheidende Motiv der Wahl. Es findet sich nicht Herz zum Herzen, sondern Geld zum Gelde.**

Der nüchterne ökonomische Blick auf die Dinge des Lebens gilt wohl fürs ganze ländliche Bayern. Und keineswegs nur für die Männer. Lena Christ schreibt in ihrem Roman *Madam Bäuerin*: »Denn der Hunger nach Profit ist bei jeder Bäuerin so groß, daß sie gern auf weiß Gott was alles verzichtet, wenn nur ihr Geldbeutel Nutzen davon hat.«

Hauptsach, der Flins stimmt! Geiz und Prunksucht sind dabei nur die zwei Seiten einer altbairischen Medaille. Und es ist wohl kein Zufall, dass Georg Queri ein halbes Jahrhundert nach Lentner die Begriffe Brotz und Ruach in seinem Wörterbuch *Kraftbayrisch* (1912) gleich nebeneinanderstehen hat: Der Geldprotz und der gierige Geizhals sind eben oft ein und derselbe. Irgendwoher muss es ja schließlich kommen. Und wenn man's schon mal hat, darf man's auch zeigen, braucht sich vor Neidern nicht zu fürchten. Schon gleich gar nicht vor irgendwelchen »Gscheidhaferln«, also Gebildeten, wie Queri berichtet: »Gegenüber dem Gesetz und der Bildung stützt er sich jederzeit auf diesen Besitz; die letzten Jahre, in denen er sich durch die hohen Getreidepreise bereicherte, nannten die Beamten dieser Gegend die Zeit des Bauernstolzes.«

Von solchem Bauernstolz berichtet auch der Physikatsbericht für das Landgericht Mühldorf aus dem Jahr 1862:

Wenn man in Mühldorf oder Kraiburg an einem Werktage sich durch das Gewühl der Landleute drängt, sieht man in weit überwiegender Anzahl blühende und rothwangige Gesichter, wohlgenährte Körper und gute, ja verhältnißmäßig luxuriöse Kleidung. Der Luxus, namentlich in Bezug auf Kleidung, nimmt unter dem Landvolke sehr überhand. Ein den Bauern meines Bezirkes eigenthümlicher Luxus sind elegant gebaute, fein lackirte einspännige ungedeckte ›Wägerln‹. Auf einem solchen Wägerl, dem ein junges, schönes, rasches Pferd mit elegantem Geschirre vorgespannt ist, prunkend in gestrecktem Trabe durch die Hauptstraße von Mühldorf zu rasseln, ist für unsere Bauern eine stolze Wonne.

Man kennt das heute noch – ohne Pferd zwar, dafür mit vielen Pferdestärken. Herausgeputzte Neureiche röhren feist in ihren übermotorisierten Kraftfahrzeugen über die gut ausgebauten Verkehrswege des ländlichen Raums. »Doch täuscht bisweilen der Schein«, heißt es im Bericht von 1862, und das gilt wohl bis heute. Man darf vom Fuhrwerk nicht unmittelbar auf den Kontostand schließen: »Es kommt mitunter vor, daß die am lautesten mit flottem Fuhrwerk durch die Stadt Rasselnden und im feinsten Gewande Prunkenden reicher an Passiven als an Aktiven sind, während ein wirklich reicher Bauer in einfachem, grobem Janker auf einem alten Karren, dem ein uralter steifer Ackergaul mit schlaffer, schlotternder Gesottwampe vorgespannt ist, im langsamsten Schritte durch die Stadt fährt. Die Bauern sind es sich gar wohl bewußt, daß sie den Bürgern an Wohlstand überlegen sind, und lieben es, die Bürger geringschätzig zu behandeln, sie mit höhnischen Reden zu sticheln, ja geradezu als ›Fretter‹ zu betiteln.«

Das Land kannte also seine eigenen Hierarchien. Und der reiche Bauer, der über die Hungerleider in der Stadt, über die Schullehrer und die Pfarrer frotzelte, wusste schon, wo der Flins daheim ist. Zum Beispiel im Dungau, jenem Landstrich in der niederbayerischen Donauebene, der wegen des dunklen, fruchtbaren Bodens als die Kornkammer Bayerns gilt. Selbst in krisengeschüttelten Zeiten, wenn andere Gegenden von Hunger und Armut geplagt waren, konnten dort die Schneider den Bauern ihre Hosen gar nicht weit genug machen. Und das Beste war grad gut genug. Schon um 1700 mussten die Hüte des Landmanns mit Gold- und Silberbändern geziert sein, und sogar die Mägde trugen Mieder aus kostbaren Stoffen und Schuhe mit zinnoberrot angestrichenen Absätzen.

Als der Schriftsteller und Bibliothekar Johann Pezzl 1784 durch

Bayern reiste, kam er durch eine ihm wohlvertraute Region. Der radikale Aufklärer stammte aus dem niederbayerischen Mallersdorf, das nur 30 Kilometer von der Gäuboden-Metropole Straubing entfernt liegt. Pezzl traf dort auf jene Bauern, die »unter ihren Landsleuten als wohlhabende Männer allenthalben berühmt« sind. Der Schriftsteller war offenbar recht angetan vom Anblick dieser Herren:

> **Nichts ist angenehmer, als einen dergleichen Bauern an einem Sonnabend oder an dem Schrannentag abends nach Haus fahren zu sehen. Er sitzt auf einem schönen Bauernwagen, vor den drei mutige und starke Rosse gespannt sind, wie ein Graf neben seiner teuren Ehehälfte, einem gesunden Weibe, von der man meinen sollte, der Lebenssaft spritzte ihr wie einem vollen Pfirsich an den Wangen heraus. Ein Knabe von acht bis neun Jahren sitzt auf dem Sattelgaule; er, der Bauer selbst, sieht über die vollen Kornfelder hin wie über sein Eigentum und wie ein kommandierender General, der seine Regimenter mustert. Dabei überfällt ihn ein gewisses Bewußtsein seiner Würde, und wenn er dich grüßt von seinem Wagen herab, so geschieht's nicht mit jener knechtischen Furcht, sondern mit Anstand und als wollte er sagen, daß er auch da sei, in seiner Gemeinde auch sein Ansehen behaupte und sich so leicht nicht werde verdrängen lassen. Es ist nichts Seltenes in dieser Gegend, Bauerneinödhöfe wie Edelsitze zu sehen, aus denen Wohlhabenheit, Ruhe und Zufriedenheit des Lebens hervorleuchtet.**

Selbstbewusste, stolze Leute also, diese Gäubodenlandwirte, die wegen ihres Wohlstands um das Jahr 1900 auch gern als »Bauernkönige« bezeichnet wurden. In jenen Jahren geschah es, dass ein Pfarrer namens Poiger aus Ratiszell – keine 25 Kilometer nördlich von Straubing – einigen Volkskundlern ein Märchen erzählte. Es ist das Märchen vom schlauen Bauern, der ein ausgesprochen inniges Verhältnis zum Geld hatte. Man kann ihn sich vielleicht vorstellen wie einen der Bauernkönige vom Gäuboden: stolz, schlau und ruachad. Das Wort »Ruach« ist ein Schlüsselbegriff für das Verständnis bayerischer Ökonomie, ja überhaupt bayerischer Kultur. Der Ruach ist nämlich einer, der nicht genug bekommen kann. Beim Essen zum Beispiel, aber vor allem beim Geld. Ruhelos rafft und schafft er, weil er den Hals nicht voll bekommt. Der Ruach hält das Zeug zusammen und haut noch den kleinsten Pfennig in der Mitte auseinander vor lauter Geiz und Habgier. Nun gibt's diese Unarten bekanntlich nicht allein beim Bauernstand – obwohl der Sprachwissenschaftler Alfred Klepsch darauf hinweist, dass im Rotwelschen, also der mittelalterlichen Sprache des fahrenden Volkes, das Wort Ruach vor allem für Bauern verwendet wurde. Und zwar durchaus abwertend.

Womit wir mitten in unserem Märchen vom schlauen Bauern wären, der ohne Zweifel ein echter Ruach war – ein bayerischer Onkel Dagobert, der am liebsten in Münzen gebadet hätte und deshalb auf einen diabolischen Deal einging. Für den Besitz schwerer Silbermünzen, auf denen die heilige Jungfrau im Strahlenkranz zu sehen war, schickte der gierige Bauer sogar sein Weib zum Teufel. Vorausgesetzt, dieser füllt ihm dafür seinen Hut mit Silbermünzen. Hand drauf! Das Geschäft gilt! Und so klettert der Bauer auf seinen Stadelfirst, macht ein Loch ins Dach, über das er seinen Hut legt, der ebenfalls durchlöchert ist.

Anders als unser niederbayerischer Ökonom erweist sich der Teufel als durchaus seriöser Geschäftspartner, der seinen Vertrag brav erfüllt und pünktlich liefert. Einen Hut nach dem andern schleppt er heran, voll mit Talern, die er in den Hut des Bauern schüttet. Die Münzen aber fallen schnurstracks unten durch, der Bauernhut bleibt stets leer und der Teufel liefert und liefert und liefert immer weiter – bis er keinen Flins mehr hat. Oder keine Lust mehr. Oder beides. Denn so viele Münzen kann ja nicht einmal der Leibhaftige liefern, dass so ein niederbayerischer Bauer seinen Stadel und seinen Hals irgendwann einmal vollbekommt.

Um es kurz zu machen: Die Geschichte geht gut aus – für den Bauern. Er behält das Geld und der Teufel ist geprellt. Fast kann man den Eindruck haben, dass der Pfarrer von Ratiszell ein wenig Mitleid hatte mit dem armen Teufel. Leider wissen wir nicht, wie die Geschichte weitergeht. Was wurde aus der Frau? Was aus dem Teufel? War er nun dauerhaft verschuldet? Musste er vielleicht einen überteuerten Kredit aufnehmen? Sich gar als Finanzberater verdingen? Strukturvertrieb? Network-Marketing? Drückerkolonne? Keine Ahnung! Nur eines ist klar: Unser niederbayerischer Märchenbauer war sagenhaft reich! Und ist es vermutlich bis in unsere Tage geblieben. Wahrscheinlich lacht er noch heute über Gott und den Teufel. Und natürlich auch über den Herrn Pfarrer, den Schullehrer und die armen Staatsbeamten. Vor allem Schullehrer waren wegen ihrer kümmerlichen Einnahmen stets Zielscheiben für derbes Derblecken. Georg Queri erzählt in seiner unverwechselbar bodenständigen Art von einem Hilfslehrer, der »auf oamal nimmer scheißn« kann und deshalb zum Arzt geht. Als dieser irgendwann vom Beruf des unkurierbaren Patienten erfährt, rät er kurz und bündig: »Passn S' auf, da ham S' an Taler, na könna S' gleih wieder scheissn!«

Es herrschte halt eine strenge Hierarchie auf dem Land. Oben der Herr, unten das Gscherr. Aber natürlich gab und gibt es immer »soichane und soichane«. Anna Wimschneider schildert es in ihrer Milieustudie *Herbstmilch* recht anschaulich:

> Es gab gute Bauern, aber mehr wirkliche Saubauern! Die guten sahen die Dienstboten auch als Menschen an und ließen sie als Menschen leben. Die anderen schickten die Knechte statt zur Brotzeit zum Maulwurffangen hinaus, und wenn beim Essen noch einer eine Nudel mitnehmen wollte, rückte der Bauer mit dem Hintern hin und her. Da mussten sich's die Dienstboten schon ausmachen: Wenn ich noch was herausnehme, dann iss langsam, sonst steht der Bauer auf und geht! Ein bisschen lustig sein war auch nicht erlaubt, die Leute sollen ja nur bei der Arbeit müde werden. Die Mägde durften nur abends und sonntags Wäsche waschen und flicken. Sie konnten aber nur bei guten Bauern warmes Wasser nehmen, bei den anderen mussten sie mit kaltem Wasser waschen. Und wenn dann abends eine zu lang geflickt hat, musste sie sich eigene Kerzen kaufen.

Nur, um keine Missverständnisse aufkommen zu lassen: Die hier von Anna Wimschneider so eindrucksvoll geschilderten Zustände spielen im Niederbayern des 20. Jahrhunderts, wenngleich der Konflikt zwischen Bauern und Knechten beziehungsweise Mägden uralt ist. Die herrschenden Zustände auf den Höfen waren natürlich immer abhängig von Angebot und Nachfrage: Waren Dienstboten rar, konnten sie sich mitunter mehr Freiheiten herausnehmen. Wo es aber an Flins und Arbeitsmöglichkeiten fehlte, da herrschten unter Umständen saugrobe Lebensbedingungen für die Ehalten. Wimschneider beschreibt in *Herbstmilch*, wie ihr eines Tages im Krankenhaus die betagte Bettnachbarin ihre Lebensgeschichte erzählt. Als Tochter sehr armer Eltern – der Vater arbeitslos, die Mutter krank – wird sie bei einem Nachbarn untergebracht. Am traditionellen Tag für den Dienstbotenwechsel tritt sie ihre neue Stelle an: »An Lichtmeß, dem 2. Februar, kam sie hin. Am späten Nachmittag schickte der Bauer das ganze Gesinde in den Stall, und sie mußte mit dem Bauern zum Futterschneiden auf den Heuboden gehen. Kaum waren sie oben, wurde er handgreiflich. Wie er sah, daß sie nicht von der Sorte war, warf er sie mit Gewalt ins Heu. Sie wehrte sich, da sagte er, wenn du das nicht willst, kannst du gleich gehen! Da ging sie noch am späten Abend heim.« Weil die Eltern daheim aber so arm waren, dass sie keinen Bissen übrig hatten, schickten sie das junge Mädchen wieder zurück zum Bauern: »Nun war sie ihm ausgeliefert, und oft hat sie geweint. Wegen dem bisschen Essen machte der Hammel mit ihr, was er wollte. Tagsüber mußte sie genauso schwer arbeiten wie die anderen, obwohl sie noch schwach und klein war. Damit die anderen Dienstboten nichts merkten, war der Bauer tagsüber auch noch recht grob zu ihr.« Nach einem Jahr war die Magd schwanger und der Bauer beschimpfte sie: »Du Hure! Mistviech! Dreckpritschn herglaufene!, und noch viele andere Schimpfworte gab er ihr. Sie sagte es der Bäuerin, aber die beiden hielten zusammen und jagten die Magd vom Hof. Ihr bisschen Gewand haben sie ihr über die Stiege nachgeworfen. Mühsam hat die arme Familie den Buben schließlich großgezogen«, schreibt Anna Wimschneider. Ohne einen Pfennig Geld. »Und der Saubauer gab ihr nicht einen Liter Milch für das Kind.«

Auf die Gant gekommen – wenn der Flins das Weite sucht

Jakob B. war ein angesehener Bauer in seiner Gemeinde. Und zwar nicht erst seit 1873, als der örtliche »Krieger- und Veteranenverein« seine erste Fahne weihen ließ und den Jackl mit der ehrenvollen Aufgabe des Vereinsschriftführers betraute. Jakobs Vierseithof, der an der Grenze zwischen Ober-und Niederbayern über einem kleinen Tal thronte, war sauber verputzt und mit einem großzügigen Balkon versehen; der Stadel und die Hütten waren mit reichem Gitterbundwerk verziert. Viele Tagwerk Grund lagen bei dem stattlichen Anwesen, das seit mehreren Generationen im Eigentum der Familie stand und erst wenige Jahre zuvor, als das Geld noch billig war, gründlich renoviert wurde. Ein Fischweiher gehörte genauso dazu wie die kleine Kapelle im neugotischen Stil, die die Familie in den 1860er-Jahren hatte bauen lassen – innen hübsch bauernfromm ausgeschmückt und obendrauf mit einem hölzernen Dachreiter versehen. Von weitem schon konnte jeder erkennen: Der Jakob B., der war wer!

Eines Tages aber, in den frühen 1880er-Jahren, da kamen plötzlich fremde Leute auf den Hof, und die Familie musste von heute auf morgen ihr Zeug zusammenpacken und wie die Flüchtlinge auf einem Pferdefuhrwerk den eigenen Grund und Boden verlassen. Für immer. Jakobs drei kleine Kinder wussten an jenem Tag nicht recht, wie ihnen geschah. Und auch später haben sie's nicht verstanden. Von der Mutter nur notdürftig getröstet, kamen die zwei Mädchen zur Tante und der Bub meilenweit entfernt zu irgendwelchen Verwandten, die er zuvor erst ein oder zwei Mal gesehen hatte. Noch oft sollte der Zehnjährige ganz furchtbar Zeitlang haben und zu Fuß die zweieinhalb Gehstunden auf sich nehmen, um die Geschwister wenigstens für kurze Zeit wiederzusehen. Die Mutter freilich kam zu einer ganz anderen Verwandtschaft, wo sie als Kindsmagd ihr Dasein fristen durfte. Und Jakob, der einst so stolze Bauer über dem Tal, musste sich mit Mitte 30 als Knecht verdingen. Zerrissen war die Familie, zertrümmert der Hof – alles war weg, die Hausehre, das Ansehen, die Selbstachtung, der Bauernstolz. Der Jakob – hieß es in der Gemeinde – sei auf die Gant gekommen. Was in Bayern Anfang der 1880er- und dann wieder Mitte der 1890er-Jahre recht oft vorkam. So oft jedenfalls, dass der Begriff Einzug fand ins *Bayerische Wörterbuch* von Johann Andreas Schmeller. Gant, heißt es dort, ist »der gerichtliche Verkauf an den Meistbietenden«. Wer »auf die Gant« gekommen war, der konnte wegen seiner Schulden dem Verkauf oder der Versteigerung »nicht mehr ausweichen«. Er war »bankrutt« geworden.

Viel wurde im Dorf darüber spekuliert, warum der Jakob wohl auf die Gant gekommen war. War es die Bürgschaft für den jüngeren Bruder, der alles versoffen hat? Oder waren's doch die Hypotheken? Aber solche Schulden hatte doch fast jeder auf seinem Hof. Wie auch nicht? Schon längst hatte die Geldwirtschaft Einzug gehalten im Alltag der Bauern. Kredit gegen Zinsen, den brauchte fast jeder. Und so mancher hatte sich dabei schon vertan. Noch vor hundert Jahren, vor der Säkularisation, war noch alles viel einfacher gewesen. Damals waren die Stiftungen der Kirche die wichtigsten Kreditgeber in Bayern. Sie versorgten die Untertanen mit dem nötigen Flins, oft sogar zinslos. Bis zur endgültigen Bauernbefreiung Mitte des 19. Jahrhunderts musste ein Bauer ohnehin noch seinen Grundherrn fragen, wenn er sich Geld leihen wollte, und erst seit 1848 stand es allen frei, ein Darlehen aufzunehmen. Davon wurde bald reger Gebrauch gemacht. Vor allem seit in den 1850er- und 60er-Jahren die Getreidepreise hoch waren und alle versuchten, ihre Erträge zu steigern. Alles wurde nun teurer. Und vor Missernten oder Preisverfall war man als Bauer ohnehin nie gefeit.

Das Geld war also knapp, da kam man um einen Kredit oft gar nicht herum. Zum Beispiel, wenn es darum ging, die Geschwister auszuzahlen. In Altbayern herrschte das Anerbenrecht, der Hof wurde also nicht aufgeteilt wie zum Beispiel in Franken, Württemberg oder Hessen, sondern fiel geschlossen an das älteste Kind, das die Geschwister auszahlen musste. Was in der Regel gar nicht ging ohne fremdes Geld. Und so wuchs die Verschuldung eines Hofes meist mit jeder Übergabe; oft wussten die Bauern gar nicht so genau, wie viel Schulden drauf waren auf ihrem Anwesen, schließlich waren sie ja Bauern und keine beckmesserischen Pfennigfuchser wie die Leute aus der Stadt. Die bittere Wahrheit kam dann beim Notar ans Licht. Oder wenn der Gerichtsvollzieher an die Stalltür klopfte.

Möglichkeiten zum Schuldenmachen gab es im 19. Jahrhundert zahlreiche. Beispielsweise bei Verwandten oder beim Nachbarn per Handschlag. Das war auch noch recht angenehm, denn die würden einen nicht so schnell auf die Gant kommen lassen. Schwieriger war's dann schon, wenn man sich das Geld bei einem der Vieh- oder Grundstückshändler aus der nächsten Stadt geliehen hatte. Da ging im Notfall schon mal leicht einer bankrott – entweder der Schuldner oder der Gläubiger, der sein Geld nicht mehr wiedersah und sich vielleicht noch obendrein als Wucherer beschimpfen lassen musste. Nicht selten nämlich wurden – wie so oft in der Geschichte der Christenheit – uralte Vorurteile ausgepackt, wenn einer seine Verbindlichkeiten nicht begleichen konnte oder wollte und der Geldgeber am End gar noch ein Viehhändler und Jude war. Das Klischee vom raffgierigen Juden zieht sich wie ein roter Faden durch die Historie – an bayerischen Fürstenhöfen ebenso wie bei Bürgern in der Stadt oder bei Arbeitern. Gern bediente man sich beizeiten des Klischees, wenn's dem eigenen Geldbeutel half. Wobei man auf dem bayerischen Land offenbar nicht so sehr auf die einschlägige Propaganda hereinfiel, wie Georg Queri um 1900 in seinem Buch *Kraftbayrisch* schreibt: »Es ist ganz merkwürdig, daß der Jude bei der katholischen Landbevölkerung keineswegs in Ungunst steht. Ab und zu vielleicht ein Güterzertrümmerer, aber der ›Viehjud‹ z B. gilt zumeist sehr viel. Diese besonnenen, nüchternen, wirklich keine schwere Arbeit scheuenden Menschen treiben trotz tendenziöser Gegenbehauptungen einen reellen Handel. Und nicht allein ›der in den Händen der Juden befindliche‹, auch der schuldenfreie Bauer handelt gern mit den schwäbischen ›Viehjuden‹.«

In der zweiten Hälfte des 19. Jahrhunderts wuchs der Bedarf an langfristigen Krediten mit günstigen Zinsen enorm an. Die Grundstücke und Übergaben wurden immer teurer, die Bauern mussten mehr investieren. Und was in der Stadt schon gang und gäbe war, setzte sich bald auch auf dem Land flächendeckend durch: die Banken! Zunächst waren es kleine Privatbanken aus der ländlichen Umgebung, die um 1900 allerdings mehr und mehr von Großbanken aus München, Nürnberg oder gar Berlin aufgekauft wurden. Mächtige Institute wie die Bayerische Hypotheken- und Wechselbank, die 1834 auf Betreiben König Ludwigs I. gegründet worden war, überzogen das Land nach anfänglichen Schwierigkeiten mit einem flächendeckenden Netz von Filialen. Die Bauern wurden mit garantierten Darlehen und planmäßiger Tilgung versorgt, und so kam etwas Ordnung ins bäuerliche Wirtschaften. Aber nicht immer waren die Ökonomen glücklich mit den Konditionen dieser Häuser, die obendrein oft von Menschen repräsentiert wurden, die überhaupt nicht so redeten wie die Leute auf dem Land. Was einen bayerischen Bauern natürlich immer schon stutzig werden ließ! Weshalb man dann auch gern die Idee der genossenschaftlichen Selbsthilfe vor Ort aufgriff, wie sie seit den späten 1870er-Jahren entstand: Bei den Raiffeisen-Vereinen konnten schließlich auch Kleinbauern Kredite bekommen. Und seit dem Ende des Jahrhunderts waren es dann die Sparkassen, die selbst einfache Leute mit ein bisschen Flins versorgten, damit die sich ein wenig Kapital aufbauen konnten.

Wo aber nun unser ehrenwerter Schriftführer vom »Krieger- und Veteranenverein« seine Schulden hatte, die ihn am Ende auf die Gant kommen ließen, das blieb ein Geheimnis. Wie alle Bauern hat sich auch der Jakob nur ungern in die Karten schauen lassen. Bis es dann zu spät war. Gemunkelt wurde, er habe einem Verwandten eine Bürgschaft unterschrieben, und als es den zerrissen hat, ist der Jakob mit seinem Zeug auch den Bach hinuntergeschwommen. Aber nichts Genaues wusste man nicht, also schossen die Verdächtigungen ins Kraut. Er wird halt schon auf zu großem Fuß gelebt haben, hieß es.

Der Bauer, der im Größenwahn seinen Flins verjubelt. Das war ein beliebtes Thema. In Wirklichkeit dürfte das wohl eher selten der Fall gewesen sein, aber vorgekommen ist es ab und zu schon. Ludwig Thoma erzählt in seinem Roman *Der Ruepp* von einem Bauern, der mit Geld gar nicht gut umgehen kann und sich immer wieder von seiner alten Magd Loni Geld leihen muss. Als die im Sterben liegt und dem unglücklichen Sohn des Bauern den Besuch einer Landwirtschaftsschule finanzieren will, prellt sie der Ruepp, dem schon wieder der Gerichtsvollzieher im Nacken sitzt. Die alte Magd stirbt, die Erbschaftsgeier kreisen, es kommt zu einer Gerichtsverhandlung und der Ruepp schwört einen Meineid. Als die Sache dann auffliegt, hängt sich der Pleitier auf.

Auch so was hat's gegeben. Und noch ganz andere Sachen! Lena Christ, ebenfalls eine zuverlässige Chronistin urbaner und ländlicher Gant-Geschichten, erzählt in ihren *Erinnerungen einer Überflüssigen*, wie »der Vater meines Stiefvaters« einst ganze Reichtümer seinem Geschlechts- und Spieltrieb geopfert hat – also sozusagen verjubelt und vervögelt hat.

Der Mann hatte nämlich sage und schreibe »vierzehn Frauen gehabt, mit denen er neununddreißig Kinder zeugte. Als er mit dreiundzwanzig Jahren das erstemal heiratete, kurz nachdem sein Vater, der reichste Bauer vom ganzen Rottal, unter Hinterlassung von mehr denn einer Million Gulden gestorben war, brachte ihm die Frau noch über hunderttausend Gulden Heiratsgut mit, und als nach einem Jahr ihr das Wochenbett zum Todbett ward, erbte er noch ihr ganzes übriges Besitztum; denn sie war eine Waise.« Das müsste eigentlich genügen, möchte man meinen. Aber wenn einen Rottaler Millionenbauer – »herkulisch gebaut und massig wie seine Stiere« – öfter mal der Hafer sticht, reichen auch solche Summen nicht mehr aus.

Leider müssen wir die abenteuerliche Geschichte des Christschen »Stief-Großvaters« an dieser Stelle etwas straffen. Zur Warnung für die Nachgeborenen sei der Lebenslauf des niederbayerischen Wüstlings nur stichwortartig zusammengefasst: Brutal, rücksichtslos, (Geld)geil und gewaltsam verschleißt der Grobian dreizehn Ehefrauen, führt ein wüstes, ausschweifendes Leben mit großen Zechgelagen und waghalsigem Glücksspiel. Auf diese Weise bringt er also viele Frauen und einen Riesenhaufen Flins durch! Lena Christ zieht in ihren Erinnerungen folgendes Fazit:

Diese letzten Ehen waren alle unglücklich; denn daheim prügelte er die Frauen und in den Wirtshäusern verspielte er alles, was er besaß. Beim Tode der dreizehnten Frau hatte er nichts mehr, und als er jetzt mit neunundsiebzig Jahren in das Armenhaus kam, fand er da eine Armenhäuslerin, die seine vierzehnte Frau wurde. Mit ihr lebte er noch sieben Monate und starb danach als Bettler; sie hat ihn dann noch kurze Zeit überlebt.

Es sei an dieser Stelle betont, dass diese Geschichte – sofern überhaupt wahr! – bestimmt nicht repräsentativ ist. Nicht einmal im furchtbar-fruchtbaren Rottal. In den allermeisten Fällen dürfte es wohl so gewesen sein, dass die bayerischen Bauern immer ganz seriös »auf die Gant gekommen« sind.

Wahnsinns-Flins und Riesen-Zins

Der eine kommt auf die Gant und kriegt den Grant, der andere kauft die »Gründ« – und lacht sich ins Fäustchen. Denn erst die »Gründ« – der Besitz von Grund und Boden – machen den Bauern aus, bestimmen die Hierarchie im Dorf. So war's eigentlich immer. Sozialer Aufstieg ohne Grund? Nicht einfach. Wer Knecht ist, muss Knecht bleiben. Aber wer den Grund hat, hat den Flins, und wer den Flins hat, der ist wer. Der Michael in Oskar Maria Grafs Erzählung »Michael Jürgert« ist keiner. Gar keiner. Nicht einmal seinen eigenen Vater kennt er. Ein Bankert also, mausarm und obendrein ein schwächlicher Knabe, der nach der Schule als Knecht arbeiten und den versteckten, manchmal auch offenen Spott der Dörfler aushalten muss. Bis eines Tages die Nachricht aus Amerika kommt – eine Erbschaft! Über Nacht ist der junge Mann sehr reich geworden. Keiner lebt jetzt im Umkreis, der nur ein Drittel so viel Geld gehabt hat wie er: »Seine Augen waren auf einmal weit geworden. Eine Gier flackerte in ihnen und der ganze Ausdruck seines Gesichts war plötzlich völlig verändert«, schreibt Oskar Maria Graf in der Erzählung aus dem Jahr 1922.

Der Flins hat die Lage also völlig verändert. Michael beginnt seinen Feldzug gegen das bäuerliche Establishment des Dorfes. Er lässt das alte Haus abreißen und ein neues bauen – wahnwitzig teuer! – aber das macht nichts. Er hat's ja. Freilich, ein Haus allein macht noch keinen Bauern. Was hilft's einem, wenn er keine Ländereien hat? Die Dörfler jedenfalls sind sich einig – von ihnen kriegt der Neureiche keine »Gründ«.

Die Jahre verstreichen, und der Michael muss für seine »Ferkelburg« jedes Büschel Heu auswärts kaufen. Bis eines Tages eine Eisenbahnlinie geplant wird. Die ganze »Dörflerherde«, wie Graf sie nennt, unterstützt diese vermeintlich lukrative Idee. Ein Verein wird gegründet, man richtet Eingaben ans Ministerium, der Landtag stimmt zu, die Genehmigung wird erteilt. Aber wie es halt so ist bei Großprojekten, sie führen oft mitten durch die schönsten »Gründ« der Bauern. Öha! Jetzt fällt der Groschen! Plötzlich sind alle gegen das Projekt, aber es ist zu spät. Jeder muss Grundstücke hergeben für die neue Eisenbahnlinie, da hilft auch keine Bürgerinitiative mehr, selbst wenn die rebellischen Bauern die Regierungsvertreter noch so rabiat bedrohen. Nur der Michael grinst, denn er hat ja keine »Gründ«. Noch nicht! Aber lang dauert es nicht, da kommt ein Großbauer nach dem anderen daher und will an ihn verkaufen: »Brauchen bloß kommen – alle nimm ich!«

Michael-ohne-Land ist nicht der Einzige, der vom Eisenbahnbauprojekt profitiert. Auch die Kleinhäusler, die ein hartes Dasein auf dem Land fristen, sind froh über die neue Arbeitsmöglichkeit, schreibt Oskar Maria Graf:

Ihre kärglichen Feldstreifen trugen wenig. Jeder von ihnen war gezwungen, zur Erntezeit und während des Winters, beim Holzen, bei den Bauern auf Taglohn zu arbeiten. Dieser Verdienst war, wie man sich auszudrücken pflegte, zum Leben zu wenig und zum Sterben zu viel. Diesen Leuten kam der Bahnbau gelegen. Es gab erträgliche Löhne dort.

So mancher Bahnarbeiter verdient also eine gute Mark und zieht dann weg, in die Stadt hinein, wo er sich ein besseres Leben erhofft. Auf dass sie endlich ein Ende habe, die Schinderei auf dem Land, wo man als Dienstbote »Wia a Stuck Viech hergnomma werd!«, wie auch die Rumpl-Hanni in Lena Christs gleichnamigem Roman schon beklagt. Mensch oder Tier? Für die Bauern macht's oft keinen großen Unterschied, schreibt Lena Christ:

> **Beim Einstellen von Dienstboten geht's wie beim Viehkauf: Wenn man nicht angeschmiert sein will, schaut man gut und überlegt gut. Und wenn schon zuvor was fehlt, dann sagt man lieber gleich ein Nein; denn beim Vieh gilt nur der gesetzliche Fehler, während die andern den Handel nicht aufheben und doch den Stall verschandeln und den Geldbeutel unnütz leer machen. Will einer sagen, daß es beim Dienstvolk anders ist?**

Es bleibt also nur die Flucht in die Stadt. Dafür ziehen dann Auswärtige ins Dorf. Auch in Oskar Maria Grafs Erzählung »Michael Jürgert« kommen mit dem Eisenbahnbau viele fremde Arbeiter, es gibt nächtliche Raufereien, Messerstechereien, sogar einen Toten. Die ländliche Welt hat sich komplett verändert. Irgendwann verscherbelt selbst der Bürgermeister völlig entnervt sein Anwesen. Und der steinreiche Michael kauft nach und nach das ganze Dorf auf, um die Bauernbagage langsam, aber sicher hinauszuschmeißen. Glücklich macht ihn der neue Reichtum freilich nicht. Am Ende hängt sich der bayerische »Kohlhaas« auf.

Zum Strick griffen damals auch andere, die noch viel weniger Glück mit dem Flins haben. Ein Blick in die Selbstmordverzeichnisse der großen Städte zeigt, wie sehr die Statistik von der jeweiligen Konjunktur der Wirtschaft beeinflusst ist. In Krisenzeiten steigen nicht nur die Preise und die Mieten, sondern auch die Suizidraten. Und manchmal steht's sogar in der Zeitung, wie am 9. März 1877 in der Münchner Zeitschrift *Der Zeitgeist* unter der Überschrift »Ein Zeichen der Zeit«: »Dienstag Nachmittag erhängte sich der 19jährige Schuhmachergehilfe Rustler in der Werkstätte des Schuhmachermeisters Fink. Zu diesem Akte der Verzweiflung hat den Unglücklichen nur die materielle Nothlage getrieben. Der arme Schuhmachergeselle verdiente sich wöchentlich ganze achte Mark.«

Auch die Rumpelhanni – auf dem Land gescheitert – versucht's in der großen Stadt als Küchenhilfe: »Bis i auf Münka kimm, werd d' Sunn scho wieder scheina! Und's Glück aa!«, hofft sie. Aber allzu viele träumen den Traum vom sozialen Aufstieg. Hatte man auf dem Land in der Regel noch wenigstens eine eigene Kammer, herrschte in der Stadt Ende des 19. Jahrhunderts eine enorme Wohnungsnot. Es fehlte vor allem an bezahlbaren kleinen Unterkünften und die Leute waren gezwungen, »ihre Gelasse wieder abzuvermiethen. Da die Münchener Statistik einen Unterschied zwischen Schlafgänger und Zimmermiether nicht macht, so wird uns nur die Gesammtzahl der Aftermiether bekannt: 1890 waren es 27850 männliche und 10424 weibliche Personen, welche zusammen 11,82 Prozent der Haushaltungsbevölkerung ausmachten«, heißt es im Jahresbericht des Arbeiter-Sekretariats München.

Die Wohnbedingungen waren oft buchstäblich unterirdisch: dunkel, kalt und feucht. Als sich die Schriftstellerin Lena Christ 1909 von ihrem gewalttätigen Ehemann Anton Leix trennt, gerät sie bald schon in finanzielle Nöte und zieht mit ihren beiden Töchtern in eine Neubauwohnung nach Haidhausen. Neubau?

Klingt eigentlich gut, war es aber nicht, wie wir den *Erinnerungen einer Überflüssigen* entnehmen können:

> **Nach kurzer Zeit war auch der Rest meines Geldes verbraucht; und da ich das Kostgeld für meine Kinder nicht mehr aufbringen konnte, setzte man sie mir eines Tages im Winter vor die Tür. Da fand sich ein Baumeister, der mir in seinem Neubau umsonst Wohnung bot. Ich band meine Habe samt den Kindern auf einen Karren und zog dahin. Ein alter, brotloser Mann, dem ich früher Gutes getan hatte, half mir dabei. Das Haus war noch ganz neu, und das Wasser lief an den Wänden herab; wir schliefen auf dem Boden und bedeckten uns mit alten Tüchern und krochen zusammen, damit wir nicht gar zu sehr froren. Einige leichtere Schreibarbeiten schützten uns vor dem Verhungern, wenngleich unser tägliches Mahl in nichts weiter bestand als in einem Liter abgerahmter Milch und einem Suppenwürfel, aus dem ich nebst einem Ei und etwas Brot eine Suppe für die Kinder bereitete. Ich selber aß fast nichts mehr und war so elend und krank, daß ich mehr kroch als ging.**

Dieses sogenannte Trockenwohnen beschert Lena Christ am Ende sogar eine schwere Lungenerkrankung. Neben den erwähnten leichteren Schreibarbeiten hält sie sich auch mit Gelegenheitsprostitution über Wasser. Ihre Polizeiakte verzeichnet Vorstrafen wegen Kuppelei und sogenannter »Gewerbsunzucht«. Sie ist deshalb zwei Mal für vier Wochen in Haft.

Arbeitsgelegenheiten sind rar, gerade für Frauen, und so ist Gelegenheitsprostitution damals keine Seltenheit. Ende 1909 sind in München zwar nur 140 leichte Mädchen gemeldet, aber die Zahl der sogenannten »Schwarzfahrerinnen«, der heimlichen Prostituierten, wird auf etwa 2000 geschätzt. Kellnerinnen, Dienstmädchen oder Fabrikarbeiterinnen, die oft noch gar nicht lange in der Stadt waren, verdienen sich als nicht registrierte Prostituierte ein paar Mark dazu. »Wer weiß, man kann ein gutes Geld machen, braucht sich nicht abzuschinden«, schreibt Oskar Maria Graf in seiner Erzählung »Ablauf«, in der er die Situation eines frischvermählten Paares schildert. Darin erklärt Anna ihrem Mann, dem Arbeiter Johann Krill, warum sie in der »Tip-Top«-Bar arbeiten will, wo Fabrikbesitzer und Beamte und solche Leute verkehren. »Ware sind wir nun ein für alle Mal, ob so oder so – ob du in die Fabrik gehst oder ob ich – was anderes mache. Es kommt immer nur darauf an, daß wir uns die Sache möglichst leicht machen, daß wir noch was wegschnappen für unseren Komfort.«

Es ging um ein kleines Stückerl vom großen Kuchen! Aber der wurde ganz woanders gebacken und vor allem auch gegessen. Womit wir wieder bei den »Gründ« wären, beim Haus- und Grund- und Ladenbesitz – immer noch der sicherste Garant für stetig fließenden Flins. Und für einen ruhigen Lebensstil, den der Münchner Bürger jener Jahre ganz besonders schätzt. Der Schriftsteller Josef Ruederer hat ihn 1907 in seinem München-Buch sehr anschaulich beschrieben:

Der Herr Maier oder Meier, der Herr Huber oder Hueber, der Herr Müller oder Miller – wie er nun heißt, hat vor acht Tagen sein Geschäft verkauft, hat hunderttausend Mark in vierprozentigen Staatspapieren auf der Hypothekenbank liegen, hat einen Anteilschein mit sechs anderen Münchnern auf eine Jagd im Brucker Moos oder bei Dachau, hat gestern sein fünf-

undvierzigstes Wiegenfest begangen und geht heute zum Salvator. In aufrechter Haltung, mit dem frohen Bewußtsein, daß er erlöst ist. Es war höchste Zeit. Die Herumtreterei hinter dem Ladentisch hat ihm sowieso schon lange nicht mehr gepaßt.

Erlöst von allen geschäftlichen Zwängen ist bald auch der Münchner Alois Permaneder in Thomas Manns Familienroman *Buddenbrooks* aus dem Jahr 1901. Der vierzigjährige Junggeselle Permaneder verdient in der boomenden Biermetropole München sein Geld als Hopfenhändler und verwirrt mit seiner »unverwüstlich guten Laune, seinem ungeschliffenen Benehmen und seiner (...) kaum verständlichen Mundart (»Es ist halt a Kreiz!«)« das doch ganz andersgeartete Bürgertum im norddeutschen Lübeck. Trotzdem kann Permaneder das Herz der schon einmal geschiedenen Tony Buddenbrook gewinnen und sie als Ehefrau mit in den wilden Süden nehmen. In einem Bairisch, für das man Thomas Mann im Nachhinein den Literaturnobelpreis abzuerkennen geneigt sein könnte – zumindest südlich der Donau –, lässt er seinen Hopfenhändler Permaneder über dessen Heimatstadt räsonieren: »München is koane G'schäftsstadt ... Da will an jeder sei' Ruh' und sei' Maß ... «

Tonys Mitgift über 51 000 Mark Kurant deponiert Permaneder »sicher und nicht ungünstig«, um dann seiner frisch Angetrauten mitzuteilen, dass er sich nun zur Ruhe setzen werde:

Tonerl, mir war's gnua. Mehr brauchen mer nimmer. I hab' mi allweil g'schunden, und jetzt will i mei Ruh, Himmi Sakrament. Mer vermieten's Parterre und die zwoate Etasch, und

dahier hamer a guate Wohnung und können a Schweinshaxen essen und brauchen uns net allweil gar so nobi z'sammrichten und aufdrahn ... und am Abend hab' i 's Hofbräuhaus. I bin ka Prozen net und mag net allweil a Göld z'ammscharrn; i mag mei G'müatlichkeit! Von morgen ab mach' i Schluß und werd' Privatier!

Der bayerische Gemütsmensch Alois Permaneder hat also genug vom Arbeiten »und wie die Mehrzahl seiner Freunde, mit denen er abends am Stammtische im Hofbräuhause Karten spielte und seine regelmäßigen drei Liter trank, beschränkte Tonys Gatte nun seine Tätigkeit auf Mietesteigern als Hausbesitzer und ein bescheidenes und friedliches Kuponschneiden«. Nebenbei betrügt er die arme Tony auch noch mit der Köchin Babett.

»Bauen, brauen, sauen« heißt – nicht umsonst – der Wahlspruch der Stadt München in Lion Feuchtwangers Roman *Erfolg. Drei Jahre Geschichte einer Provinz* aus dem Jahr 1930. Feuchtwanger, der die ersten vier Jahrzehnte seines Lebens in München verbrachte, kannte die Stadt der Brauer und Häuserbauer nur zu gut. Haus- und Grundbesitz waren immer ein auskömmliches Geschäft. Und wenn die »Gründ« in der richtigen Gegend lagen, dann wurde um 1900 herum so mancher Bauer aus dem Münchner Umland ganz schnell ein reicher Mann. Schöne, große, vierstöckige Wohnhäuser wurden seinerzeit von italienischen Wanderarbeitern errichtet, und so mancher Ziegeleibesitzer aus Laim oder Riem durfte gleich mehrere Dutzend solcher Münchner Prachtbauten sein Eigentum nennen. Aber mit dem Hauser Lenz konnte es damals keiner aufnehmen. Der war einzigartig. Schuld daran waren sakrisch große Gründ, also ausgesprochen umfangreiche Ländereien, die dem alten Hauserbauern vom Strohmaier-

Hof in Neuhausen gehörten. Als der stirbt, erbt sein Ältester, der Georg. Der jüngere Bruder, der Lorenz oder Lenz, muss auswandern. Zwar nicht besonders weit, aber immerhin, der Lenz kommt bis Lenggries im schönen Isarwinkel, wo er eine Metzgerlehre macht. Drei Jahre dauert die Wurschtlerei, dann stirbt plötzlich sein Bruder Georg, und der grad einmal 19-jährige Lenz erbt den Hof. Und den ganzen Rest! Was nicht unerheblich ist. Denn das Neuhausen jener Jahre ist längst kein plattes Land mehr, es hat sich schon recht kräftig zur Vorstadt entwickelt, überall wird fleißig gebaut, Fabriken, Wohnhäuser und dergleichen mehr. Die Preise steigen, und als Neuhausen dann am 1. Januar 1890 nach München eingemeindet wird, da schnellen sie richtig in die Höhe. Aus allen Ecken schleichen die Bauunternehmer und Spekulanten daher und wollen »dem Hauser seine Gründ« haben; der Lenz, mit seinen 21 Lenzen grad einmal volljährig, braucht nur mehr Ja zu sagen, zu unterschreiben und die Hand aufzuhalten. Was er dann auch ausgiebig macht. Anders als heute, wo es die dahergelaufenen Euro-Millionäre ja bald schon zum Saufüttern gibt, waren die Millionen vom Lenz seinerzeit noch was ganz Besonderes. Der Hauser war bald schon der reichste Mann von ganz Oberbayern! Sagt man.

Nun wär es an dieser Stelle ein Leichtes, den Zeigefinger ins Moralinfass zu tunken, um ihn anschließend der Welt mit weisen Worten entgegenzustrecken: Zum Beispiel, dass so etwas einem jungen Menschen in seiner charakterlichen Reifung gar nicht guttun kann. Und so weiter! Aber von der Sorte Belehrungen gab es in der Causa Hauser vermutlich schon allzu viele, wobei bestimmt nicht alle pharisäerhaft und neidhammlig gewesen sind, denn in gewisser Weise stimmte es ja schon: Der Lenz war sehr eigen, er entwickelte nämlich bald schon eine – sagen wir einmal – extravagante Art der Vermögensverwaltung. »In Saus und

Braus« lautet die etwas altbackene, kleinbürgerliche Formel, die auf so einen Lebensstil in der Regel zur Anwendung kommt. Und ja, es stimmt auch, der Hauser Lenz lebte durchaus luxuriös, ja verschwenderisch, denn er gab viel Geld aus. Es sauste und brauste also kräftig. Und trotzdem treffen es solche Begriffe immer nur zur Hälfte. In Wirklichkeit war es vielmehr so, dass der junge Metzger von Lenggries, der zum Millionenbauern von Neuhausen aufgestiegen war, sich einfach nur beruflich umorientierte: Er verlegte sich vom ewigen Zerteilen der Sau auf das Rauslassen der selbigen. Und genau das mögen die Leute. Weil dann gibt's was zu reden. Und zu schreiben. Bis heute!

Deshalb ist es auch nicht verwunderlich, dass einst sogar Karl Valentin den Millionenbauern in seine bayerische Promi-Liste aufnahm. Auf Platz 54 seiner *Bilder berühmter Persönlichkeiten* nennt Valentin den »Hauser Lenz«:

Über diesen Mann könnte man tatsächlich Bücher schreiben! Er besaß um das Jahr 1895 ein Vermögen in bar und Immobilien von 40 Millionen Mark. Von Ismaning bis herunter nach Perlach gehörten ihm alle Grundstücke, die er von seinem Vater geerbt hatte. Er konnte seine täglichen Zinsen von fast 2000 Mark kaum verbrauchen und trieb sein Geldverschwenden so weit, dass er sich hie und da mit 1000 Markscheinen seine Havannazigarren anzündete. Er liess auf seine Kosten in den Gaststätten, in denen er viel verkehrte – aus Geldprotzerei – manchmal den Fussboden mit Campagner (sic!) herauswaschen.

Vielleicht hat Karl Valentin ja an der einen oder anderen Stelle ein wenig übertrieben; zum Beispiel, wenn er schreibt, der Hauser habe verbotenerweise mit seinem Achtspänner gern auch mal den sechsspännigen Wagen des Prinzregenten überholt. Andererseits, warum nicht? »Wer ko, der ko«, lautet seit je die Münchner Devise in solchen Dingen. Und die gilt immer noch. Wenn man nur bedenkt, wie schwer sich die bayerischen Behörden bis heute mit 25-jährigen Milliardärsbüberln tun, die in lauen Sommernächten mit ihrem Vierhundertdreißger-Ferrari, dem väterlichen Diplomatenpass und 110 Dezibel die Maximilianstraße hinunterfräsen. Da war der Achtspänner vom Lenz jedenfalls ökologischer! Strafzettel, saftige Geld- oder gar Haftstrafen waren dem jungen Privatier jedenfalls recht herzlich wurscht. Der Hauser war halt immer und überall der King und hatte stets recht lustige Ideen. Karl Valentin kolportiert, dass der Lenz in Kunstausstellungen oft die wertvollsten Bilder mit seinem stehenden Messer zerschnitt, um dann seinen Sekretär anzuweisen: »Schreib an Scheck raus, damit sich der Kunstausstellungsdirektor wieder a neu's malen lassen kann!«

Nun soll an dieser Stelle keinesfalls ein Disput über moderne Malerei entfacht werden. Ebenso wenig möchten wir beurteilen, ob Hausers Kunstfeindschaft eher einen ontologischen Hintergrund hatte wie etwa bei Platon oder mehr einen ethischen wie bei Tertullian – fest steht, es hat ihm halt nicht gefallen, dem Lenz. Drum hat er's abgehängt und entsorgt. Der Preis spielte – wie immer – keine Rolle.

Überhaupt war der Millionenbauer in gestalterischen Fragen sehr eigenwillig. In Allach ließ er sich um 1900 ein Schloss bauen; und zwar nichts Kleines! 50 000 Quadratmeter Garten, ein fünfstöckiger Turm, Herrenhaus, Dienstbotengebäude, neuromanische Kapelle – eine echte Burg halt, wie es sich für einen

Neuhauser Vorstadt-Ritter gehört. Das war die konstruktiv-kreative Seite vom Lenz. Er hatte auch eine andere. So kam es zum Beispiel öfter vor, dass der Hauser mit ein paar Spezln ein Lokal betrat, dessen Einrichtung ihm nicht behagte, weshalb man zügig zur innenarchitektonischen Umgestaltung des Etablissements überging und beim Hinausgehen das Interieur deutlich kleinteiliger hinterließ, als man es beim Hereinkommen vorgefunden hatte. Nämlich quasi atomisiert! So etwas machte dem Lenz viel Freude! Und den Leuten natürlich auch, denn sie hatten wieder was zu reden. Noch heute gibt es in München Lokale, die auf ihren Internetseiten stolz damit werben, dass bei ihnen der Hauser-Lenz einst den Champagner aus den Masskrügen gesoffen und die Zigarren mit Hundertern oder gar Tausendern angezündet hat. »S'Geld muas unter die Leit'« war das – wirtschaftspolitisch eigentlich gar nicht so dumme – Motto des Millionenbauern.

Er selbst jedenfalls hat viel für die Umsetzung dieses ökonomischen Leitspruchs getan. Rennpferde, Frauen, uneheliche Kinder, Fernreisen, die ihn bis Asien und Hawaii führten. Champagner sowieso, immer! Der Lenz hat's krachen lassen. Und war dabei niemals geizig. Für eine Lokalrunde war er stets zu haben, und man riss sich in München förmlich drum, ihn als Taufpaten für die eigenen Kinder zu bekommen, weil's dann eine Uhr zur Firmung und ein warmes Essen für die ganze Verwandtschaft gab.

Nun macht sich ein durchschnittlich beflinster Mensch ja vermutlich gar keine Vorstellung davon, wie kräfteraubend das Dasein eines dermaßen »Ei'gsamten«, also reichen Menschen sein kann. Der Lenz jedenfalls hat die ganze Hurerei, Fresserei und vor allem Sauferei zwar lange Zeit tapfer **er-**, auf Dauer aber dann doch nicht ganz **ver-**tragen. »Weiße Mäuse« soll er irgendwann gesehen haben, sagt man, weshalb die Ärzteschaft im

Schwabinger Krankenhaus 1913 auf Delirium tremens tippte. Karl Valentin schreibt dazu: »Er wurde dann unter Couratell gestellt.«

Gestorben ist der Münchner Millionenbauer 1918 an der Spanischen Grippe. Wie damals nach dem Ersten Weltkrieg 50 Millionen andere Menschen auch. Valentin freilich glaubt, eine andere Ursache zu erkennen und meint, der Lenz habe seine eigene Medizin nicht vertragen, denn er wollte »durch Alkohol die Grippe verscheuchen, trank eine halbe Flasche Cognak auf einmal aus und starb daran an Herzlähmung«. Sein Lebensziel – nämlich den ganzen Flins durchzubringen – hat der Lenz übrigens nicht erreicht. Es blieb reichlich übrig. Die Verwandtschaft hatte also noch viel Stoff zum Streiten, bis schließlich die Inflation der Zwanzigerjahre beim Einschmelzen der Barschaften kräftig nachhalf. Was aber bleibt von Lorenz Hauser? Das Schloss am Würmkanal. Und natürlich die unsterbliche Geschichte vom legendären Lenz mit dem sagenhaften Flins.

Dahoam is, wo der Flins wohnt! Oder: Bayern – ein Auswanderungsland

I geh für immer weg. (...) Du, für mi is überall anders mehr dahoam ois wia do.
(Elmar Wepper als Sepp Gruber in der BR-Fernsehserie *Irgendwie und sowieso* von Franz Xaver Bogner)

Wenn's daheim nicht mehr recht weitergeht, dann ist dahoam plötzlich nicht mehr dohaom. Auch in Bayern nicht. Dann packt man sein Zeug und geht. Schweren Herzens vielleicht oder auch nicht. Aber man geht. Selbst wenn's nicht ganz einfach wird. Wie für den Hartinger Andreas in der bayerischen Fernsehserie *Der Millionenbauer* von Drehbuchautor Franz Geiger. Der Andi, gespielt von Elmar Wepper, ist ein Jung-Bauer mit Leib und Seele, aber leider ohne Grund und Boden. Den hat nämlich sein Vater Josef Hartinger (unnachahmlich dargestellt von Walter Sedlmayr) beim Baulandboom der 1970er-Jahre verkauft – und damit Millionen gemacht. Andi als der Älteste beschließt, nach Kanada auszuwandern. Er fährt mit seiner Freundin Martha in die Stadt hinein, ins Konsulat, und die beiden merken bald, dass allerlei Bürokratisches zu überwinden ist. Danach brüten sie im Kaffeehaus über den Einwanderungsformularen und kommen mit dem Ober ins Gespräch. »Unter 300 Tagwerk fangen wir gar ned an«, ist Andis Devise. »Richtig, nur koa Grattlerwirtschaft, sondern glei a gscheide Hazienda«, erwidert der Ober und schmückt den Plan fantasievoll aus: »Ja, a Hazienda, mit Reitpferd' und Cowboys, Lassos, Rinderherden so weit, wie du schaust. Rinder, Kopf an Kopf. Scho a imposantes Bild! Und am Horizont – a Corned-Beef-Fabrik.« Auf Andis Einwand »Wir hättn da eher an a ganz normale Landwirtschaft gedacht, mit Weizen, Mais und Braungerste«, meint der Ober leicht enttäuscht: »Schad! I hab ma jetzt vorgstellt, sie waarn auf ana Hazienda. Häd ma fei besser gfoin!«

Aber egal ob Rindviecher oder Braungerste – der große Traum vom besseren Leben steckt hinter jeder Auswanderergeschichte. Allerdings haben nicht alle so günstige Voraussetzungen wie der Andi – denn ohne sein Wissen kauft ihm der Vater eine Ranch. Bei den meisten anderen fehlt der Flins hinten und vorne, wenn sie die Grenze überschreiten. Oder sie haben viel zu viel von dem Papierzeugs, das aber nichts mehr wert ist. Wie zum Beispiel Karl Valentin 1923, »in den Jahren der Influationszeit *(sic!)*«, wie der Wortakrobat und Philosoph in seinem autobiografischen Stück *Oh, Du mein Oesterreich (sic!)!* berichtet: »Ein Stück Brot kostete in Deutschland eine Milliarde.«

Also beschloss Valentin, seinem geliebten Bayernland für einen Monat den Rücken zu kehren, und ging nach Österreich, nach Wien ins Varieté »Chat Noir«, in der Mariahilferstraße bei Direktor Mackoscheck. Dort, hieß es, könne man noch gutes Geld verdienen. Und so war's auch. Aber schon nach drei Tagen kommen zwei Herren von der heimischen Artisten-Organisation und protestieren gegen das Engagement der »Reichsdeutschen«, schließlich habe man in Österreich ja schon genug arbeitslose Künstler. Mackoscheck wirft die Neider hinaus, aber Karl Valentin geht ihnen hinterher und liest ihnen die Leviten.

Ich habe das Engagement in Wien angenommen, weil es in Deutschland jetzt so miess *(sic!)* ist und weil einmal seit Bestehen der Welt eure österreichische Krone glänzt, kamen wir auf 4 Wochen nach Oesterreich – und Sie wollen uns nach 14 Tagen ausweisen. – Wenn meine Direktion damit einverstanden ist, verlassen wir gerne dieses schöne Wien, um Ihren Wunsch zu erfüllen, aber bemerken möchte ich noch, dass seit einem halben Jahrhundert in Deutschland Wiener Kellner, Wiener Frieseure *(sic!)* und hauptsächlich Wiener Schauspieler ihr Geld verdienen.

Eine wahre Begebenheit, schreibt Karl Valentin über seine Begegnung mit den Wiener Fremdenfeinden. »Und wenn ich wieder daheim bin in Deutschland, dann werde ich all meinen österreichischen Freunderln erzählen, wie es uns bei den lieben feschen Oesterreichern ergangen ist.« Was er dann auch getan hat.

Auswanderer haben es oft leicht, Einwanderer hingegen nicht immer. Und wenn's bloß eine Einwanderung für vier Wochen ist wie bei Karl Valentin. Etwas länger im Exil – nämlich 22 Jahre und somit bis zu ihrem Lebensende – blieb die Wirtstochter und ehemalige Klosterschülerin Emerenz Meier aus Schiefweg bei Waldkirchen. 31 Jahre alt war sie damals, im März 1906 – und ein Wirtschaftsflüchtling. Ihre finanzielle Situation war nämlich so drückend geworden, dass die junge Schriftstellerin ihre Heimat verlassen musste. Literarische Meriten hatte sie sich zwar schon verdient, mit Gedichten und Erzählungen; allerdings auch einen zweifelhaften Ruf in bürgerlich-bäuerlichen Kreisen – als trinkfeste und mannstolle Person, als sture, renitente und »narrische Verslmacherin«. Und vor allem als gescheiterte Wirtin einer Passauer Künstlerkneipe. Nicht nur private Pläne zerschlagen sich damals, auch die Schreiberei bringt nicht genug ein. Die Landwirtschaft des Vaters sowieso nicht. Die Familie verarmt wie so viele andere auch im Bayerischen Wald. Es bleibt also nur die Emigration »ins Amerika«. Der Vater reist mit den Schwestern voraus, Emerenz und die Mutter kommen nach.

Am 17. März 1906 besteigen die beiden in Antwerpen die »Finland«, ein Schiff der Red Star Line. Neun Tage dauert die Überfahrt nach New York, das endgültige Ziel ist Chicago, Illinois. Es ist kein einfaches Leben in der amerikanischen Boomtown, in der viele deutsche Emigranten leben; in jenem »Babylon der Geldgier, der zynischen Frechheit und Rücksichtslosigkeit, der Stadt des Rußes und Lärms, der Hölle für Menschen, welche noch Ideale besitzen«, wie Emerenz Meier in einem Brief klagt. Im Heimatland des Kapitalismus wird die Bayerin zur überzeugten Kommunistin. Eine rote Amerikanerin also, die oft vom Bayerischen Wald träumt. Denn allen Enttäuschungen, Niederlagen und üblen Nachreden zum Trotz bleibt die bodenständige Emerenz ihrer alten Heimat immer verbunden. Aber erst nach dreizehn Jahren in den USA nimmt sie wieder Kontakt mit daheim auf. Sie schickt in den verbleibenden neun Lebensjahren so manches Geldgeschenk in das damalige Armenhaus Bayerns. Und viele Briefe mit der Absenderadresse »1239 Wellington Avenue Chicago« erzählen von sozialen und ökonomischen Problemen in Amerika. Am 13. Dezember 1919 schreibt Emerenz an ihre »herzliebe, unvergeßliche Freundin« Auguste Unertl: »Diesesmal mußt Du den Brief bekommen, denn ich ertrag es nicht länger mehr, so ganz ohne Verbindung mit Dir und dem Heimatlande zu sein. Ist mir doch, als hätte ich all die langen Jahre unter Wilden in der Wildnis gelebt. Es ist auch tatsächlich so. Der Krieg hat uns Deutschen die Wahrheit der Schiller'schen Verse:

›Ans Vaterland, ans teure, schließ' Dich an …‹ aufs eindringlichste vor Augen geführt. Was wir hier erleiden mußten an Schmähungen, Unterdrückungen und Verfolgungen, und zwar nicht nur wir Eingewanderten, sondern auch die hier geborenen, amerikanischen Bürger deutscher Abstammung, das ist einfach erbärmlich.«

35 Millionen Europäer sind im 19. Jahrhundert in mehreren Wellen nach Nordamerika emigriert. Auch viele Süddeutsche sind darunter. Bayern ist damals ein Auswanderungsland. Zwischen 1836 und 1871 verlassen 300 000 Menschen das Königreich. Die meisten – über 240 000 – gehen in die USA. 40 000 in andere deutsche Länder, 1 700 nach Frankreich. Aber auch exotischere Ziele werden damals angesteuert: Algerien, Russland, Griechenland. Sogar bis in den Dschungel von Südamerika kommen manche. 1857 und 1868 fliehen Tiroler, Rheinländer und Bayern vor der heimischen Armut ins peruanische Pozuzo. Bauern, Handwerker, Arbeiter und Pfarrer, sie alle wollten damals weg aus Europa, und in Peru gibt's viel zu tun: Flüsse und Straßen sollen für den Gold- und Silberhandel ausgebaut werden. Und so machen sich auch zwanzig Arbeitsmigranten aus Böhmen, der Oberpfalz und dem Bayerischen Wald auf den Weg. Zunächst sind sie in Rosenheim, Aibling und Kolbermoor beschäftigt, bei der Flussregulierung und beim Eisenbahnbau. Als es dort keine Arbeit mehr für sie gibt, ziehen sie weiter – in den südamerikanischen Urwald.

Auswandern hat eine lange Tradition im armen Bayern. Aber es war nicht immer gern gesehen. Zwar gab es nach dem Dreißigjährigen Krieg schon Pläne, die Not der Untertanen im Kurfürstentum zu lindern, indem man eine bayerische Niederlassung in Nordamerika gründen wollte. Aber daraus wurde nichts. Man hatte ohnehin zu wenig Arbeitskräfte, brauchte die Leute zum Landesaufbau und fürs Militär. Deshalb erließ die Obrigkeit ein Auswanderungsverbot, das bis Anfang des 19. Jahrhunderts immer wieder erneuert wurde. Nur Kriminelle, Ungläubige, Juden und Bettler durften das Land verlassen. Aber es hielten sich längst nicht alle an das Verbot, denn die Not in Mitteleuropa war in den späten 1760er-Jahren so groß, dass überall Hunger drohte. Die Bereitschaft, anderswo sein Glück zu suchen, war also vor allem bei einfachen Leuten sehr groß. Und so kam eine günstige Zeit für Abenteurer und Schleuser – für Leute wie Johann Kaspar von Thürriegel. Denn Schleusertum war es zweifelsohne, was der Bayer betrieb, auch wenn es damals nach umgekehrten Vorzeichen verlief: die Arbeitskräfte mussten förmlich aus dem Land geschmuggelt werden, während sie in der neuen Heimat höchst willkommen waren. Die neue Heimat – das war zum Beispiel Andalusien.

Johann Thürriegel – Jahrgang 1722 – stammte aus Gossersdorf, einem Bauerndorf im Vorderen Bayerischen Wald. Weil er kein Mensch für die Amtsstube war, dieser sprachgewandte Thürriegel, ging er lieber zum Militär und machte in kriegerischen Zeiten Karriere bei der französischen Armee. Bis zum Oberleutnant stieg er auf und bald war er sogar für die Abteilung Aufklärung und Spionage zuständig, bevor er die Seiten wechselte und in die Dienste des Preußenkönigs trat. Mit dem Siebenjährigen Krieg aber war dann auch Europas Kriegslust fürs Erste vorbei, und der tathungrige 40-jährige Thürriegel musste sich ein neues Betätigungsfeld suchen. Er trat an den spanischen König heran, von dem er wusste, dass er neue Untertanen brauchte für die Besiedelung der verwaisten Sierra Morena in Andalusien. Der Niederbayer versprach dem König 6 000 deutsche Kolonisten für die karge Gegend bei Córdoba. Dafür wurde er zum Oberst der spanischen Krone befördert und mit reichlich Flins belohnt. Sein

Job war es nun, neue Untertanen zu liefern. Denen stellte die spanische Krone nicht nur Acker- und Weideland, Haustiere und Geräte in Aussicht, sondern auch zehn Jahre Steuerfreiheit. Mit solchen Versprechen im Gepäck warb Thürriegel für die neue Heimat, obwohl das Abwerben von Untertanen bei Todesstrafe verboten war. Auf Flugblättern malten er und seine Fluchthelferkollegen ein Bild von Andalusien, das strahlender nicht sein konnte. Ein Glückshafen, ein Dorado, ja das Paradies auf Erden finde man dort, während in Deutschland nur Tyrannei und Not herrschten. »Also schüttelt Euer Joch ab und kommt mit nach Spanien«, lautete die verheißungsvolle Botschaft. Für nachgeborene Bauernsöhne, Dienstknechte, Taglöhner, Verschuldete und Deserteure – kurzum für Menschen am unteren Rand der Gesellschaft – klang so etwas natürlich wie Musik in den Ohren. Schnell hatte Thürriegel seine Kontingente voll. 1776 konnte er an die 2 500 Familien nach Spanien schleusen – 10 500 neue Kolonisten kamen aus den Niederlanden, der Pfalz, Baden und Württemberg, aus der Schweiz, aus dem Elsass und auch aus Bayern. Dort ist man besonders sauer auf den Landsmann, der den Staat verunglimpft und die Untertanen abzieht. Spaniens König aber ist überglücklich und ernennt Don Juan Gaspar de Thürriegel, den Bauernsohn aus Gossersdorf im Kreis Straubing-Bogen, sogar zum Vizekönig der Sierra Morena.

Die Schleusermethoden waren damals recht effizient. In Kleinstgruppen werden die Emigranten über mehrere Grenzen hinübergeführt. Manche sind als Santiago-Pilger verkleidet, andere nehmen das Schiff nach Malaga oder Almeria. Am Ziel angekommen dürften die meisten etwas überrascht gewesen sein vom Anblick des Paradieses. Ein bisserl trocken war's nämlich schon, und es fehlte an allem – wahrlich kein leichtes Dasein in der Öde der spanischen Wildnis. Aber ein Zurück gab es nicht.

Und so schlugen sich die deutschen Kolonisten durch, blieben im Land und mischten sich nach einigen Generationen mit der spanischen Bevölkerung. Und Señor Thürriegel? War er nun ein skrupelloser Schleuser? Ein geldgeiler Abenteurer? Oder ein Menschenfreund, der die kargen Verhältnisse in der alten Heimat selbst nur zu gut kannte und den armen Teufeln einen Neuanfang ermöglichen wollte? Vielleicht von allem etwas.

Thürriegels Karriere endete jedenfalls ziemlich abrupt und recht unrühmlich. Das viele Schleuser-Geld hat er wohl verpulvert. Er gerät in finanzielle Schwierigkeiten, neue Aufträge verweigert ihm der spanische Monarch. Am liebsten hätte er wohl das Land verlassen. Aber wohin? Heim nach Bayern? Die Bewerbungsschreiben sind recht schmeichlerisch. Aber bayerische Obertanen haben manchmal ein Gedächtnis wie ein Elefant und sind sehr nachtragend. »Bayern ist kein Rückwanderungsland«, lautet die Anordnung vom Münchner Hof. Der Verräter Thürriegel kommt uns nicht mehr herein! Und so bleibt der Niederbayer also in Spanien, wird dort des Schmuggels verdächtigt und landet im Gefängnis von Pamplona. Dort stirbt er – einsam und verarmt – vermutlich im Jahr 1795.

Das strikte Emigrationsverbot des bayerischen Staates wird in den kommenden Jahrzehnten schrittweise gelockert. 1804 erscheint ein Buch über die Auswanderung in besonderer Hinsicht auf Bayern, in dem der Autor Joseph von Wisinger die Ansicht vertritt, dass der Staat zwar versuchen solle, seine Bürger im Land zu halten, dass er sie aber nicht mit Gewalt zum Bleiben zwingen dürfe. Und so wandern in der ersten Hälfte des 19. Jahrhunderts immer mehr Bayern aus. Anfangs noch in Richtung Osten, nach Russland oder Ungarn. Bald aber sind es die Weiten Nordamerikas, die locken. Einen ersten Höhepunkt macht das Jahr 1852, als allein 347 Oberbayern über den großen Teich fahren. Es sind keineswegs nur die allerärmsten Schlucker, die abhauen. Die Gütler und Knechte, Bauernsöhne und Handwerker, Maurer und Zimmerer haben im Schnitt 300 bis 400 Gulden bei sich, wenn sie die Reise nach Baltimore oder New York antreten. Kein Wunder, allein für die Überfahrt müssen sie ja schon 120 Gulden blechen – das war damals der Jahreslohn eines Knechts, einschließlich seiner Naturalvergütung.

Ein besseres Leben, das erhoffen sich auch die Handwerker und Bauern aus Bayern und Hessen, die ihre wenigen Habseligkeiten und das mühsam Ersparte zusammenkratzen und 1854 mit ihren Familien auf große Reise gehen. Nach Baltimore an der amerikanischen Ostküste soll sie die dreißig Meter lange und fünfeinhalb Meter breite hölzerne Barke namens »Johanne« bringen. Es ist die Jungfernfahrt des Schiffes, deren erste Fracht aus jenen 216 Auswanderern besteht, die in Bremen an Bord des Großseglers gehen. Alles verläuft zunächst nach Plan. Am 2. November 1854 legen der Kapitän und die Crew ab. Das Wetter ist herbstlich schlecht und wird immer noch schlechter. In der dritten Nacht kommt ein böser Sturm mit Hagel und Schneeböen auf. Die Passagiere – 94 Männer, 77 Frauen, 32 Kinder und 13 Säuglinge – sind unter Deck eingepfercht. Es ist eng, dunkel und stickig. Der Sturm wird schlimmer, ein Matrose ist bereits über Bord gegangen, als die »Johanne« schließlich vor der Nordseeinsel Spiekeroog strandet und bei haushoher Brandung in den Sandbänken gefangen ist. Einige Menschen werden von herabstürzenden Masten und Trümmern erschlagen, andere ins eisige Meer gespült. Die Einwohner der Insel Spiekeroog – alle 134 sind am Strand versammelt – müssen am folgenden Morgen dem Drama hilflos zusehen. Es gibt kein taugliches Rettungsboot. Und die See ist zu rau. Erst später bei Ebbe gelingt es, die Schiffbrüchigen zu retten. Vor allem aber müssen die Spiekerooger viele Leichen bergen – 77 Auswanderer verlieren in jenen Stunden ihr Leben und werden auf einem eigens geschaffenen »Friedhof der Ertrunkenen« beerdigt. Der Traum vom besseren Leben ist für die bayerischen und hessischen Auswanderer zum Albtraum geworden. Einige Überlebende versuchen es später noch einmal, wollen endlich ins gelobte Land Amerika. Die meisten aber kehren zurück in die alte Heimat. Und sind ärmer als zuvor.

Für a Fünferl a Fleischmasse und das Filetstück dem Herrn Hofrat! – Flins in der Prinzregentenzeit

Die gute alte Zeit! Als die Bärte noch wallend und die Biere noch dunkel waren, als die Kunst blühte und die Wirtschaft brummte; als weit und breit vom Geschützdonner des Ersten Weltkriegs noch nichts zu hören war und bayerische Forscher abenteuerhungrig ins ewige Eis der Antarktis reisen konnten, um nie zuvor gesehene Weltregionen zu entdecken und in größter Ehrerbietung nach unserem geliebten bayerischen Herrscher Luitpold zu benennen. Es war schon eine schöne Epoche, die Prinzregentenzeit! Allerdings nicht für alle. Während sich mancher eine goldene Nase verdiente, holten sich andere eine blutige!

Zum Beispiel im Augsburg des Jahres 1899. Ein Maurer bekam seinerzeit 40 Pfennig Lohn in der Stunde. Seine Frau zahlte auf dem Markt für 1 Pfund Sauerkraut 15 Pfennig, für Blaukraut 20. Ein Pfund Schweinefleisch kostete zwischen 70 und 80 Pfennig. Der Maurer musste also zwei Stunden arbeiten für ein halbes Kilo Fleisch. Viele Arbeiterfamilien gingen damals zur Freibank, wo es 10 bis 20 Pfennig billiger war. Wenn es überhaupt Fleisch gab.

Nun waren die Augsburger Arbeiter eigentlich recht »wirtschaftsfriedlich« und hatten mit Streiks eher wenig im Sinn; nicht umsonst hatte sich dort im Jahr 1893 ein »Verband ordnungsliebender Arbeiter« gegründet. Aber eines Tages reichte es ihnen dann doch: Die Schreiner, Zimmerer und Bauarbeiter wollten mehr Geld, schließlich hatte Augsburg im 19. Jahrhundert dank

Textilindustrie und Maschinenbau einen kräftigen wirtschaftlichen Aufschwung erlebt. Und so kam es im April 1899 zu einem Lohnkampf. Fünf Pfennig mehr forderten zum Beispiel die Maurer, also 45 Pfennig in der Stunde. Dazu noch eine Arbeitszeitverkürzung von 15 Minuten, längere Pausen, weniger Arbeitsstunden an Samstagen und insgesamt weniger Überstunden. Auch auf die Maßregelung von Gewerkschaftsmitgliedern sollen die Arbeitgeber künftig verzichten. Die Organisation der Arbeiterschaft soll außerdem voll anerkannt werden.

Die patriarchalisch gesinnten Arbeitgeber lehnten die Forderung ab und boten ihrerseits einen Maximallohn mit einer Abstufung nach unten – je nach Gutdünken der Meister, die drei Pfennig dazugeben, aber auch abziehen konnten. In den Augen der Maurer war das natürlich eine Frechheit, denn mancher Kollege würde dadurch schlechter dastehen als vor den Lohnverhandlungen. Man debattierte hin und her, und bald schon hieß es, die Arbeitgeber wollten die Arbeiter übers Ohr hauen. Die Stimmung war gereizt, die Front verhärtet. Und so war er am Ende unvermeidlich, der Bauarbeiter-Streik, der Monate dauern sollte und mit harten Bandagen ausgefochten wurde. Zwischen 600 und 800 Maurer nahmen daran regelmäßig teil. Streikposten wurden aufgestellt, während die Baumeister von der Polizei Schutzleute anforderten und arbeitswillige italienische Bauarbeiter anheuerten, denen man erzählte, der Streik sei längst beendet. Als die deutschen Arbeiter ihre italienischen Kollegen zur Rede stellen wollten, griff die Polizei ein.

Am Abend des 13. Juni 1899 kam es zu ersten Tumulten. Die Wut der Maurer auf die Streikbrecher war groß, aber noch größer auf die Behörden, die sich eindeutig parteiisch verhielten. Der Magistrat hatte die Italiener auf Kosten der Stadt Augsburg untergebracht, und die Polizei war angewiesen, scharf durchzugreifen. Der Arbeitskampf hatte also eine politische Dimension erreicht. Jetzt ging es nicht mehr um drei oder fünf Pfennig mehr Stundenlohn – für die Arbeitgeber hatten solche Beträge ohnehin keine große Bedeutung. Es war eine Machtfrage! Bei der die Arbeitgeber auf den Staat setzten! Die königlich-bayerischen Sicherheitsorgane sollten alle Streikposten kurzerhand vertreiben.

Im Hintergrund stand damals eine deutschlandweite Debatte um ein Anti-Streik-Gesetz. Es war der letzte Versuch der Obrigkeit, den Aufstieg von Sozialdemokratie und Gewerkschaften in Deutschland mit gesetzlichen Mitteln zu verhindern. Kaiser Wilhelm II., der auch ein militärisches Vorgehen gegen streikende Arbeiter in Erwägung gezogen hatte, forderte in verschiedenen Reden solch ein Anti-Streik-Gesetz und brachte es dann auch auf den Weg. Der Monarch, der sich anfangs als Arbeiter-Kaiser und sozialpolitischer Reformer geriert hatte, setzte inzwischen auf die harte Hand. Sozialdemokraten seien »Reichs- und Vaterlandsfeinde«, deshalb müsse man »uns von dieser Pest befreien, die unser Volk durchseucht«. Die Sozialdemokratie müsse »ausgerottet werden auf den letzten Stumpf«.

Der Kaiser hatte den Entwurf seines Anti-Streik-Gesetzes 1898 zum Schutz der Arbeitswilligen angekündigt. Was im Beamtendeutsch den Titel »Gesetz zum Schutz der gewerblichen Arbeitsverhältnisse« trug, wurde im politischen Alltag nur »Zuchthausvorlage« genannt. Schließlich hatte der Kaiser mit markigen Worten verkündet, dass mit Zuchthaus bestraft werden soll, wer »einen deutschen Arbeiter, der willig ist, seine Arbeit zu vollführen, daran zu hindern sucht oder gar zu einem Streik anreizt«. Trotz schwerer Bedenken selbst in Regierungskreisen folgte am 26. Mai 1899 ein entsprechender Gesetzentwurf. Die gut organisierte deutsche Arbeiterbewegung reagierte prompt auf diese

Kampfansage des Kaisers. Als im Juni 1899 die »Zuchthausvorlage« im Reichstag diskutiert wurde, protestierten in Berlin 70 000 Menschen, in Hamburg und Altona 20 000. Und eine knappe Woche später kam der Protest auch in Augsburg an. In den Abendstunden des 13. Juni demonstrierten 1000 Arbeiter – friedlich. Die Polizei jedoch zog zum ersten Mal die Säbel. Einige Magistratsbeamte hatten in vorauseilendem Gehorsam die Augsburger Streikposten für illegal erklärt, so als wäre die »Zuchthausvorlage« schon geltendes Recht. Andere Beamte bestätigten später, dass die Streikposten stets besonnen gehandelt hätten, während die Provokationen von den Vorarbeitern ausgingen, die die Arbeitgeber losgeschickt hatten. Die hatten auch im Juni die zugesagten Lohnerhöhungen noch nicht ausgezahlt. Die Maurer waren also faktisch getäuscht worden. Trotzdem erließ in jenen Tagen der Rechtsrat des Augsburger Magistrats eine Verfügung, die das Streikpostenstehen untersagte, obwohl es per Gesetz nicht verboten war.

Die Stimmung wurde in jenen Sommertagen hitziger. An mehreren Abenden versammelten sich streikende Arbeiter und deren Sympathisanten vor einem Augsburger Lokal, in dem italienischen Streikbrecher untergebracht waren. Die Menschenmengen wurden von Mal zu Mal größer, die Polizei hatte zunehmend Mühe, die aufgebrachte Menge zu kontrollieren. Kieselsteine flogen, die Polizei bespritzte die Demonstranten mit Wasser aus einem Hydranten. Aber das half nichts. Die Stimmung wurde hitziger. Und so rief die Polizei plötzlich das Militär zu Hilfe. 70 Infanteristen rückten an und konnten erst gegen Mitternacht die 3000 Protestierenden auseinandertreiben. Am nächsten Tag aber waren sie wieder da, und die königlich-bayerische Kommandantur schickte eine Eskadron Kavallerie und eine Kompanie Infanterie gegen die Augsburger Bürger. 6000 Protestierende und

Schaulustige hatten sich versammelt, als das Militär mit der Räumung anfing. Rücksichtslos gingen Schutzleute und Militärs gegen die Arbeiter vor. Während auf der Hauptstraße die Leichte Kavallerie mitten in die Menge hineinritt, säbelten die Infanteristen in den Nebenstraßen auf die Demonstranten ein und verhafteten wahllos. Dennoch versammelten sich auch am nächsten Abend wieder die Massen. Wieder rückte Militär an, wieder flogen Steine, wurden Gaslaternen zertrümmert. Und wieder gab es Verletzte. Darunter auch ein Polizeiinspektor, der von einem Stein getroffen wurde.

In der Menge waren viele Neugierige, darunter Kinder, Schüler, Studenten. Auch Bürger in Frack und Anzug wollten sehen, was da los war. Gejagt und festgenommen wurden freilich nur jene, die nach Arbeiter, Gewerkschafter, Sozialdemokrat oder gar streikendem Maurer aussahen. Egal, ob sie etwas getan hatten oder nur neugierig herumstanden. Wie zum Beispiel jener Angeklagte Melchior Ott, der vor Gericht gefragt wurde, warum er an der öffentlichen Zusammenrottung teilgenommen hatte:

> **Ich habe nicht daran teilgenommen. Ich bin zwar zum Senkelbach gegangen, und als dort alle Leute »Bravo!« gerufen haben, da habe ich auch mit gerufen. Daraufhin bin ich verhaftet worden. Und auf der Polizeiwache haben mir die Schutzleute dann ein paar Löcher in den Kopf geschlagen.**

Weitere Zeugen berichten von Misshandlungen und Provokationen durch die Polizei. Ein Journalist sagt aus, er habe gesehen, wie ein Mann von mehreren Schutzleuten mit Säbeln traktiert wurde. »Sein Kopf schien mir nunmehr eine unförmige Fleischmasse zu sein.« Selbst vor Frauen machten die Beamten nicht halt. Ein Zeuge beobachtete vom Fenster seiner Wohnung aus, wie eine Käsehändlerin von einem Schutzmann ohne Grund ins Gesicht geschlagen wurde: »Auf das Geschrei der Geschlagenen sind dann noch fünf Schutzleute herbeigesprungen, die sie über die Straße zerrten. Dort hat sich die Frau am Gartenzaun festgehalten. Und einer der Schutzleute hat ihr mit dem blanken Säbel auf die Hände geschlagen.«

Der Augenzeuge dieser Misshandlung wird vom Staatsanwalt gar nicht erst vorgeladen. Die Käsehändlerin aber landet vor Gericht. Wie alle anderen Angeklagten auch. 34 Männer und eine Frau werden im November 1899 wegen Widerstands gegen die Staatsgewalt, Beamtenbeleidigung und Teilnahme an einer aufrührerischen Zusammenrottung zu insgesamt 12 Jahren und sechs Monaten Gefängnis verurteilt. Im Januar 1900 kommen weitere Urteile hinzu: 13 vermeintliche Rädelsführer werden zu insgesamt acht Jahren und sechs Monaten Gefängnis verknackt.

Für viele – auch bürgerliche – Beobachter sind die Urteile ein Skandal. Was im Frühjahr 1899 als Lohnstreit begonnen hatte, war zu einem Kampf um politische Teilhabe, Rechtsstaatlichkeit und Gerechtigkeit geworden. Die politisch so heftig umstrittene »Zuchthausvorlage« des Kaisers sollte übrigens im Berliner Parlament scheitern. Eine herbe Niederlage für den Kaiser und seine Regierung, die Sozialpolitik mit Zuchthaus und Bajonett betreiben wollten.

Und der bayerische Prinzregent? Schwieg! Er war ein leutseliger und freundlicher alter Mann, der gern mit seiner kurzen Lederhose durchs bayerische Gebirge stapfte und sich nicht allzu sehr in die Niederungen der Politik begeben wollte. Auch dann nicht, wenn seine eigenen Spitzenbeamten sich auf unverschämte Weise am Eigentum der Untertanen bedienten. Wie jener Ludwig Ritter von Klug, der eigentlich nur Ludwig Klug hieß, aus einfachen Verhältnissen stammte und privat wohl nicht immer ein glückliches Händchen in Finanzfragen hatte. Als das Geld seiner verwitweten Mutter verbraucht und er durchs Juraexamen gefallen war, ging er in den Staatsdienst, zur königlichen Hoftheaterkassenverwaltung. Dort machte er Karriere, war mit 47 Jahren Leiter des »königlichen Hofsekretariats«. Damals noch unter König Ludwig II., der in Flinsfragen bekanntlich ein recht abenteuerliches Gebaren an den Tag legte und den armen Klug als »unverschämte Kreatur« beschimpfte – weil dieser die königliche Finanzsituation nur zu gut kannte und den Geldhahn nicht weiter aufdrehen wollte. Klug jedenfalls blieb standhaft und verhandelte geschickt mit den Gläubigern des Königs.

Als Ludwig II. dann im Sommer auf mysteriöse Weise im Starnberger See ums Leben kam, schlug Klugs große Stunde. Der Finanzmann wurde zum königlichen Hofsekretär und Vorstand der Hof- und Kabinettskasse befördert. Kein Wunder, er war der Einzige, der im Finanzwirrwarr des toten Königs überhaupt noch ein wenig Durchblick hatte. Der Prinzregent war folglich auf ihn angewiesen, und Klug durfte täglich aufwarten und sein Wissen vortragen. Ein einflussreicher Mann also, der nicht nur viele Neider hatte, sondern auch beste Gelegenheiten, zwischendurch mal ein persönliches Schnäppchen zu machen.

Eines Tages jedenfalls kamen Gerüchte auf: Erst pfiffen's die Spatzen vom Residenzdach herunter, und am 15. Januar 1893 stand's dann auch in den *Münchner Neuesten Nachrichten*: »Ein Geschäft« soll er gemacht haben, der Herr Hofrat. Aber kein anständiges. Auf der damals noch unbebauten Gasteighöhe über der Isar hatte sich Klug 1887 ein Acker-und-Wiesen-Grundstück gekauft, das mit einem Bauverbot belegt war. Weil der Ritter als einflussreicher Mann vieles früher wusste und manches im Hintergrund zu drehen imstande war, konnte er die Aufhebung des Verbots voran- und den Preis gewaltig in die Höhe treiben. Bald schon sollte an der Maria-Theresia-Straße 24/25 in Bogenhausen nämlich eine recht noble Wohngegend entstehen. Wovon die Verkäuferin Maria Reischl – eine schlichte und in solchen Dingen unerfahrene Frau – natürlich nichts wusste. Und so kaufte Hofrat Klug, gemeinsam mit dem Geistlichen Rat Ettmayer – dem Pfarrer von Bogenhausen – am 24. September 1887 das Grundstück der Bauersleute Reischl für äußerst günstige 5800 Mark. Der Herr Pfarrer war übrigens der einzige Berater der armen Bauernwitwe Reischl, wie die Zeitung süffisant anmerkte. Als die Bauersleute merkten, dass sie über den Tisch gezogen worden waren, riet man ihnen, sich lieber nicht mit so mächtigen Leuten anzulegen.

Die Sache kam dennoch raus. Vor allem, weil der Herr Hofrat etwas nassforsch in die Gegenoffensive ging und die Zeitung verklagte. Der Redakteur – dessen Verteidiger war der renommierte Rechtsanwalt Max Bernstein – wurde letztlich zwar zu einer Geldstrafe verurteilt. Viel bitterer – nämlich ein echter Bumerang – sollte die Sache für Hofrat Klug selber werden. Denn im Prozess kamen zahlreiche Details seiner Machenschaften zur Sprache. Und die akribischen Richter des königlichen Amtsgerichts sahen es als erwiesen an, dass Klug »seine Stellung zu privatem Vorteil ausgenützt und speziell aus dem, wovon er amtlich Kenntnis hatte, privaten Nutzen gezogen habe«. Und zwar so: Erst genehmigte der Hofsekretär von Klug eine Baugenehmigung, neun Tage später kaufte der Privatmann von Klug die Kiesgrube. Die erfuhr innerhalb kürzester Zeit eine enorme Wertsteigerung. Klug verkaufte eines der Grundstücke an den Hoftheaterintendanten Ernst von Possart. Die beiden bauten dann gemeinsam: die Doppelvilla Klug-Possart.

Ganz nebenbei kamen bei diesem Prozess noch andere Details ans Licht. Etwa, dass der Hofrat seine privaten Gartenanlagen in der Kaulbachstraße 33 großzügig mit Pflanzen ausstatten ließ – auf Kosten der Kabinettskasse. Ein korrupter Hofrat! Ziemlich peinlich für den bayerischen Staat. Noch viel peinlicher wurde es allerdings, als Rechtsanwalt Bernstein einen Zeugen fragte: »Ist es richtig, daß Hofrat von Klug im Jahre 1886, zu einer Zeit, wo man öffentlich noch keine Ahnung von der Königskatastrophe hatte, zu Ihnen gesagt hat: ›Jetzt kommt bald ein anderes Regiment, haltet Euch nur an mich, ich sorge für Euch‹.« (Zitiert nach Otto Gritschneder.) Wusste der engste Berater des Prinzregenten also schon vor der Entmündigung und dem Tod des kunst-und wahnsinnigen Ludwig II., was sich zu Pfingsten 1886 am Starnberger See ereignen sollte?

Der Hofrat von Klug durfte jedenfalls im Amt bleiben. Seit 1900 trägt sogar eine Münchner Straße seinen Namen – bis heute! Und der Prinzregent? Der schwieg wie immer in seinen stattlichen, weißen Bart hinein. Ja, es war schon eine gemütliche Zeit! Seinerzeit!

Ganz ohne Flins? Alternativen zum Geld I

Geld, Geld, Geld, Geld! I hoit des nimmer aus! Ich bin Künstler! (Robert Giggenbach als Hanse Weingartner in der bayerischen TV-Serie *Zur Freiheit*)

Revolution im Kopf? Dir gib I glei a Revolution im Kopf, du Spinner, du greisliger!
(Toni Berger als Martin Binser zu Robert Giggenbach als Effendi in der bayerischen TV-Serie *Irgendwie und sowieso*)

Wer in München das Paradies auf Erden sucht, muss an einem Sonderschalter vorsprechen. Zumindest, wenn er es in Buchform haben will. Wobei Buch schon fast übertrieben ist. *Das Paradies auf Erden oder Das Leben ohne Geld* von Georg Ammon ist mit seinen 24 Seiten eher eine Broschüre. So dünn und kleinformatig jedenfalls, dass man es in der Bayerischen Staatsbibliothek nur am Sonderschalter ausgehändigt bekommt. Da liegt es dann, das schmale Heft – schade, mag man sich spontan denken, das Paradies hätte eigentlich ein paar Kapitel mehr verdient. Aber immerhin, schön, dass es überhaupt noch existiert. Wer und was Georg Ammon war, ist nicht recht geklärt; es gibt dürre Hinweise darauf, dass er als Lehrer in München gelebt hat. Sicher scheint nur – so steht's zumindest auf der Titelseite –, dass Ammon sein Büchlein, das 1921 im Verlag »Münchner Volksbuchhandlung Fritz Dieling« erschienen ist, bereits im Dezember 1919 geschrieben hat. Vielleicht kommt es ja deshalb so schmalbrüstig daher, das *Paradies*. Denn die Dezembertage 1919 waren wirklich nicht die allerbesten Zeiten für wärmende, utopische Gedanken. Ein gutes halbes Jahr war's erst her, dass das Experiment der Münchner Räterepublik(en) in einem Blutbad endete.

Von bayerischen Sozialdemokraten ins Land gerufen, zogen damals preußische und württembergische Soldaten nach München, um den »Karneval des Wahnsinns«, wie SPD-Reichswehrminister Noske die Räteregierung nannte, mit Gewalt zu beenden. Noske hatte vorsichtshalber schon Freikorpsverbände unter dem Kommando des bayerischen Obersten Franz Ritter von Epp zusammenstellen lassen, die das Militär unterstützen sollten. Zu Epps Leuten gehörte auch der spätere SA-Führer Ernst Röhm, der wie viele Freikorpsleute ein Hakenkreuz am Helm trug. Übelste antisemitische Parolen kursierten in jenen Tagen, es herrschte Pogromstimmung.

Die »weißen« Truppen hatten also den Auftrag, die rote Räterepublik niederzuschlagen. Und sie taten es bestialisch gründlich. Alles, was nach Arbeiter aussah, wurde verfolgt. Insgesamt 600 Männer und Frauen – manche Quellen sprechen von mehr als 1000 – wurden von rechtsradikalen Freikorps und Regierungstruppen ohne Gerichtsurteil abgeschlachtet.

Noch am 6. Mai 1919 war es mitten in der Münchner Maxvorstadt zu grausamen Szenen gekommen: 20 junge katholische Männer und der Herbergsvater ihres Kolping-Vereinslokals wurden von 15 Soldaten abgeführt, als Spartakisten beschimpft und im Untergeschoss des Prinz Georg Palais am Karolinenplatz 5 einfach niedergemetzelt. Zeugin dieses Massakers am Abend des 6. Mai 1919 war die Münchner Verlegergattin Elsa Bruckmann, die mit ihrer Familie im zweiten Stock des Palais wohnte. Das Grauen der »Weißen« sollte sie aber keineswegs abschrecken. Im

Gegenteil, die Bruckmanns gehörten zu den einflussreichen, politisch weit rechts stehenden Bürgerfamilien Münchens, die Anfang Mai die Freikorps begrüßt hatten. Kurze Zeit später sollten Elsa und Hugo Bruckmann neben der Klavierfabrikantengattin Lotte Bechstein zu den frühesten Förderern Hitlers in München werden. Der großbürgerliche Flins für den angehenden Führer wurde zur Basis für den Aufstieg der Nazis.

Die junge parlamentarische Demokratie war also im Jahr 1919 mit einer blutigen Hypothek gestartet. Die radikale Rechte und das Militär standen bereits Gewehr bei Fuß. Im März 1920 wurde Gustav Ritter von Kahr bayerischer Ministerpräsident und machte aus Bayern eine rechte »Ordnungszelle«. Aber noch war es nicht ganz so weit, als im Dezember 1919 Georg Ammon sein *Paradies auf Erden* niederschreibt, »um die Menschen von ihrem Glauben zu befreien, dass wir Geld oder Wertsachen zum Leben haben müssen«. Kein Geld? Nie wieder? Der Autor macht schon auf den ersten Seiten klar, dass er mit seiner Utopie an spätere Generationen denkt. Und doch bittet er jetzt schon alle, »die nicht aufs Geld versessen sind und frei denken«, für eine Flinsfreie Welt zu kämpfen – bevor es zu spät ist und die Zustände noch viel schlimmer werden, als sie im Winter 1919 ohnehin schon sind.

Denn schuld am Elend auf dem Planeten, schreibt Ammon, sei allein der Mammon. Seine Erfindung war einst der Sündenfall. Hätten unsere Vorfahren, statt mit Geld zu zahlen, weiter Waren getauscht, wäre uns das Paradies erhalten geblieben. Aber wie kommen wir wieder dorthin zurück? Ammon macht konkrete Vorschläge: Keine Landesgrenzen mehr! Nur noch Land und Ozeane! Keine Völker mehr! Nur noch Menschen! Ein Bruderbund über die ganze Erde müsse dereinst alle Menschen vereinen, »die nicht am Geld hängen wie der Geier an seiner Beute«.

Ammon glaubt sie vor allem im Kreis der Arbeiterschaft zu finden. Seine Wegskizze zum globalen Glück gerät manchmal arg kursorisch; an vielen Stellen wirkt der Optimismus des fortschrittsgläubigen Autors recht naiv. Denn mit Erziehung, schreibt er, gehe alles. Eltern, Lehrer und Journalisten sollen durch Bücher und Kongresse weltweit die geldlosen Ideale verbreiten. Dafür brauche es eine überall verständliche Zweitsprache, eine Lingua franca. Ist der neue Glaube dann bei allen Völkern gefestigt, wird eines Tages eine internationale Konferenz einberufen und der Termin festgelegt, an dem das Geld abgeschafft wird! Überall! Und für immer!

Weil es dann ja keine Nationen mehr gibt, sondern nur noch Brüder und Schwestern, wählen alle Erdenbürger mit einfacher Mehrheit einen Oberpräsidenten und eine bestimmte Zahl von weiteren Präsidenten. Sie sollen über 40 Jahre alt sein und können jederzeit wieder abgewählt werden. Jedem Präsidenten fällt die Aufgabe zu, »einen festgesetzten Teil der Menschen mit Lebensbedürfnissen zu versehen«. Ganz klar wird dabei nicht, was mit »Lebensbedürfnissen versehen« gemeint ist: Wird jeder mit dem versorgt, was er braucht? Oder wird jedem gesagt, welche Bedürfnisse er zu haben hat? Jedenfalls sind die Präsidenten offenbar recht machtvoll, obwohl offiziell keine Chefs mehr existieren, sondern nur noch Arbeiter, die für die Allgemeinheit tätig sind:

Es gibt dann keinen Privatbetrieb mehr, sondern nur noch solche der Allgemeinheit. Beamte, Banken, Steuern, Handelskammern, Händler, Aktiengesellschaften, Militär, Polizei, Strafanstalten und dergleichen sind dann ganz unnütze Dinge, über welche, nach der Geldabschaffung, die Menschen, wenn sie

dort die Chroniken lesen, ungläubig den Kopf schütteln werden darüber, daß ihre Vorfahren so lange Zeiten sich gegenseitig das Leben auf Erden ohne Grund verbitterten statt verschönten.

Ammons anarchistischer Traum von der Welt ohne Staat und ohne Flins ist genau durchgeplant. Alle Kinder gehen zur Schule, ergreifen als Erwachsene einen Beruf nach ihren Fähigkeiten und Neigungen. Nur die Männer arbeiten; Frauen müssen nicht, dürfen aber, wenn sie wollen. Ansonsten kümmern sie sich um Kindererziehung und Hausarbeit. Einen Feministinnen-Preis hätte Ammon mit seinen Plänen wohl nicht gewonnen. Aber immerhin: Frauen dürfen arbeiten!

Wobei allerdings nur mehr wenig gearbeitet wird, weil im Paradies jeder hinlangt und so die tägliche Arbeitszeit für alle kürzer wird. Vor allem aber muss nicht viel produziert werden, weil es ja nur noch Betriebe für lebensnotwendige Artikel gibt. Was aber ist notwendig, was Luxus? Darüber gehen die Meinungen bekanntlich auseinander, was den Betriebsfrieden im Paradies empfindlich stören könnte. Ammon vertraut da ganz auf seine aufgeklärten, vernünftigen Menschen, die nichts Überflüssiges mehr wünschen. So einfach ist das im Paradies. Klar, sonst wär's ja keins.

Auch bei den Verwaltungsaufgaben wechseln sich die Arbeiter ab. Kein bürokratischer Wasserkopf also! Keine Privilegien! Keine Spezlwirtschaft! Am Ende eines Arbeitstages bekommt jeder einen Schein mit Nummer, Datum und Namen, »womit er dann mit seiner Familie alles bekommt, was er will«. Klingt schön, hat aber – und Ammon verschweigt es nicht – einen kleinen Pferdefuß: »Ganz selbstverständlich richtet sich diese Wahl nach dem Vorhandensein der Ware.« Es könnte also gut sein, dass die Waren-Regale im Ammon-Paradies gelegentlich etwas lockerer bestückt sind. »Dass aber die Menschen besser leben können als heute mit dem Geld, steht außer Zweifel, ausgenommen die Geldmenschen.«

Solche Sätze lassen sich natürlich nur vor dem Hintergrund der Kriegs- und Nachkriegszeit verstehen. Die Zahl der Arbeitslosen war nach 1918 deutlich angestiegen, erreichte im Februar 1919 in Bayern einen ersten Höhepunkt mit über einer Million. Die Zahl fiel zwar bis Dezember des Jahres um die Hälfte, aber es blieb ein ständiges Auf und Ab in der Weimarer Republik. Für die Empfänger der kargen Erwerbslosenunterstützung (Elu) war Ammons Traum von einer Grundversorgung mit den wichtigsten Gütern in ganz weiter Ferne. Freie Lebensmittel und freie Kleidung für alle? Davon konnten die Proletarier der Weimarer Republik nur träumen. Die soziale Wirklichkeit sah viel düsterer aus. Der bayerische Schriftsteller Georg Britting – zunächst Kriegsfreiwilliger und später Mitglied im Regensburger Arbeiter- und Soldatenrat – hat die Zustände im Reich 1921 so beschrieben: »Wenn in Berlin die Hungernden einen Brotwagen stürmen, so reden die *Münchner Neuesten Nachrichten* von Pöbel. Aber drucken die Speisekarte eleganter Weinlokale im Inseratteil ab.«

An Weinlokale ist in Ammons Welt übrigens nicht zu denken. Bier und Wein sind im Arbeiter-Paradies streng rationiert. Eine Forderung, die man gerade in Bayern nicht gern gehört haben dürfte. Und auch sonst geht es recht streng zu in der Welt ohne Geld. Wenn einer nämlich nicht arbeiten will, bekommt er für diesen Tag auch keinen Schein: Und somit nichts zu essen! »Es bleibt also jedem Mann nichts anderes übrig, als zu arbeiten, wenn er leben will. Ist er krank, dann bekommt er natürlich seine Sachen ohne Arbeit.« Unbeantwortet bleibt die Frage, wer entscheidet, wann und wie lange jemand arbeitsunfähig ist. Klar ist nur: Die Welt ohne Geld ist nichts für Abseiler. Aber die gibt's im Paradies ohnehin nicht mehr. »Jeder wird vielmehr ohne jede Aufsicht und Zwang freudig seine Arbeit leisten. Erstens, weil sie von kurzer Dauer ist, und zweitens, weil jeder weiß, warum er arbeitet.« Es gilt also: Einer für alle, alle für einen! Wer schwer schuftet, arbeitet kürzer. Und weil alle stets voller Idealismus sind, kommt auch keiner auf die Idee, sich in der Arbeit zu schonen, weil er am Nachmittag im Garten werkeln oder seine Datsche streichen muss. Überflüssig sind daher alle Konfliktlösungsinstanzen wie Polizei, Gerichte, Militär oder Finanzämter. Spitzbuben gibt's nämlich keine mehr, es wird nicht mehr gestohlen oder gerauft, weil ja jeder immer alles hat, was er braucht. Nur kein Geld! Und das sei gut so, schreibt Ammon, denn:

> **Solange wir das Geld nötig haben, können wir nichts Gutes hoffen.**

Es ist relativ einfach, diese Utopie vom Paradies als naive Spinnerei abzutun und darauf zu beharren, dass es ohne Geld nicht geht. Ein Einwand, der auch zu Ammons Zeiten oft erhoben wurde. Allerdings sollte sich damals schon recht bald herausstellen, dass es mit Geld auch nicht ging. Was sich in den Jahren der Inflation und Hyperinflation abspielte, war hundertmal grotesker als alle Mammon-Fantastereien eines Georg Ammon.

»Die Zeiten waren schwer, die Geldaufblähung verflüchtigte das gesparte Kapital zu Luft«, schreibt Lion Feuchtwanger in seinem Roman *Erfolg*:

Die Gelegenheiten, Nahrungsmittel und andere Dinge des Lebensbedarfs zu erhalten, waren spärlich, wollten rasch, umsichtig wahrgenommen sein. Geld, in dieser Woche nicht verwertet, konnte vielleicht schon in der nächsten nur mehr die Hälfte erkaufen. Die Verkäufer weigerten sich, die schlechte, einheimische Währung zu nehmen, lieferten vieles nur gegen ausländische Münze.

Waren die Preise in den Jahren 1920/21 noch einigermaßen stabil, explodierten sie bald und erreichten astronomische Höhen. Für ein Hühnerei, das 1918 noch 25 Pfennig gekostet hatte, zahlte man 1922 bereits 180 Mark, im Sommer 1923 um die 5000 Mark und im November 80 Millionen Mark. Trotz erbitterter Lohnkämpfe konnten Arbeiter und Angestellte mit der Teuerung nicht Schritt halten. Eine Semmel, die im Sommer 1923 noch 1200 Mark kostete, ging am 1. Dezember des Jahres für 28,5 Milliarden Mark über den Ladentisch. Die Notenpressen druckten auf Teufel komm raus und kamen trotzdem kaum hinterher. Mitte August war das Bargeld so knapp, dass die Stadt München Notgeld ausgeben musste. Aber die Preise stiegen weiter. Und die Not der Bevölkerung nahm dramatisch zu.

Selbst bürgerliche Kreise verloren das Vertrauen in Geld und Staat. Die Inflation wurde zum Trauma einer ganzen Generation. Und schon kleine Kinder sollten früh und auf schmerzhafte Weise lernen, was es mit dem Geld auf sich hatte. Der Münchner Rechtsanwalt Otto Gritschneder, Sohn eines königlich-bayerischen Eisenbahnsekretärs und späteren Reichsbahninspektors, hatte 1914 zu seiner Geburt von seinem Patenonkel ein goldenes 20-Mark-Stück geschenkt bekommen. Damals eine respektable Summe, immerhin die halbe Monatsmiete für eine

Münchner Zwei-Zimmer-Wohnung. Vor dem Krieg, versteht sich! Danach war alles anders. Gritschneder schreibt in seinen Memoiren:

> **Mit dem Schicksal dieses goldenen 20-Mark-Stückes ist mein frühes Mißtrauen gegen den Staat erregt worden: Meine Eltern legten mit ihm ein Sparbuch bei der Städtischen Sparkasse an. Als ich nach der Inflation der Zwanzigerjahre zur Sparkasse ging, um mein Geld samt Zinsen abzuholen, belehrte mich der Bankbeamte: »Ja Bua, weißt du denn nicht, was eine Inflation ist?« Ich bekam für meine 20 Goldmark nach dem Krieg noch ganze 93 Reichspfennig.**

Auch einigermaßen gut situierte bürgerliche Familien gerieten damals arg ins Schlingern. Thomas Manns autobiografisch gefärbte Erzählung »Unordnung und frühes Leid« spielt im Herbst 1923, auf dem Höhepunkt der Inflation. Eine verrückte, schwierige Zeit, die nicht nur die Preise, sondern auch alle Wertvorstellungen durcheinanderwirbelt. Sogar das »Marktweib, das für ein Ei in trockenem Ton ›hundert Billionen‹ verlangte, hat damals verlernt sich zu wundern«. Schreibt Thomas Mann.

Aber was ist eigentlich Geld, und warum glauben wir daran? Solche Fragen stellten sich in jenen Wochen auch Menschen, die sonst weniger philosophisch gestimmt waren. Warum ist jemand überhaupt damit einverstanden, einen duftenden Laib Brot gegen einen schnöden Papierzettel zu tauschen? Der Gegenwert des Geldscheins allein kann es nicht sein. Geld ist also mehr als nur Zettelwirtschaft; es ist eine gesellschaftliche Übereinkunft. Und hat viel mit Vertrauen zu tun. Aber genau das ging in jenen

Tagen verloren. Am 15. November 1923 löst zwar die Rentenmark die bisherige Zettelwirtschaft ab und die Inflation ist beendet, aber die Kosten der Geldentwertung bleiben. Zu den Gewinnern gehören die Schuldner – die privaten und vor allem die öffentlichen, also der hoch verschuldete Staat. Die Zeche zahlen die abhängig Beschäftigten. Und all jene, die nur Geldvermögen besitzen. Auf diese Weise verliert ein großer Teil der Mittelschicht seine finanziellen Rücklagen, und auch die Sparguthaben von Arbeitnehmern und Kleingewerbetreibenden gehen verloren. Und mit ihnen das Vertrauen – nicht nur ins Geld, sondern in die Politik. Was bekanntlich die schwerste Hypothek für die junge Demokratie der Weimarer Republik werden sollte.

Ganz ohne Zins?
Alternativen zum Geld II

Nur wenige Jahre nach der großen Inflation sollte die Not schon wieder heftig zuschlagen. Oskar Maria Graf beschreibt in *Die gezählten Jahre* die ausweglose Situation vieler Menschen.

> **Nun schrieb man Herbst 1930. Über drei Millionen angemeldete Arbeitslose gab es. Tausende Nichtgemeldete, sogenannte ›Ausgesteuerte‹ verbrachten ein trostloses Bettlerdasein, und der Winter stand vor der Tür. Für diese Menschen, für die von Mal zu Mal schlechter entlohnten Arbeiter und für den verarmten Mittelstand war die Krise unerträglich geworden.**

Manche entscheiden sich für den Strick, andere für den Gashahn – und sehr viele bald schon für den Herrn aus Braunau.

Die berühmte Lazarsfield-Studie über die Arbeitslosen von Marienthal bei Wien zeigte, wie lang andauernde Arbeitslosigkeit zu Resignation und Apathie bei den Betroffenen führte. Aber nicht überall wollte man sich damals dem Krisengeld und seinen verheerenden Auswirkungen beugen. In der Stadt Wörgl in Tirol – nur 20 Kilometer hinter der bayerisch-österreichischen Grenze – war die Situation in den frühen 1930er-Jahren so desolat wie anderswo auch. Die örtliche Zement- und Zellulosefabrikation kränkelte, die Schatten der Weltwirtschaftskrise hingen auch über dem Inntal. Alles lag darnieder, die Gemeindekasse war leer. Bis der seinerzeit amtierende Bürgermeister von Wörgl, Michael Unterguggenberger – ein charismatischer und belesener Sozialdemokrat, der aus armen Verhältnissen stammte – eine Idee hatte. Anfang Juli 1932 gab die Gemeindeverwaltung als Lohn für ihre Angestellten sogenannte Arbeitswertscheine aus. Mit den Nennwerten von eins, zwei und fünf Schilling. Das Besondere an diesen Scheinen war, dass sie immer wieder aufgewertet werden mussten. Monatlich musste eine Marke zu einem Prozent des Nennwertes der Note gekauft und in ein dafür vorgesehenes Feld auf der Vorderseite des Geldscheins geklebt werden, um ihn gültig zu erhalten. Diese Gebühr floss in die Armenfürsorge. Das Wörgler Geld war durch Hinterlegung von Schillingen bei der örtlichen Raiffeisenkasse gedeckt. Mit den Arbeitswertscheinen konnten endlich Gemeindesteuern bezahlt, Straßen und Brücken gebaut werden und die Arbeiter bekamen wieder Löhne. Das Experiment war erfolgreich, die örtliche Wirtschaft wurde angekurbelt und die Zahl der Arbeitslosen ging deutlich zurück, während sie anderswo weiter stieg.

Kein Wunder also, dass das »Wunder von Wörgl« damals weltweite Beachtung fand. Viele österreichische Gemeinden wollten den Modellversuch mit dem Schwundgeld nachahmen. Auch im Ausland war das Interesse groß. Frankreichs Ministerpräsident Édouard Daladier reiste an, amerikanische Ökonomen empfahlen ihrer Regierung das Modell als Rezept gegen die Wirtschaftskrise. Und der Amerikaner Ezra Pound, einer der großen Dichter der Moderne, der sich allerdings politisch-ideologisch im Faschismus verzettelte, war ein großer Fan des Freigeldes und kam gleich zwei Mal nach Tirol.

Trotz des unübersehbaren Erfolgs dauerte das Wörgler Experiment nur bis August 1933, also gut 13 Monate. Der Sozialdemokrat Michael Unterguggenberger scheiterte nicht zuletzt an seiner eigenen Partei in Wien, die seine Wirtschaftsauffassung aus finanzpolitischen Erwägungen nicht teilen wollte. Nachdem man es anfänglich toleriert hatte, wurde das Modell zunehmend unter Druck gesetzt. Die Österreichische Nationalbank klagte vor Gericht gegen die Freigeld-Aktion und beharrte auf ihrem alleinigen Recht, Münzen und Banknoten ausgeben zu dürfen. Das Experiment von Wörgl wurde verboten; die Regierung in Wien drohte bei Zuwiderhandeln sogar mit dem Einsatz der Armee.

Die auf den ersten Blick etwas verrückt klingende Idee mit dem Schwundgeld hatte man sich nicht in Tirol ausgedacht, sie war dem klugen Gehirn eines deutschen Kaufmanns aus der Eifel entsprungen. Silvio Gesell, geboren 1862, war als Finanztheoretiker und Sozialreformer der festen Meinung, dass Geld keine Zinsen bringen darf, weil es sonst gehortet wird. Und das schade der Wirtschaft. Deshalb müsse es automatisch an Wert verlieren, damit die Menschen es so schnell wie möglich ausgeben – und so die Nachfrage und die ganze Ökonomie ankurbeln. Denn Geld lässt sich Gesell zufolge nicht einfach abschaffen, es hat nämlich unschlagbare Vorteile. Man kann es tauschen. Und es verdirbt nicht! Der Besitzer kann es also beliebig lange aufheben. Doch genau darin liege auch das Problem.

Ein Geld, das gesetzmäßig in der Weise arbeitet, dass es sich zurückzieht, wenn es zu fehlen beginnt (= Deflation), und das in Masse auf dem Markt erscheint, wenn es dort schon übermäßig vertreten ist (= Inflation), kann nur dem Schwindel und Wucher dienen und muss als unbrauchbar bezeichnet werden, mag es auch, rein körperlich betrachtet, manche angenehme Eigenschaften haben.

Das Problem für Gesell ist also der Zins: »Geld, das durch Geld entsteht.« Und seine Lösung lautet entsprechend »Freigeld«: Geld, das frei vom Zins, frei von einer Bindung an eine Goldwährung und frei von kapitalistischer Ausbeutung existiert und ständig an Wert verliert – ein Promille pro Woche zu Lasten aller Geldbesitzer. Keiner hortet es dann mehr, weil er ja draufzahlen würde. Der Flins kommt so unter die Leute! Unter alle Leute!

Geld, das wie eine Zeitung veraltet, wie Kartoffeln fault, wie Eisen rostet, wie Äther sich verflüchtigt, kann allein sich als Tauschmittel von Kartoffeln, Zeitungen, Eisen und Äther bewähren. Denn solches Geld wird weder vom Käufer noch vom Verkäufer den Waren vorgezogen. Man gibt dann nur noch die eigene Ware gegen Geld her, weil man das Geld als Tauschmittel braucht und nicht weil man vom Besitze des Geldes einen Vorteil erwartet.

Silvio Gesells Hauptwerk *Die natürliche Wirtschaftsordnung durch Freiland und Freigeld* erschien erstmals im Jahr 1916. Er war aber nicht nur der Theoretiker, der ein umfangreiches Werk hinterließ, sondern auch ein Mann der Praxis. Als Kaufmann hatte Gesell in Argentinien ein großes Vermögen erworben und sich damit in die Schweiz zurückgezogen, um seine Wirtschaftstheorie zu entwickeln. Seine Freiwirtschaftslehre sollte der dritte Weg zwischen Kapitalismus und Marxismus sein – eine Marktwirtschaft, aber ohne Monopolrenten, die durch den Besitz von Geld, Bodeneigentum oder Handelsrechten entstehen. Mit Freigeld ohne Zinsen und mit der Vergabe von Freiland – also der Verpachtung von Boden, der im Gemeinbesitz verbleibt – sollen

Ausbeutung und Ungerechtigkeit überwunden werden. Für die reine Lehre der orthodoxen Marxisten waren solche anarcholiberalen Ideen natürlich überhaupt nicht akzeptabel. Die freiheitlichen Sozialisten aber sahen in Silvio Gesell genau den richtigen Mann und beriefen den Wirtschaftstheoretiker für kurze Zeit sogar in eine bayerische Regierung.

In der Nacht zum 7. April 1919 trafen sich nämlich Mitglieder des Zentralrats und des Revolutionären Arbeiterrats im Wittelsbacher Palais zu München – ausgerechnet im Schlafzimmer der ehemaligen bayerischen Königin – und riefen die »Räterepublik Baiern« aus. Anführer dieser sogenannten »Scheinräterepublik«, wie die Kommunisten sie bald schon nannten, waren der unabhängige Sozialist Ernst Toller, der anarchistische Schriftsteller Erich Mühsam und der parteilose Philosoph und Anarchist Gustav Landauer – allesamt jüdischer Herkunft, was die antisemitische Hetze im Land beflügelte, auch wenn Religion keine Rolle im Leben dieser Revolutionäre spielte. Ernst Niekisch und Gustav Landauer holten Silvio Gesell, der eben erst wieder nach Deutschland zurückgekommen war, im April 1919 als Finanzminister in die anarchistische »Münchner Räterepublik«.

Viel Zeit blieb dem »Volksbeauftragten für Finanzen« damals freilich nicht, seine Idee von »Freigeld« und »Freiland« zu verwirklichen, obwohl er auf dem Gebiet des revolutionären »Baiern« sofort die Reichsmark außer Kraft setzen lässt. Nur sechs Tage dauert die etwas chaotische Räterepublik der Schwabinger Künstlerpolitiker, dann kommt es zum Putsch und anschließend zur kommunistischen Räteherrschaft. Auch sie hat keine drei Wochen Bestand und wird vom »weißen« Terror der Freikorps und Reichswehrtruppen niedergeschlagen.

Alle roten Anführer werden in jenen Tagen ermordet oder ins Zuchthaus gesteckt. Auch Silvio Gesell wird monatelang inhaftiert, dann aber überraschenderweise in einem Hochverratsprozess freigesprochen. Die letzten Jahre seines Lebens – Gesell stirbt 1930 – verbringt er zurückgezogen in einer Obstbau-Genossenschaft bei Berlin. Das Experiment von Wörgl erlebt der Schwundgeld-Meister also nicht mehr. Dafür aber dessen Vorläufer im niederbayerischen Schwanenkirchen am Rande des Bayerischen Waldes. Hier, knapp 20 Kilometer südlich von Deggendorf, wird seit dem 1. Weltkrieg Braunkohle im Bergwerk abgebaut. Aber mit der Weltwirtschaftskrise kommt überall die Arbeitslosigkeit. Nur in der Gegend um Hengersberg, Schwanenkirchen und Schöllnach gelingt vorübergehend ein regionaler Aufschwung. Das Geheimnis des Wunders: Schwundgeld!

Der sächsische Bergbauingenieur Max Hebecker hatte 1929 für 8000 Reichsmark das »niedergebrannte und abgesoffene« Braunkohlenbergwerk in Schwanenkirchen ersteigert. Hebecker war Freiwirt und gehörte den Physiokraten an, einer Organisation, die im Sinne Silvio Gesells tätig war. Hebecker wandte sich an die WÄRA-Tauschgesellschaft, die 1929 in Erfurt gegründet worden war, und wollte das Bergwerk in Schwanenkirchen flottmachen. Mit einem Kredit von 50 000 WÄRA begann das Unternehmen wieder zu arbeiten.

Auch die WÄRA war ein Tauschmittel, das einem regelmäßigen Schwund unterlag. Alle vier Wochen verlor der Schein ein Prozent des Wertes. Dieser Verlust konnte durch den Kauf von Marken ausgeglichen werden. Besser aber war es, man gab sie schnell aus. Solche schnell umlaufenden WÄRA kurbelten die regionale Wirtschaft kräftig an und wurden dennoch 1931 verboten: auf Betreiben der Reichsbank, mittels Notverordnung. Man fürchtete nämlich um die Währungshoheit. Und so brach über Schwanenkirchen und Umgebung bald wieder die Arbeitslosigkeit herein. Der Heimatforscher Franz Fischer beschreibt in der

Broschüre »Das Schwundgeld von Schwanenkirchen«: »Die anhaltende Arbeitslosigkeit aber treibt in den folgenden Jahren die verzweifelten Menschen in die Arme der Nationalsozialisten.«

Die Nazis griffen in ihrer Rhetorik den Kampf gegen den Wucher gern auf und konnten auf diese Weise auch viele Anhänger Silvio Gesells für sich gewinnen. Nicht zuletzt deshalb wirft man Gesell selbst oft Antisemitismus vor. Freigeld-Freunde hingegen betonen, dass Gesell ein weltoffener Mensch gewesen sei, der keine Rassenvorurteile gehabt habe. Seine Kapitalismuskritik sei – abgesehen von zwei fragwürdigen Äußerungen aus seinen Frühschriften 1891/92 – nicht gegen die Juden gerichtet gewesen. Im Gegenteil: Gesells Werke zeigten eine respektvolle Einstellung zu den Juden. Irrt Carl Amery also, wenn er Gesell als Steigbügelhalter der Nazis einordnet?

Wohl nicht ganz. Denn immerhin landete so mancher Freigeld-Anhänger am Ende bei den Braunen. Christoph Türcke weist in seiner jüngst erschienenen *Philosophie des Geldes* zu Recht darauf hin, dass Gesell zwar nicht dafür verantwortlich zu machen sei, was die Nazis aus seinen Ideen gemacht haben. Allerdings trügen seine Stereotype vom guten Arbeiter und dem bösen Zinsnehmer, der nichtstuerisch seine Mitmenschen aussaugt, »deutlich Züge paranoider Verengung«. Viel mussten die Nazis an den Gesellschen Ressentiments gegen arbeitsscheue Bummler, Zigeuner, Rentiers und Wucherer wohl nicht umcodieren, um auf braune Gedanken zu kommen.

Ist die zinsfreie Währung, wie sie sich in Tirol und Bayern einst bewährt hat, damit völlig diskreditiert? Die diversen Finanzkrisen der jüngsten Zeit haben Gesells Schwundgeld-Theorien wieder verstärkt ins Rampenlicht des Interesses gerückt. Auch unter heutigen Ökonomen gibt es wieder einige Fans seiner Ideen. Und die Niedrigzinspolitik der Europäischen Zentralbank erinnert heute stark an die alten Rostgeld-Theorien. Weltweit gibt es heute zahlreiche erfolgreiche Projekte mit Freigeld und sogenannten Komplementärwährungen, die im Tiroler Freigeldexperiment von Wörgl und der WÄRA im niederbayerischen Schwanenkirchen ihre Vorläufer sehen. Die bekannteste zeitgenössische Komplementärwährung Deutschlands ist der »Chiemgauer«, der 2003 als Schülerprojekt einer Walddorfschule am bayerischen Chiemsee geschaffen wurde. Mehr als 3000 Mitglieder, davon 600 Unternehmen und 250 gemeinnützige Vereine, zahlen in den oberbayerischen Landkreisen Rosenheim und Traunstein heute mit dieser Regionalwährung. Die Chiemgauer-Gutscheine sind jeweils drei Monate gültig. Ist ein Schein abgelaufen, kann er mit einer Klebemarke im Wert von zwei Prozent seines Werts verlängert werden. Ganz im Gesellschen Sinne schaut also jeder, dass sein Geld möglichst schnell unter die Leute kommt und seine Aufgabe erfüllt: Flins muss fließen! Und der Erfolg der Regionalwährungen kann sich durchaus sehen lassen. Ob das Schwundgeld aber auch im größeren Verbund tragen würde? Es darf weiter experimentiert werden. Denn die Flinsfrage wird uns wohl noch etwas länger beschäftigen. Aus Georg Ammons Traum von einem Leben ganz ohne Geld ist bis heute jedenfalls (noch) nichts geworden. Bis auf weiteres werden wir uns also am Sonderschalter der Bayerischen Staatsbibliothek anstellen müssen, wenn wir das Paradies auf Erden haben wollen.

Golden Twenties oder: Marei und die Bratkartoffeln

Es muss nicht immer Bargeld sein. Manchmal besteht der (nicht immer feine) Unterschied zwischen Habenden und Habenichtsen in Kleinigkeiten des Alltags. Oft sind sie nicht größer als ein Erdapfel, also eine Kartoffel. Denn gerade auf dem Küchenteller werden die sozialen Differenzen einer Gesellschaft besonders spürbar und sinnfällig. So wurde in vielen ländlichen Gegenden Bayerns tagein, tagaus eine äußerst bescheidene Hausmannskost gereicht; vor allem den Dienstboten. Der in Bayern weitgereiste Maler und Schriftsteller Joseph Friedrich Lentner berichtet Mitte des 19. Jahrhunderts oft von Wassersuppen und Wassernudeln, Kraut und Kartoffeln – das waren vielerorts die Hauptbestandteile einer Mahlzeit. Und zwar das ganze Jahr über. Fleisch – seinerzeit noch ein Gradmesser für Wohlstand – gab's nur selten. Lentner schreibt:

> **Der Sonntags- und Donnerstagsbraten gehört in den Bereich besserer Bürger und ist dem ärmeren nur an hohen Festtagen beschieden, ebenso die fetten Lieblingsspeisen der Nudeln und Kücheln. Als Sommer-Abendschmaus sind Gurken und Rettich fast allgemein. Auch der Kaffee ist wenig heimisch.**

Seit dem 19. Jahrhundert aber gilt in Bayern eine eherne Küchenregel: Egal wie du den Teller drehst und wendest – am Ende liegt da immer wieder die Kartoffel. Man hatte nämlich gelernt aus früheren Hungerjahren – etwa 1769/70, als noch weit und breit keine Kartoffeln angebaut wurden. Obwohl sie damals durchaus schon bekannt waren. Bereits 1621 hatte der Benediktinerabt Caspar Plautz im niederösterreichischen Kloster Seitenstetten Kartoffelrezepte in sein Kochbuch aufgenommen. Und im fränkischen Pilgramsreuth bei Rehau ernteten die Bauern um 1647 jene Erdäpfel, die ein Dörfler aus dem Böhmischen mitgebracht hatte.

Trotzdem hielt sich in Altbayern die Begeisterung für die Frucht lange Zeit in engen Grenzen. Getreide und Mehlspeisen waren den Eingeborenen lieber. Da halfen auch die Kampagnen und Preisausschreiben ökonomischer Vereine wenig. Kartoffeln wurden misstrauisch beäugt, auch wenn der Landwirtschaftliche Verein 1813 verschiedene Sorten gratis verteilte; samt Gebrauchsanweisungen. Sogar silberne Gedenkmünzen wurden anlässlich der Einführung des Kartoffelbaus geprägt. Aber es half alles nichts! Erdäpfel waren Viehfutter. Ein Umstand, der in Bayern sogar sprichwörtlich geworden ist: »Die Kartoffel schmeckt am besten, wenn sie durch die Sau gegangen ist«, sagt man. Erst die Option auf ein Schnapserl, also das Brennen von Kartoffelbranntwein, und die Hungerjahre 1816/17 lockerten langsam die starre Haltung der hiesigen Bauern.

Jetzt wurde der Erdapfel – viel später als anderswo in Deutschland – auch in Bayern heimisch und stopfte viele hungrige Mäuler. Noch in den vermeintlich Goldenen Zwanzigerjahren des 20. Jahrhunderts kamen oft nur ein paar heiße Kartoffeln auf den Tisch. Die Rottaler Bäuerin Anna Wimschneider nennt ihre Lebenserinnerungen nicht umsonst nach einem sehr einfachen Bauernessen. Die »Herbstmilch« war eine Suppe aus gestöckelter Milch, die meist morgens und abends mit Brot gegessen wurde.

Oder mit Kartoffeln. Wimschneider war acht Jahre alt, als ihre Mutter 1927 starb – das Kind musste fortan die neunköpfige Familie bekochen:

> **Weil wir so viel Hunger hatten, haben wir so viele Kartoffeln gegessen, daß für die Schweine nicht genug übrigblieb. Da hat der Vater geschimpft. Der Hans hat einmal 13 Kartoffeln gegessen, da hat der Vater gesagt, bist du narrisch, du frißt mehr wie eine Sau, friß nicht so viel, es bleibt ja nichts mehr für die Sau.**

Reichlich Erdäpfel gibt es hingegen in der folgenden Geschichte, die sich Mitte der 1920er-Jahre im Allgäu zugetragen hat. Sie hat zwei Protagonistinnen. Erstens die Kartoffel – was sonst? Und zweitens ein oberbayerisches Mädchen namens Maria, auch »Mare« oder »Marei« genannt. Das Marei war im zarten Alter von dreizehneinhalb Jahren als Dienstbotin in »Stellung gekommen«. 250 Kilometer entfernt von daheim musste das Kind in einem privaten Haushalt im bayerischen Allgäu arbeiten. Geld gab es natürlich keins, dafür aber viele Kartoffeln.

Um es vorwegzunehmen, das Verhältnis zwischen dem Mädchen und der Kartoffel war anfangs noch reibungsfrei. Denn am ersten Arbeitstag lagen die Bratkartoffeln noch ganz schmuck und klein gewürfelt auf dem Teller, goldbraun und resch, also durchaus schön anzusehen und auch schmackhaft zubereitet, mit einigermaßen viel Fett und nicht zu vielen Zwiebeln, mit wenig Grünzeug und ganz ohne Kümmel. Das war ein guter Tag für das Marei, denn so mochte sie die Kartoffeln am allerliebsten. Bald sollten andere Tage kommen. Da waren die Bratkartoffeln lieblos in grobe Scheiben geschnitten, eher gelblich, fast blass und in der Konsistenz so weich, dass man sie auch getrost als lätschert bezeichnen durfte. Weniger gute Tage! Und dann gab es noch die schlechten, nämlich wenn die Bratkartoffeln versalzen waren. An solchen Tagen spottete das ältere Dienstmädchen im Haus hinter vorgehaltener Hand, dass die Herrin wohl in ihren alten Zausel verliebt sei – gemeint war der Hausherr. Darüber kicherte auch das Marei und stocherte unwillig in ihren versalzenen Erdäpfeln herum, bevor sie wieder an die Arbeit gehen musste. Als es am selben Abend erneut Bratkartoffeln gab, fragte das Marei: »Schon wieder?« Und das ältere Dienstmädchen antwortete barsch: »Sei still und iss! Und sei froh, dass es die ›Golden Twenties‹ gibt!«

Die »Goldenen Zwanziger« – das Wort hatte die Ältere in der Zeitung gelesen. Sie verwendete es immer, wenn es resche, knusprige, goldbraune Bratkartoffeln gab. Also sehr oft. »Golden Twenties« – das Marei musste lachen über diesen lustigen, fremd klingenden Begriff. Sie hatte ja noch keine Ahnung. Also aß sie artig ihren Teller auf und ging früh in die kleine Kammer unterm Dach, um den Eltern im fernen Oberbayern eine erste Postkarte aus dem schönen Allgäu zu schreiben: »Bin in Heimenkirch gut angekommen. Mir gefällt es sehr gut. Zeitlang hab ich bis jetzt noch nicht gehabt. Also für heute muss ich Schluß machen. Unter lieben Grüßen verbleibe ich Eure dankbare Tochter, Mare.«

Von den Bratkartoffeln hat das Marei nichts geschrieben. Auch später nie. Und dass sie doch ein wenig Zeitlang hatte, also Heimweh, das sollten die daheim ebenfalls nicht erfahren. Schließlich wollte das Mädchen ja nicht undankbar sein und die lieben Eltern nicht beunruhigen. Obwohl sie nie recht verstanden hatte, warum sie von daheim weg musste – so früh schon!

Aber so war das halt. Und jetzt durfte sie im schönen Allgäu leben, wo die Menschen schwäbisch denken und fühlen und reden, vor allem, wenn sie stolz betonen, wie guat's der Herrgott doch gemeint hat, als er ihnen üppige Wälder, weite Hügel und saftig-grüne Wiesen schenkte. Und nicht zu vergessen natürlich – die Erdäpfel, die dreimal täglich auf den Tisch kamen. So sicher wie das »Amen!«, das auf jedes Tischgebet folgte.

Nach einigen Wochen und Monaten freilich, als mit der Regelmäßigkeit eines schwäbischen Uhrwerks – mittags wie abends, werktags wie feiertags – immerfort nur jene Bratkartoffeln gereicht wurden – mal kleingewürfelt, mal großgeschnitten, mal blass, mal knusprig –, da fiel's dem Marei zunehmend schwer, dem lieben Gott dankbar zu sein. Verstohlen blickte sie hinauf zum Herrgottswinkel und konnte sich ein »Kannst selber fressen« nur mehr schwer verkneifen. Denn das Schlucken des immer gleichen Erdapfelbreis, der mit jedem Bissen zäher zu werden schien, fiel ihr von Tag zu Tag schwerer. Aber mei, so war das halt, im schönen Allgäu, dachte sich das Marei. Und aß.

Es hat dann einige Monate gedauert, bis das Mädchen bemerkte, dass es durchaus nicht bei allen Allgäuern so war. Eines Tages nämlich, als sie unverhofft das Speisezimmer der Herrschaften betrat, sah Marei, wie auch dort dampfende Kartoffeln gegessen wurden. Freilich als Beilage – zu Braten und Soße! Mitten unter der Woche; genauer gesagt an einem Dienstag! Und just an jenem Dienstag war es dann auch, als im schönen Allgäu ein Mädchen namens Marei vom Glauben abfallen sollte – vom Glauben an die Kartoffeln. Und vom Glauben an den gütigen Gott, der es gut meint mit *allen* Menschen hienieden auf Erden!

Viele, viele Jahre später – genauer gesagt drei Geburten, eine Inflation und einen Weltkrieg später – stand das Marei wieder fast allein da. Wie damals, als sie in Stellung gekommen war. Die Eltern waren lange tot, der Mann auch gerade gefallen, wie im

Jahr davor schon der einzige Bruder: »Kriegerwitwe« stand nun in den Formularen der 33-Jährigen, die stets das letzte Stück Brot ihren drei kleinen Töchtern überließ. Das Marei hatte oft Bauchschmerzen – vor lauter Hunger. Tag und Nacht träumte sie vom Essen. Von Kalbsbraten mit Knödeln und Soße. Von Brathendln und von Böflamott. Nur von Bratkartoffeln hat sie nicht geträumt. Auch später nicht! Nie wieder! Obwohl das Marei über 90 Jahre alt wurde.

Alles wieder gut?
Oder: 10 Mark für einen Tag in der Hölle

Es gibt viele ehrenwerte Tätigkeiten, die auf »-eur« enden – Friseur, Dompteur, Ingenieur. Der »Ariseur« gehört nicht dazu. Mit diesem Begriff verbindet man nämlich die Nutznießer, die in der Nazizeit Vorteile aus der sogenannten »Arisierung« gezogen haben, also aus der Enteignung der Juden und der Verwertung ehemals jüdischen Vermögens. Es gab davon nicht wenige in Deutschland. Nicht nur der NS-Staat profitierte davon, auch Privatpersonen nutzten die prekäre Situation der verfolgten Juden zu ihrem materiellen Vorteil. »Nie wieder kehrende Gelegenheit«, stand da zum Beispiel in Zeitungsannoncen Ende 1939 zu lesen. Und manch einer griff zu – wenn zum Beispiel ein Haus zum Verkauf stand, das einem Juden via Enteignung weggenommen worden war. Die meisten solcher Schnäppchen durften die neuen Eigentümer auch nach 1945 behalten.

Zum Beispiel das Anwesen in der Münchner Widenmayerstraße 27, das Karl Hirsch gehört hatte, bis er als Jude 1939 enteignet wurde. Die neue Eigentümerin bekam bald prominente Mieter – die sogenannte »Vermögensverwertung München GmbH« und der »Beauftragte des Gauleiters für die Arisierung« betrieben von der Widenmayerstraße 27 aus die »Arisierung« und »Entjudung« der Münchner Wirtschaft. Ihr Ziel war es, alle jüdischen Geschäftsleute aus dem öffentlichen Leben der Stadt auszuschließen. Mit Hilfe von Rechtsanwälten und Notaren, die sich dabei goldene Nasen verdienten, wurden jüdische Geschäfte

»unter Preis« vor allem an verdiente Parteigenossen verscherbelt. Auf diese Weise waren Ende 1939 alle 700 Münchner Firmen in jüdischem Besitz systematisch enteignet und zwangsverkauft worden.

Die »Arisierungsstelle« war ein Herzstück des organisierten Antisemitismus' in München. Bis 1943 war man dort mit der »Entjudung« Münchens beschäftigt, schikanierte Menschen, schickte sie in Ghettos oder in Lager. Die Widenmayerstraße 27 war für Münchens Juden der blanke Horror: Beschimpft und gedemütigt, geschlagen und gefoltert wurden sie dort. Am Ende folgte auf den staatlich organisierten Raub der staatlich organisierte Massenmord.

Die Nutznießer dieser Politik machten oft traumhafte Karrieren. Wie beispielsweise der aus Leipzig stammende Modeverkäufer Herbert Georg Stiehler. Ein ehrgeiziger, selbstverliebter und geltungssüchtiger Parvenü, der 1934 nach München kam und dort zunächst im Laden des Modehauses Loden-Frey arbeitete. Schon im Jahr darauf begann sein gesellschaftlicher Aufstieg, als er eine 20 Jahre ältere, wohlhabende Freifrau kennenlernte, die seinem Verkäufer-Charme erlag und ihn protegierte. Bald wurde aus dem Untermieter Stiehler ein Hausbesitzer im feinen München-Bogenhausen. Und ein selbstständiger Geschäftsmann, der das renommierte Stoffgeschäft des alteingesessenen Münchner Juden Heinrich Cohen übernahm. Stiehler kam dabei zugute, dass die Münchner Firma Loden-Frey, die ein Auge auf das benachbarte Geschäft der Cohens geworfen hatte, als »Ariseure« im Hintergrund bleiben wollten. Das 1933 erlassene Einzelhandelsschutzgesetz verbot nämlich eine Konzentration von Branchenriesen. Man zog es also vor, als »stille Teilhaber« bei der neu gegründeten »Herbert Stiehler KG« einzusteigen, die das Cohensche Geschäft kaufte. Zum Vertrag gehörte auch ein Vorkaufsrecht für Cohens zentral gelegene Immobilien, die schließlich an die Erbengemeinschaft der Familie Frey gingen. Es waren echte Münchner Filetstücke, die zur Arrondierung des eigenen Unternehmens von unschätzbarem Wert waren.

Herbert Stiehler freilich ist weniger Geschäftsmann als ein neureicher Partylöwe und Society-Mensch. 1938 lässt er seinen Nachnamen umschreiben: Styler! Das klingt mondäner. Nach mehreren Anläufen gelingt es ihm auch, einen heiß begehrten Titel zu ergattern. Honorarkonsul von Thailand darf er sich jetzt nennen. Übrigens bis 1960. Da wird ihm der Titel entzogen, er führt ihn aber danach immer noch gern. Obwohl es finanziell bald steil bergab ging mit Konsul Styler! Sein »Modell-Stoff-Export-Import« ging pleite. Aber seinem Renommee in der Münchner Bussi- und Champagner-Gesellschaft schadet das kaum. Die Boulevardzeitungen – und mitunter auch sogenannte seriöse Blätter – berichten gern über ihn und die »Diamanten-Wally«, wie seine Frau spöttisch genannt wird. Die Frage, wie der »Ariseur« zu seinem Zeug gekommen war, interessiert im boomenden Nachkriegsdeutschland kaum jemand. Über so etwas redet man nicht.

Umso schwerer haben es die Alteigentümer, die ihre legitimen Besitzansprüche nach dem Krieg anmelden. Ein prominentes Beispiel dafür ist die Porzellanmanufaktur Rosenthal. 1879 im oberfränkischen Selb von Philipp Rosenthal gegründet stieg die Firma zum bedeutendsten Porzellanhersteller Deutschlands auf. Um einer »Arisierung« zuvorzukommen, überschreibt der Katholik Rosenthal, der jüdischer Abstammung war, einen Löwenanteil des Unternehmens an seinen »arischen« Stiefsohn. Aber das reichte den Nazis natürlich nicht. Sie wollten den Firmengründer und seine Familie ganz aus dem Unternehmen drängen.

Dafür brauchte man nur zwei Dinge: eine Bank und eine Pistole! Erst kamen die Banker ins Spiel. Im August 1933 wurde ein Vorstandsmitglied der Bayerischen Hypotheken- und Wechselbank in den Aufsichtsrat der Rosenthal AG gewählt. Er sollte einer der Hauptdrahtzieher der geplanten »Arisierung« werden. Im April 1934 wurde der Vorstand mit weiteren überzeugten Nazis besetzt und Rosenthal seines Vorstandspostens enthoben. Der Aufsichtsrat samt Hypo-Vorstand verkaufte einen Großteil der Aktien an Rosenthals Gegner – unter anderem an eine Tochtergesellschaft der Bayerischen Hypo- und Wechselbank.

Jetzt kommt die Pistole ins Spiel. Als im Oktober 1934 zur Generalversammlung des Unternehmens geladen wird, reisen nicht nur Aktionäre im Anzug an, sondern auch Gestapo-Männer und SS-Leute in Uniform. Die Rosenthals erscheinen trotzdem, um als Aktionäre ihr Stimmrecht auszuüben. Und die Nazis reagieren auf ihre Weise: Der für die »Arisierung« eingesetzte SS-Mann legt ausgefertigte Haftbefehle auf den Tisch. Die Drohung ist eindeutig – die Rosenthals geben auf. Der SS-Hauptsturmführer und weitere Parteigenossen werden in den Aufsichtsrat der AG gewählt. Und die Gründerfamilie wird bald darauf mit einem Knebelvertrag ganz aus der Unternehmensleitung befördert.

Rosenthals Witwe und Sohn Philip gehen ins Ausland. Als sie nach dem Krieg Nachforschungen über den Verbleib ihres Vermögens anstellen, stoßen sie auf erhebliche Schwierigkeiten. Die Militärregierung erweist sich als wenig kooperativ. Und in der Unternehmensleitung sitzen noch dieselben Männer, die in den 1930er-Jahren die Firma mit Gewalt übernommen haben. Nur der SS-Hauptsturmführer hatte seinen Platz als Aufsichtsratsvorsitzender geräumt. Den Posten übernahm der Hypo-Banker!

Und die Herren sind bestens vernetzt – mit Politik, Wirtschaft und der amerikanischen Militärregierung. Vorstandsmitglied Otto

Zöllner zum Beispiel ist ein einflussreicher Mann in der jungen CSU, er hat beste Kontakte zum bayerischen Wirtschaftsminister Dr. Hanns Seidel. Auch der Name »Ochsensepp« kommt bald ins Spiel: Dr. Josef Müller, Mitbegründer und Vorsitzender der CSU sowie bayerischer Justizminister. Der »Ochsensepp« war im Konzentrationslager gesessen; ein Mann des Widerstands, der 1944 wegen seiner Kontakte zur Gruppe um Wilhelm Canaris von den Nazis verhaftet worden war. Trotzdem setzt er sich später als bayerischer Justizminister in der Wiedergutmachungsdebatte vehement dafür ein, dass weder Staat noch einzelne »Arisierungs«-Profiteure Entschädigungen leisten sollen. Schon während des Dritten Reichs war Müller als Rechtsberater von »Ariseuren« aufgetreten, arbeitete für das Eidenschink-Konsortium, das mehrere Brauereien in Bayern »arisiert« hatte. Nach dem Krieg wurde Müllers Anwaltskanzlei in Abwesenheit von einem Dr. Aretz geführt. Jener Aretz war einer von zwei Rechtsanwälten, die die Rosenthal-Unternehmensleitung gegen die Rückerstattungsforderung der Alteigentümerfamilie Rosenthal verteidigten. Der Kreis schließt sich. Das »Netzwerk der Profiteure«, wie der Historiker Jürgen Lillteicher es bezeichnet, sorgt dafür, dass sich das Verfahren in die Länge zieht, obwohl mittlerweile die amerikanische Militärregierung ihre Haltung geändert hat – zugunsten der Familie Rosenthal. Noch 1949 versucht deshalb der bayerische Wirtschaftsminister, bei den Amerikanern zu intervenieren. Vergeblich. Die Vorstandsmitglieder werden suspendiert und suchen Hilfe außerhalb Bayerns. Und sie werden fündig: beim späteren deutschen Wirtschaftsminister und Bundeskanzler Ludwig Erhard. Der ist seit 1948 Direktor der Verwaltung für Wirtschaft und hat gleichzeitig einen Beratervertrag mit der Rosenthal AG. 12 000 Mark jährlich bekommt Erhard, der Mann mit der Zigarre, von den »Arisierungs«-Profiteuern – dafür soll er die Rückgabe der Rosenthal Porzellan AG an die Gründerfamilie verhindern. Aber die US-Militärbehörden durchschauen Erhards Interventionsversuche und stufen ihn fortan als bestechlich ein. Im September 1950 endlich sollte die Familie Rosenthal recht bekommen. Die Entschädigung bleibt freilich weit unter ihren ursprünglichen Forderungen zurück. Philip Rosenthal wird in den folgenden Jahren ein erfolgreicher Unternehmer, für den soziale Gerechtigkeit nicht nur ein Lippenbekenntnis ist. Er beteiligt seine Arbeiter durch Mitbestimmung und Vermögensbildung. Als Politiker sitzt Rosenthal später für die SPD im Bundestag und wird sogar Staatssekretär im Bundeswirtschaftsministerium.

Ganz anders endet die Geschichte eines Juden, der sich ebenfalls nicht abfinden kann mit dem Unrecht, das die Nationalsozialisten begangen haben. Philipp Auerbach ist bestimmt kein einfacher Mensch gewesen: cholerisch, selbstherrlich, chaotisch und machthungrig, sagen die einen. Hilfsbereit, freundlich und gutmütig, die anderen. Eines ist unumstritten: Auerbach war ein Kämpfer für die Wiedergutmachung. Einer, der für die Opfer des NS-Regimes eintrat und unversöhnlich alte Nazis verfolgte. Das schmeckte natürlich nicht jedem in einem Nachkriegsdeutschland, das die Trümmer des Tausendjährigen Reiches wegräumte, um schnell wieder ein besseres Leben zu führen. Wiederaufbau und Antikommunismus standen auf der Agenda. Lautstarke Mahner störten da eher. Aber genau so einer ist jener Auerbach, der die Konzentrationslager Buchenwald und Auschwitz überlebt hat und dessen Stimme gehört wird. Als bayerischer Staatskommissar für rassisch, religiös und politisch Verfolgte, als Präsident des Landesentschädigungsamtes in München und seit Januar 1951 auch als Mitglied des ersten Direktoriums des Zentralrats der Juden in Deutschland streitet er für die Rechte aller NS-Opfer, nicht nur der jüdischen, sondern auch der verfolgten Sinti und Roma sowie der sexuell Verfolgten. Auerbach kritisiert nicht nur den wiederaufkeimenden Antisemitismus jener Jahre, sondern auch die zu lasche Entnazifizierungspolitik der Besatzer. Er fordert für jeden ehemaligen KZ-Häftling eine Entschädigung von zehn Mark pro Hafttag. Dafür soll das Raubgut der Nazis verteilt werden.

»Ein gieriger und rachsüchtiger Demagoge« sei dieser Auerbach, schimpfen seine Feinde. Viele Deutsche machen den Juden damals als neues Feindbild aus. Und es sind keineswegs nur die tausendprozentigen Antisemiten. Denn Auerbach bietet reichlich Angriffsfläche. Er nimmt es nicht immer so genau, wenn er Verfolgten hilft; agiert oft am Rande der Legalität. Selbst unter Deutschlands Juden ist er nicht unumstritten. Nicht alle sehen in ihm den selbstlosen Robin Hood, als der er oft dargestellt wird. Bald wirft man diesem »Cäsar der Wiedergutmachung«, wie *Der Spiegel* Auerbach damals hämisch bezeichnet, Unregelmäßigkeiten vor: die Veruntreuung von Geldern, auch die Fälschung von Dokumenten. Im bayerischen Justizminister und ersten CSU-Vorsitzenden Josef Müller hat Auerbach einen mächtigen Feind. Müller lässt seit 1949 Material gegen ihn sammeln; von einem eigens dafür abgestellten bayerischen Staatsanwalt. Denn es könne doch nicht sein, tönt der Ochsensepp, dass Bayern von einem »jüdischen König« regiert wird.

Müller gehörte in den Reihen der CSU – einer durch Flügelkämpfe in ihren ersten Jahren zutiefst zerstrittenen Partei – zu jenen, die einen milden Umgang mit NS-Mitläufern forderten. Man brauche sie schließlich für den Aufbau des demokratischen Staates und im Kampf gegen den neuen Feind im Osten. So sehen es auch die amerikanischen Militärbehörden, die den Nazi-Jäger Auerbach bald fallen lassen. Der »Oxen-Joe«, wie seine amerikanischen Freunde den Justizminister Müller nennen, sorgt dafür, dass Philipp Auerbach der Prozess gemacht wird. Und was für einer!

Der außerplanmäßig eingesetzte Richter – ein früherer Kollege in Müllers Rechtsanwaltskanzlei – war im Dritten Reich Oberkriegsgerichtsrat gewesen. Auch sonst war viel braune Vergangenheit im Saal! Der Vorsitzende, die Staatsanwälte, ein Beisitzer und der psychiatrische Sachverständige – allesamt waren Mitglieder der NSDAP gewesen. Ein weiterer Beisitzer des Gerichts hatte sogar der SA angehört. Von einer Stunde null konnte nie die Rede sein in der westdeutschen Justiz der 1950er-Jahre!

Kein Wunder also, dass der Auerbach-Prozess eindeutig antisemitische Züge trägt. Die deutsche Öffentlichkeit stört es nicht, im Gegenteil. Es hagelt einschlägige Leserbriefe. Auch die Medien – allen voran *Der Spiegel* und die *Süddeutsche Zeitung* – stoßen damals ins selbe Horn. Obwohl der Hauptbelastungszeuge unglaubwürdig ist und zahlreiche Zeugen Auerbach entlasten, wird der mittlerweile gesundheitlich schwer angeschlagene 45-Jährige am 14. August 1952 wegen diverser Delikte zu einer Gefängnisstrafe von zweieinhalb Jahren und einer Geldstrafe von 2700 D-Mark verurteilt. Obwohl Auerbachs Vergehen recht überschaubar waren, denn den Hauptanklagepunkt – die angebliche Veruntreuung von Entschädigungsgeldern – mussten die Richter fallen lassen. Auerbach ist dennoch ein gebrochener Mann. Zwei Tage nach dem Urteil nimmt er sich mit Schlaftabletten das Leben. In seinem Abschiedsbrief schreibt er: »Ich habe mich niemals persönlich bereichert und kann das entehrende Urteil nicht weiterhin ertragen. Ich habe bis zuletzt gekämpft – umsonst (…). Mein Blut komme auf das Haupt der Meineidigen.«

Als Auerbach am 18. August 1952 auf dem Jüdischen Friedhof in München beerdigt wird, sind Tausende dabei. Es kommt zu

Tumulten. Die Münchner Polizei setzt Wasserwerfer ein. Auf einem Transparent steht zu lesen: »Bist Du nun zufrieden, Josef Müller?«

Der bayerische Justizminister und stellvertretende Ministerpräsident kann nicht zufrieden sein. Denn er stolpert selbst über die Affäre und muss am 26. Mai 1952 von seinem Ministeramt zurücktreten. Nicht nur weil sich herausstellte, dass Müller jahrelang Material gegen Auerbach sammeln ließ. Nein, es ist wieder einmal der Flins, der in den Abgrund führt: Müller hat nämlich 1950 vom Landesrabbiner Aaron Ohrenstein eine Spende über 20 000 Mark bekommen. Als im Sommer 1952 vor einem Untersuchungsausschuss im bayerischen Landtag die Auerbach-Affäre verhandelt wird, kann der Ochsensepp nicht belegen, wo das Geld hingekommen ist. Er muss als Justizminister zurücktreten und verschwindet danach in der politischen Bedeutungslosigkeit. Der Fall Auerbach aber ist damit noch nicht zu Ende. Nach 31 Sitzungstagen und 39 Zeugenvernehmungen findet am 20. Januar 1954 die letzte Sitzung des Untersuchungsausschusses im bayerischen Landtag statt. Der viel gehasste und in den Tod getriebene Philipp Auerbach wird am Ende in vollem Umfang rehabilitiert.

Ochsenbraten de luxe – Geiz und Gier am Mittagstisch

Wer beim Lesen dieser Zeilen gerade über einem Schweinernen oder einem Hirschragout sitzt, der möge an den altbewährten elterlichen Satz denken: »Beim Essen wird nicht gelesen!« Ob er oder sie jetzt mit dem Essen oder lieber mit dem Lesen aufhört, bleibt natürlich jedem und jeder selber überlassen. Letzteren sei hiermit ein guter Appetit gewünscht. Aber auch für die anderen gilt der Hinweis, dass ein stabiler Magen in den kommenden zehn Lektüre-Minuten nicht schaden kann. Denn es geht um kulinarische Auswüchse auf dem Essensteller!

Nun gehören Geiz und Gier ja bekanntlich zu den katholischen Todsünden. Der lateinische Begriff »Avaritia« beschreibt dabei recht treffend die zwei Seiten einer Medaille – nämlich die übertriebene Sparsamkeit in Verbindung mit dem Unwillen, Güter zu teilen. Oder um es mit den Worten des großen bayerischen Poeten Fredl Fesl zu sagen: »D'Bauern nix hergeben's / fallera – selber fressen's.« Diese uralte Gstanzl-Zeile, die einen offenbar weit verbreiteten Fall von kulinarischem Geiz im ländlichen Raum beklagt, kommt in einem Fesl-Jodler von 1976 vor, der den bezeichnenden Titel *Schimmelwirt* trägt. Wer oder was sich hinter dieser Wirtschaft genau verbirgt, lässt Fesl offen. Der Begriff Schimmel wird nicht weiter problematisiert. Wir können an dieser Stelle also nicht genau sagen, ob es sich um Schimmel im mikrobiologischen Sinn handelt; also um filamentöse Pilze, etwa Schlauchpilze oder Jochpilze. Oder aber um etwas ganz anderes. Einhufer zum Beispiel, also weiße Pferde. Eventuell könnte es sich bei Schimmel auch um eine Meerschweinchenrasse handeln, die diesen Namen trägt. Detaillierten Aufschluss darüber hätten nur mikrobiologische Untersuchungen in den Räumen des gastronomischen Betriebs geben können. Oder aber ein Blick auf die Speisekarte des »Schimmelwirts«. Beides hat nicht stattgefunden beziehungsweise ist nicht überliefert. Was vielleicht auch ganz gut so ist. Denn eines liegt auf der Hand – der Schimmelwirt und seine Gäste haben es in Hygienefragen nicht immer allzu genau genommen. Deshalb lautet die Eingangsstrophe des Fesl-Jodlers auch:

Neilich beim Schimmelwirt
falleri – is ma wos passiert – fallera
ham's ma in Huat einegsoacht
faller-i war boid dawoacht.

Wer sich ein wenig mit den Leitlinien für gute Hygienepraxis in der Gastronomie auskennt – auch für Nicht-Wirte übrigens ein durchaus spannendes Thema, bei dem man viel Geld sparen kann, weil man nur noch selten auswärts zum Essen geht –, der weiß natürlich, dass Toiletten stets strikt getrennt sein müssen von Räumen, in denen mit Lebensmitteln hantiert wird. Solche Verordnungen sind keine bürokratische Schikane, sondern durchaus sinnvoll, weil man als Gast, der sich zum Beispiel beim Schimmelwirt – sagen wir einmal – einen Meerschweinchenbraten mit Funghi-Soße gönnt, nur äußerst ungern zuschauen will, wie am Nachbartisch ein triefnasser Hut von einem zum anderen gereicht wird.

Ein wenig Hygiene möcht' also schon sein, vor allem während des Essens. Nun hat sich der bayerische Barde Fesl nicht nur als Poet einen großen Namen gemacht, er hat sich auch als wahrer Seher erwiesen, der die Missstände schon früh erkannt und angeprangert hat. Keine drei Jahrzehnte nach Fesls »Schimmelwirt«-Prophezeiungen wurde nämlich das in kulinarischen Fragen oft so stolz und patriotisch daherkommende Bayern durch eine ganze Reihe von Lebensmittel-Skandalen erschüttert. Von München bis Deggendorf, von Passau bis Illertissen, von Metten in Niederbayern bis ins schwäbische Wertingen – so schnell konnte der Verbraucher gar nicht schlucken, wie ihm die Leckerbissen auf den Küchentisch geworfen wurden. »Aus bayerischen Landen« drohte zum veritablen Warnhinweis zu werden. Mal war es Rind, mal war es Ente – Hauptsache abgelaufen und stellenweise »a weng dafeit«, also angeschimmelt – was dann dazu führte, dass Gammelfleisch bald in aller Munde war. Und zwar nicht nur der Begriff, der es im Jahr 2005 immerhin auf Platz fünf beim Wettbewerb um das Wort des Jahres geschafft hat.

Und wie immer, wenn's rekordverdächtig werden sollte – also Champions-League-mäßig! –, war das Bayern der Ära Stoiber ganz vorn mit dabei. Besonders innovativ war man hierzulande im Umgang mit der heimischen Artenvielfalt. So mancher Elch im Edelgulasch erwies sich bei genauerem Hinschmecken als Hirsch – ja mei, warum auch nicht, wir leben schließlich in einem liberalen Land, da darf sich jeder äußern, wie ihm der Schnabel gewachsen ist – und sei's ein Ross, das aus dem Rindsragout rauswiehert.

Das kulinarische Motto jener Jahre schien offenbar zu lauten: »D'Leid fressn's scho! Fressn ja sonst aa ois!« Die Gammelfleisch-Gauner mussten jedenfalls lange Zeit nicht mit Küchenverbot rechnen. Der Untersuchungsausschuss »Wildfleisch« im Bayerischen Landtag kam zu dem Ergebnis:

Eine Kultur des Wegschauens bayerischer Behörden ist deutlich nachgewiesen. Es gab und gibt kriminelles Handeln. Es gab Verhalten der Kontrollbehörden, das jenseits von Gut und Böse war – die Aufsichtsbehörden sind ihrer Aufgabe nicht gerecht geworden.

Um ganz ehrlich zu sein, besonders streng ist man in Verbraucherschutzfragen hierzulande noch nie gewesen. Außer natürlich, wenn's darum geht, die Wirtschaft vorm Verbraucher zu schützen. Da hört sich der Spaß ganz schnell auf. Weshalb es auch konsequent war, dass der seinerzeitige bayerische Umweltminister Werner Schnappauf sofort Hauptgeschäftsführer des Bundesverbandes der Industrie (BDI) werden durfte, nachdem er als Verbraucherschutzminister nicht mehr tragbar war. Schnappauf war ja bekanntlich ein renommierter Raubtierjäger. Er war's schließlich, der unseren »JJ1« erlegen ließ, obwohl Problembär Bruno seit über 170 Jahren der erste seiner Art in Deutschland war. Bis »Schni-Schna-Schnappi« mit seinem Schießgewehr kam – und vorbei war's mit der Rumbärerei am Spitzingsee! Freilich, den bayerischen Saubären aus der Gammelfleisch-Produktion ist unser tapferer Minister leider nicht Herr geworden. Wie auch? In solchen Dingen hat ein bayerischer Politiker ja wenig Erfahrung. Er weiß zwar vielleicht grad noch, wann's der Sau graust. Aber dem Endverbraucher? Ein ewig Rätsel …!

Das war übrigens früher schon so. Gleich nach dem Krieg zum Beispiel hatte der Kantinenwirt vom Bayerischen Landwirtschaftsministerium den Beamten jahrelang nicht ganz einwandfreies Fleisch aus der Freibank als Mittagessen vorgesetzt – angepriesen als feiner Ochsenbraten oder als Rindsgulasch. Die Agrarbeamten aßen widerstandslos. Vermutlich mit geschlossenen Augen und Nasen – na ja, die vielzitierte »Kultur des Wegschauens« bei bayerischen Behörden eben. Das Landgericht München fand diese Speisekarte aber nicht so prickelnd und verknackte den Kantinenwirt am 29. Dezember 1953 zu 15 Monaten Gefängnis und 400 DM Geldstrafe wegen fortgesetzter Untreue und Amtsunterschlagung. Das Fleisch sei zwar nicht direkt gesundheitsgefährdend gewesen, meinten die Richter, aber »bei Kenntnis der Zusammenhänge wäre es wohl nur mit Ekel genossen worden«. Tja, bei Kenntnis vielleicht schon, könnte man an dieser Stelle einwenden. Aber welcher Beamte hatte die schon? Bis auf die Vorgesetzten des Kantinenwirts! Die haben den Braten nämlich schon gerochen. Aber vermutlich dachte man sich in der Behörde: Für einen bayerischen Ministerialbeamten ist es allerweil noch gut genug. Der CSU-Landwirtschaftsminister Alois Schlögel ging jedenfalls ungeschoren aus der Kantinenaffäre hervor. Womit wieder einmal bewiesen wäre, dass erstens: Rindsgulasch kein Rücktrittsgrund, zweitens: Saumagen keine rein Pfälzer Spezialität, und drittens: Der Bayer ein Allesfresser ist!

Womit wir wieder bei der Gier wären. Jener grenzenlosen Gier nach Flins und Fleisch. Nun muss zur Verteidigung christlicher Politiker gesagt werden, dass selbst die Bibel hier nicht ganz eindeutig ist. Zwar heißt es in Matthäus 6,24 durchaus profitkritisch: »Ihr könnt nicht Gott dienen und dem Mammon.« Aber schon im folgenden Satz wird die Position der Endverbraucher wieder empfindlich geschwächt: »Sorgt nicht um euer Leben, was ihr essen und trinken werdet.«

Und genau so machen es die kreuzbraven Bayern bis heute. Sie sorgen sich nicht. Mag der Braten auch noch so zum Himmel stinken, eine himmelschreiende Sünde sind solche kulinarischen Unappetitlichkeiten bis heute nicht. Auch wenn die bairische Hochsprache viele schöne Wörter parat hält für geizige, habgierige, ja betrügerische Menschen, also sogenannte Rossdaischa (unehrliche Leute) und Noudnigl (Geizhälse), die sogar »de Laus um an Boig schindn«, also das Allerletzte mit Gewalt herauspressen und dabei sogar verdorbenes Fleisch auf den Markt bringen. »Ruachad« sans halt – geizig und habgierig. Und nimmersatt. Aber das trifft wohl nicht nur auf die Produzenten zu. Wie sagt man so schön in Altbayern: »Nua a Sau frisst alloa!« Stimmt genau. Zu den Gammelfleisch-Geschichten gehören nämlich immer zwei. Der eine, der's liefert, und der andere, der's frisst. Möglichst viel, möglichst oft und möglichst billig.

Und wem's dann doch graust vor dem ganzen Gammelfleisch? Der hat vielleicht bald schon eine Do-it-yourself-Alternative im Hightech-Land Bayern: Man nehme ein Packerl Weizenmehl, verarbeite es mit Wasser zu einem festen Teig und jage ihn durch den 3-D-Drucker, der vorher auf »Kalbshaxe« programmiert wird. Fertig ist der Sonntagsbraten! Aber man kann natürlich auch zum Bio-Bauern gehen und sich ein echtes Haxerl holen. Für ein paar Euro mehr. Andernfalls gilt nämlich wieder die eingangs zitierte Weisheit des großen bayerischen Poeten Fredl Fesl: »D'Bauern nix hergeben's / fallera – selber fressen's.«

Rauchender Flins – Zigaretten als Währung

Manchmal verdampft er förmlich, der Flins! Grad war man noch am Bankautomaten und schon ist er wieder leer, der Geldbeutel. Alles in Luft aufgelöst! Was bleibt, ist ein schaler Nachgeschmack! Und kein gutes Gefühl! Manchmal aber verdampft er sogar buchstäblich, der Flins – wenn die Zeichen der Zeit auf Rauch und Asche stehen! Wie in den Jahren 1945 ff. Dann werden plötzlich kleine weiße Stäbchen, die eigentlich dafür vorgesehen sind, sich demnächst im Nichts aufzulösen, zur harten Währung. Zumindest so lang sie noch nicht in Gasform übergegangen sind. Wer so eine Ungerauchte in der Tasche trug, besaß in jenen Nachkriegsjahren ein solides Zahlungsmittel mit allerlei Vorzügen: Zigaretten sind handlich, bei richtiger Lagerung gut haltbar, in der Regel schwer zu fälschen und in Größe und Gewicht überall auf der ganzen Welt ziemlich gleich. Und war's dann auch noch die richtige Marke, dann war der Mensch glücklich; nicht nur der rauchende. Eine »Ami« zum Beispiel, also eine US-amerikanische Zigarette, war Gold wert. Wer sie hatte, war der King oder die Queen auf dem Schwarzmarkt.

So wie jener lustige Rheinländer aus der Kölner Gegend, der im Frühjahr 1946 auf große Hamsterfahrt durch Altbayern ging und seine verbotenen Geschäfte machte. Mit Wäsche und Toilettenartikeln, vor allem aber mit Tabakwaren ausgestattet, konnte er ohne Passierschein die englisch-amerikanische Zonengrenze überwinden. Im oberbayerischen Landkreis Altötting tauschte er seine Mangelware sogar gegen ein Ochsenfuhrwerk. Und das konnte er auch gut gebrauchen, denn der hamsternde Rheinländer hatte mittlerweile schon fünf Zentner Kartoffeln und einige hundert Eier »schwarz« eingetauscht. Zu viel zum Tragen also! Aber das Problem sollte ihn nicht allzu lang quälen. Im Mai 1946 schnappte ihn nämlich die Landpolizei und knüpfte ihm die Hamsterware ab. Nicht zuletzt die heiß begehrten Zigaretten.

Auf die war auch der junge Mann spezialisiert, der im Februar 1946 vor dem Militärrichter in Passau landete. Eigentlich war er als Autoputzer bei einer amerikanischen Einheit tätig. Er gab sich aber auch gern mal als Koch und sogar als Korporal der US-Armee aus. So eine Uniform war offenbar gut fürs Geschäft, denn der 20-Jährige betrieb Schwarzmarkthandel im größeren Stil. Schokolade lieferte er stets in großen Papiertüten, und die Zigaretten schleppte er gleich kartonweise heran. Beides natürlich nur gegen gutes Geld. 25 alliierte Mark verlangte der Autoputzer für ein Päckchen »Amis«. Wer nur mit deutscher Währung zahlte, musste ihm schon 60 Reichsmark hinlegen. Auch Uhren, Ringe und andere Schmuckgegenstände wechselten auf diese Weise den Besitzer. Bis die Sache aufflog. Der Militärrichter in Passau kannte keine Gnade und verurteilte den 20-Jährigen zu einem Jahr Gefängnis und 1000 Reichsmark Geldstrafe.

Allen Festnahmen zum Trotz ging der Handel auf dem Schwarzmarkt natürlich munter weiter – nicht nur in Passau. Vor allem für Zigaretten, die inoffizielle Leitwährung jener Jahre, konnte man vieles bekommen. Brot, Fleisch, Butter – oder die jeweiligen Bezugsscheine dafür. Aber auch Cognac, Kaffee oder teure Fotokameras waren zu haben. Mit Zigaretten ging alles, wenn's bloß keine selbstgezogenen Lungentorpedos vom heimischen Balkon waren. Für die deutsche Nachkriegsware wurden aus Mangel an Orienttabaken meist Pflanzen aus heimischen Schrebergärten verwendet. Echte Hustenlöser also! Nein, gefragt waren vor allem Camel, Lucky Strike oder Chesterfield, die die amerikanischen Besatzungssoldaten mit ins Land und unters Rauchervolk brachten. Für die ist so mancher bayerische Nikotin-Junkie tatsächlich meilenweit gelaufen.

Begonnen hat die Karriere der Zigarette als Zahlungsmittel bereits in der Nazizeit, Anfang der 1940er-Jahre. Obwohl Adolf Hitler ein militanter Nikotingegner war und dem deutschen Volksgenossen das Nichtrauchen zur ideologischen Pflicht wurde, konnte Deutschland in Kriegszeiten nicht auf die Glimmstängel verzichten. Rauchen dämmt bekanntlich den Hunger, entspannt und regt gleichzeitig an. Perfekt für den Landser im Schützengraben, der nie wusste, wann sein Stündlein geschlagen hatte. Die Zigarette wurde zum Ritual: Wer weiß, ob's nicht die letzte ist? Und auch an der Heimatfront war sie zum beliebten Tauschmittel für vieles geworden. Schon vor Kriegsbeginn bekam man Nahrungsmittel und andere Zivilgüter nur noch gegen monatlich ausgegebene Lebensmittelmarken und Bezugsscheine. Die Reichsmark verlor dadurch an Bedeutung. Seit Anfang 1942 wurden dann auch Tabakwaren im ganzen Reich nur noch gegen Kontrollkarten abgegeben. Für anständige Nikotinisten reichten die zugewiesenen 40 Zigaretten im Monat natürlich nie aus. Weil aber auch Nichtraucher solche Tabakkarten erhielten, setzte bald ein schwunghafter Handel ein. Sie waren nicht namentlich gekennzeichnet, konnten also leicht verkauft oder gegen Lebensmittelmarken und Naturalien getauscht werden. Die Fluppe wurde immer wertvoller. Mitte 1943 wechselte eine Vier-Pfennig-Zigarette bereits für 60 Pfennig den Besitzer. In den letzten Kriegsmonaten stieg der Tauschgegenstand Tabak dann zur festen ökonomischen Größe auf. Und mit der Kapitulation avancierten Zigaretten endgültig zum Zahlungsmittel auf dem Schwarzmarkt.

Als die Alliierten Deutschland besetzten, betrugen die Schulden nämlich stattliche 400 Milliarden Reichsmark, die nur zu einem guten Viertel durch vorhandene Sparkonten gedeckt waren. Den Rest hatte die Notenpresse beigesteuert. Es war also bereits eine große Geldmenge im Umlauf, als auch noch das Besatzungsgeld auf den Markt kam. Der Geldüberhang war immens, während das Angebot an Waren immer geringer wurde. Kriegsschäden, Rohstoffmangel, Flüchtlingsströme, Zwangsbewirtschaftung – es fehlte hinten und vorne an allem, vor allem an Heizmaterial und an Lebensmitteln. Und die Reichsmark war als Zahlungsmittel längst am Ende. Wer überleben wollte, musste also auf dem Schwarzmarkt tauschen und hamstern. Dort regierte das neue Geld – die Sachwertwährung! Vor allem »die Ami«-Zigarette war die Königin unter diesen neuen Zahlungsmitteln. Denn sie hatte ganz nebenbei einen großen Vorteil: Egal wie viele man davon auf den Markt brachte, es kam nie zu einer Inflation, weil sie bald schon in Rauch aufgingen. Ein klassisches Schwundgeld also!

Im Winter 1947/48 verschärfte sich die Krise in ganz Deutschland dramatisch. Auch in Bayern, wo die letzte Ernte wegen Trockenheit besonders schlecht ausgefallen war. Der allgemeine Mangel wurde damals in Frankfurt am Main verwaltet, vom sogenannten Verwaltungsrat des Vereinigten Wirtschaftsgebietes. Der erfasste zwangsweise alle Lebensmittel und kontrollierte die Preise. Kritik an der Wirtschaftspolitik des Verwaltungsrates kam damals nicht zuletzt aus Bayern. Aber die CSU-geführte Staatsregierung konnte nicht verhindern, dass von November 1947 an die Lebensmittelrationen im Land schrittweise gekürzt wurden. Es kam zu ersten Streiks in bayerischen Städten. Als dann in der britischen Besatzungszone, vor allem im Ruhrgebiet, Hungeraufstände drohten, griff die amerikanische Militärregierung ein.

Bayern musste mehr Nahrung an die britische Zone abliefern. Die Fleisch- und Fett-Zuteilungen für bayerische Bürger wurden deshalb noch weiter herabgesetzt. Ein Erwachsener sollte im Monat nur noch 75 Gramm Fett und 400 Gramm Fleisch bekommen. Diese Rationierung ging vor allem auf Kosten der einfachen Leute. Und die waren empört, weil es immer noch zahlreiche »Luxusgaststätten und Schlemmerlokale« gab, wo »Schieber« und andere »Wirtschaftsverbrecher« in Saus und Braus lebten. »Die gehören sofort verhaftet und enteignet«, forderte der Bayerische Gewerkschaftsbund Anfang 1948. Die Staatsregierung und die amerikanischen Besatzer witterten hinter solchen Forderungen kommunistische Drahtzieher. Und taten wenig gegen die Not. Also forderten bayerische Gewerkschafter und Betriebsräte zur Arbeitsniederlegung auf. Am 23. Januar 1948 wurde ein 24-stündiger Generalstreik ausgerufen.

An jenem Freitag demonstrierten auf dem Münchner Königsplatz mehrere zehntausend Menschen für wirksame Maßnahmen gegen den Schwarzmarkt. Sogar die »Todesstrafe für Großschieber« wurde auf Plakaten gefordert. In ganz Bayern streikten mehr als eine Million Arbeitnehmer. Satt machte sie das freilich noch nicht. Deshalb war es auch nicht die letzte Demonstration gegen Hunger und Ungerechtigkeit. Die große Streikwelle setzte im Frühjahr ein. Kurz danach, im Sommer 1948 trat dann in den drei westlichen Besatzungszonen die Währungsreform in Kraft. Das Geld wurde abgewertet und die Preise schossen in die Höhe. Nur Grund und Boden, Produktionsmittel und gehortete Waren blieben von der Reform unangetastet. Deshalb gingen die Proteste weiter, weil auch die Ungerechtigkeit bestehen blieb. Und weil der Hunger vielen Menschen in den Knochen steckte.

Was aber hilft gegen Hunger, wenn es absolut nichts zu essen gibt? Genau, Rauchen! Die Zigarette war weiterhin allgegenwärtig. Als Nebenwährung verlor sie allerdings mit der Reform von 1948 langsam ihre Bedeutung. Was die amerikanische Militärregierung mit ihren Verboten und empfindlichen Strafen nicht geschafft hatte, nämlich den Schwarzmarkt einzudämmen, erledigte jetzt die neue D-Mark. Sie wurde zu jenem Geld, an das die Menschen wieder glaubten. Ein Statussymbol für die neue Zeit und den Aufschwung. Und vor allem Geld, für das man bald schon wieder etwas kaufen konnte. Die Schaufenster der Läden waren jedenfalls bald wieder voll. Und die Zeit der Zigaretten-Währung vorbei. Aber die »Ami« als Zeichen für Freiheit und Wohlstand blieb erhalten. Rauchte man vor dem Krieg hierzulande vor allem Zigaretten aus würzigen Orienttabaken, hatte jetzt die »American Blend« mit ihren hellen Virginia-Tabaken die Lungen der bayerischen und deutschen Raucher erobert. Und der Flins löste sich weiterhin buchstäblich in Luft auf.

Sakra! Famiglia! – Flins und Filz im Freistaat Bayern

In der Familie suchen und finden Menschen Liebe, Geborgenheit und gegenseitige Hilfe.
(CSU-Grundsatzprogramm 2007)

Nun ist Bayern ja ein christliches Land, in dem der Dies cinerum, der Tag der Asche, seit Jahrhunderten eine große Bedeutung hat. Und zwar nicht nur als Startschuss für die Fastenzeit, in Erinnerung an die vierzig Tage, die Jesus betend in der Wüste verbrachte. Sondern auch als ein besonders symbolträchtiger Tag im Jahreskreis – die Palmzweige des Vorjahres werden verbrannt, die Asche wird gesegnet und den Gläubigen aufs Haupt gekreuzt oder gestreut. Ein Tag der Buße und Reue also! So steht's schon im Alten Testament, Jona 3,6: »Als die Nachricht davon den König von Ninive erreichte, stand er von seinem Thron auf, legte seinen Königsmantel ab, hüllte sich in ein Bußgewand und setzte sich in die Asche.«

Bekanntlich ist der bayerische Ministerpräsident aber nicht der König von Ninive. Das wusste auch der Oberammergauer Hoteliersssohn und studierte Jurist Max Streibl – denn immerhin war er ja als Bub bei den Passionsfestspielen seines Heimatorts »Dritter Engel von links« gewesen, wie sein Vorgänger im Amt des Ministerpräsidenten, der 1988 verstorbene Franz Josef Strauß, immer wieder einmal gern spöttisch anmerkte. Und als Ettaler Klosterzögling wird Streibl wohl auch so bibelfest gewesem sein, dass ihm die tiefere Bedeutung des Dies cinerum nicht völlig verborgen geblieben war.

Trotzdem dachte Max Streibl am 24. Februar 1993 gar nicht daran, seinen weiß-blauen Königsmantel ab- und ein Bußgewand anzulegen, um sich am Boden der Passauer Nibelungenhalle in der Asche zu wälzen. Nicht, dass nicht genügend Asche aus verbrannten Palmzweigen vorhanden gewesen wäre – immerhin hatte Streibl in den Jahren zuvor so einige Privatreisen in palmenbestandene Weltgegenden unternommen, nach Brasilien oder beispielsweise nach Kenia. Und unseligerweise war ausgerechnet kurz vor Aschermittwoch bekannt geworden, dass einige dieser Reisen von Streibls altem Schulfreund Burkhart Grob bezahlt worden waren, der als Flugzeugbauer seinen Flins verdiente. Im Gegenzug hatte sich Streibl in seiner Zeit als bayerischer Finanzminister für seinen Spezl kräftig ins Zeug gelegt, damit der den Zuschlag für einen Großauftrag und hohe Fördermittel bekam.

Nun ist aber der Aschermittwoch in Bayern nicht nur ein Tag der Buße, an dem man sich Asche aufs Haupt streut, sondern vor allem auch einer, an dem man mit Baaz wirft – also mit Dreck –, und zwar auf die anderen. Zumindest, wenn man ein gestandener bayerischer Politiker sein will. Weil jedoch in jenem Jahr die Baaz-Brocken schon von allen Seiten geflogen kamen, und zwar genau in seine Richtung, beschloss Max Streibl, den politischen Aschermittwoch diesmal eher absurd-humoresk anzugehen und die Affäre ins Lächerliche zu ziehen. Deshalb grüßte er seine Zuhörer in der Nibelungenhalle mit »Saludos Amigos!« und stellte in seiner Rede die rhetorische Frage: »Freunde zu haben, ist das eine Schande bei uns in der CSU?«

Die notorischen Jubel-Bayern der Partei klatschten wie üblich bierselig und nibelungentreu, aber Pfiffe gab's an jenem

Mittwoch auch schon. Offenbar ahnten einige bereits, was die Höhenanzeiger politischer Umfragen bald aufs Komma genau registrieren sollten. Nämlich, dass der fernreisebegeisterte Streibl gerade aus einem Flugzeug in höchster Höhe ausgestiegen war – und zwar ohne Fallschirm. Freilich, zurückgehalten hat ihn dabei von seinen Parteifreunden keiner. Im Gegenteil. In den kommenden Frühjahrswochen konnte das geneigte Politikpublikum jedenfalls dem »Dritten Engel von links« beim freien Fall aus weiß-blauem Himmel zuschauen. Sein Aufschlag war am 27. Mai bundesweit zu hören: Streibl trat von allen Ämtern zurück.

Nachfolger als bayerischer Ministerpräsident wurde Edmund Stoiber, der angesichts der Umfragewerte nach der Amigo-Affäre und dem Aschermittwoch unverzüglich Läuterung und brutalstmögliche Aufräumarbeiten versprach – sozusagen den permanenten Karfreitag der CSU! Jedenfalls bis zur Auferstehung aus dem Umfragegrab!

Im Rest der Republik hatte man sich mittlerweile schon Gedanken gemacht, ob angesichts der südländischen Redebeiträge bayerischer Spitzenpolitiker vielleicht demnächst auch mit einer Umbenennung der gesamten Partei zu rechnen sei: etwa in COSA SACRA UNITA oder COSA SACRA UNIONE. Was aber dann – vielleicht wegen der Namensähnlichkeit zu süditalienischen Organisationen, die in einem doch etwas andersgearteten Geschäftsbereich tätig waren – selbst im Norden der Republik nicht weiter erörtert wurde. Was Carl Amery in seinem Buch *Leb wohl geliebtes Land des Bayern* mit der Überschrift »Die Achse München-Palermo« angesprochen hatte, war nun freilich nicht mehr zu übersehen: Das Vorbild des Großen Vorsitzenden Franz Josef Strauß hatte Spuren hinterlassen.

Es konnte nicht ausbleiben, daß in dem verzweigten Grabensystem, das die Hegemonie der Staatspartei schuf und befestigte, die Werte- und Unwert-Ströme des Ökonomismus ziemlich freizügig hin- und herschwappen: zwischen Wirtschaft, Justiz und Verwaltung, zwischen Instituten und Institutionen, unter- und oberhalb der Kriminalitätsschwelle.

Nun hatte der Große Vorsitzende, dessen politische und private Vita an Skandalen nicht arm war, zu Lebzeiten das verzweigte Grabensystem gut überblickt, denn er hatte es ja selbst ausgehoben und ganz auf seine Person zugeschnitten. Hans Maier, ein integrer CSU-Politiker, Freigeist und Katholik, der viele Jahre als bayerischer Kultusminister unter den Ministerpräsidenten Alfons Goppel und Franz Josef Strauß gedient hatte, war mit Strauß immer wieder heftig aneinandergeraten, bis er 1986 von seinem Amt zurücktrat, weil Strauß das Ministerium aufspaltete. Auch vom Typ her waren die beiden höchst unterschiedlich. Maier formulierte es 2011 in einem Interview mit der *Süddeutschen Zeitung* so:

Strauß bezog alles ein, auch die Familie. Bei mir war das Persönliche immer außerhalb der Politik, bei Strauß war es mittendrin. Er hat mir zum Beispiel übel genommen, dass ich bei der Hochzeit seiner Tochter nicht dabei war. Da hat er das ganze Kabinett eingeladen. Die fuhren da mit der Kutsche über den Marienplatz, das ging mir gegen den Strich. Ich habe Politik immer aufgefasst als eine zeitlich befristete Aufgabe. Er dagegen war ein Politiker von Grund auf, ein ...
SZ: *politisches Tier ...*
Ja, genau. Das muss man anerkennen.

Das »politische Tier« war das zweite Kind eines Metzgers aus der Münchner Schellingstraße – ein Mann aus dem Volk, der dessen Sprache beherrschte, ein glänzender, hemdsärmeliger und nicht selten nassgeschwitzter Redner, der komplizierte Sachverhalte einfach darstellen konnte, mit lateinischen Zitaten und einer Prise spöttischem Humor würzte und sein Publikum nie langweilte. Zugleich war er auch ein gnadenloser Aufsteiger – humanistisches Gymnasium, Jahrgangsbester, Politkarriere in Bonn! Ein machtbegeisterter Überflieger (später auch ein technikvernarrter und mitunter halsbrecherischer Hobbyflieger). Die obligatorische Metzgerfrage »Darf's ein bisserl mehr sein?« hat der ehrgeizige und taktisch gewiefte Mann wohl nur selten mit Nein beantwortet. Mehr Macht, mehr Einfluss, mehr Geld, mehr Feind, mehr Ehr'! Alles her damit! Von allem durfte es stets ein bisserl mehr sein. Nicht nur beim Essen und Trinken, auch bei seinen emotionalen Ausbrüchen, die selbst gestandene Mannsbilder im näheren Umfeld einzuschüchtern vermochten: »Schwierig war es, wenn er plötzlich ausrastete und sich in wenigen Sekunden in ein Bündel von Wut und Aggression verwandelte. Dann war er oft nicht mehr Herr seiner selbst«, erinnert sich Hans Maier. »Ich habe immer gedacht, ein Politiker muss sich doch vor allem selber beherrschen. Wenn einer so völlig außer Kontrolle gerät, der wird nie ganz oben landen. Und da wollte Strauß ja immer hin.«

Was bekanntlich nie gelang. Aber für eine Quasi-Monarchie im »schönsten Amt der Welt«, mit weltweiten neben-außenpolitischen Ambitionen, hat es ein Jahrzehnt lang doch gereicht. Nachdem Alfons Goppel als bayerischer Ministerpräsident 16 Jahre lang ein echter Landesvater war – integrierend, für alle Bürger da, kooperationswillig auch gegenüber der Opposition –, kam 1978 der langjährige Parteivorsitzende und Bonner Minister Strauß, der die Welt schon immer in Freund und Feind einteilte. Ein charismatischer Mann, der für und von der Politik lebte und auf unverwechselbar bullige und stiernackige Weise nach einem gleichsam autokratischen Motto regierte: Wer nicht für mich ist, ist gegen mich! Ein bayerischer Herrscher mit schwindelerregend hohen Wahlergebnissen, der nach seinem plötzlichen Tod 1988 von 100 000 Menschen fast wie ein König zu Grabe getragen wurde. Ein mächtiger Mann, der zu Lebzeiten kleinste Illoyalitäten als Majestätsbeleidigung deutete. Kein Wunder also, dass Strauß seine scharfen Attacken nicht nur gegen die Opposition ritt, sondern gegebenenfalls auch gegen Parteifreunde oder Staatsbeamte, die nicht in seinem Sinne handelten. Oder ihm schlicht und ergreifend auf die Nerven gingen.

Mancher mag sich dabei an einen frühmittelalterlichen Personenverbandsstaat erinnert gefühlt haben, in dem Herrschaft auf einem persönlichen Abhängigkeitsverhältnis zwischen Lehensherr und Vasall bestand – nach dem feudalen Prinzip von Schutz und Schirm gegen Treue und Gehorsam. Strauß ließ nie einen Zweifel daran, wer der Pater familias, wer Herr im Haus war. Wobei man Familie wohl nicht zu eng sehen darf. Es war mehr ein Clan, zu dem die Kinder und die Ehefrau Marianne ebenso gehörten wie die engsten politischen Vertrauten und (Geschäfts-)Freunde. Strauß hatte ein Händchen bei der Auswahl von jungen, engagierten, höchst ehrgeizigen Nachwuchspolitikern, die ihm – meist als Generalsekretäre – innerhalb der Partei und vor allem nach außen den Rücken freihielten und absolut loyal waren. Leute wie Friedrich Zimmermann, Gerold Tandler, Edmund Stoiber oder Peter Gauweiler – Ziehsöhne und stramme Parteisoldaten, die fürderhin mit Ämtern belohnt wurden. In wohl keiner anderen Partei war der Posten des Generalsekretärs so karrierefördernd wie in der CSU unter Strauß.

Clandenken und persönliche Bande spielten auch im vorpolitischen Raum eine große Rolle. Und natürlich bei der Geldbeschaffung. Strauß verfügte bereits in seinen frühen politischen Jahren als Bundestagsabgeordneter im Wahlkreis Weilheim stets über genügend Flins, was beileibe nicht jeder Politiker behaupten konnte. Hauptquelle waren Geldspenden aus der gewerblichen Wirtschaft, die persönlich an Strauß gerichtet waren – für seine politische Arbeit! Seine langjährige Sekretärin Ermelinde Schäffler, die bis 1959 die persönlichen Geldgeschäfte für den Abgeordneten erledigte, erinnerte sich zum Beispiel an eine Wahlkampfveranstaltung in Garmisch-Partenkirchen, bei der Strauß 12 000 Mark in bar erhalten hat. Sehr viel Geld seinerzeit! Überhaupt lief damals vieles noch Cash auf die Hand oder via Briefumschlag. Bis in die 1970er-Jahre hinein sollten Spenden bis zu 40 oder 50 Prozent der Einkünfte einer Partei ausmachen. Erst seit 1968 mussten die Spender namentlich ausgewiesen werden, bereits ab einer Summe von 20 000 Mark.

Vorher wechselte also manches Kuvert unter der Hand den Besitzer. Spenden in Höhe von 100 000 Mark waren es in den Jahren 1952/3, von denen Strauß dann Gelder an Kreisverbände und Einzelpersonen weiterleitete. Der Bundestagsabgeordnete im Wahlkreis Weilheim pflegte seit seiner Zeit im Frankfurter Wirtschaftsrat 1948 gute Kontakte zu Industrievertretern. Darunter waren einflussreiche Leute wie der Augsburger Papierfabrikant und Parteifreund Georg Haindl, der eine Zweigstelle seines Betriebs in Schongau hatte, wo Strauß zu Beginn seiner Karriere stellvertretender Landrat war. Seit 1950 unterhielt der Bonner Politiker Strauß ein »Wirtschaftsbüro«, über das Parteispenden an die CSU flossen. Friedrich Zimmermann legte dafür bei der Deutschen Bank in Bonn ein »Sonderkonto I« an, auf das nur er, die buchführende Sekretärin und Franz Josef Strauß Zugriff hatten. In den Jahren 1952 bis 1964 sollen auf dieses Konto regelmäßig 5000 Mark pro Monat von der »Volkswirtschaftlichen Gesellschaft« in Bayern geflossen sein – zur »persönlichen politischen Disposition« des Parteivorsitzenden.

Friedrich Zimmermann bestätigte 2010 in einem Gespräch mit dem Münchner Historiker Karl Rösch, dass zahlreiche Spenden für Strauß persönlich bestimmt waren und nicht etwa für die CSU. Das Geld, das meist von selbstständigen Unternehmern, aus Stahlindustrie, Handel und Gewerbe kam, sollte Strauß für seine eigene politische Arbeit zur Verfügung stehen. Er galt als Garant für strammen Antikommunismus in Zeiten des Kalten Kriegs. Der Machtmensch war also nicht nur ein redegewandter Kommunikator, sondern auch ein geschickter Geldbeschaffer. Später sollte ihm dabei mehr und mehr seine Gattin behilflich sein. Marianne Strauß war nicht nur eine kluge Frau und studierte Volkswirtin, sie verstand auch mit Geld umzugehen – sie wurde eine Art Finanzchefin der CSU, ja sogar »die heimliche Generalsekretärin der Partei«, wie Helmut Kohl einst kolportierte.

Genaueres sollte das geneigte Publikum im Frühjahr 1996 zu lesen bekommen. Damals ging eine Frau im rheinischen Siegburg auf Schnäppchenjagd in ein Secondhand-Warenhaus und fand elf alte Aktenordner mit höchst aufschlussreichen Aufschriften wie »Schatzmeister CSU«, »CSU-Kontoauszüge« oder »FJS«. Die Frau kaufte das Altpapier und übergab es den Redakteuren des Nachrichtenmagazins *Der Spiegel*. Die schlachteten die Originalakten des 1971 verstorbenen CSU-Schatzmeisters Wolfgang Pohle genüsslich aus. Pohle war nicht nur persönlich haftender Gesellschafter der Friedrich-Flick KG, sondern auch Schatzmeister der CSU. Als Geber und Nehmer in einer Person also ein wichtiger Mann in Parteifinanzierungsfragen. Der Parteivorsitzende Strauß jedenfalls soll in den 1960er- und 1970er-Jahren über ein ganzes Geflecht sogenannter Sonderkonten verfügt haben, auf die Spenden aus Industrie und Wirtschaft in Millionenhöhe gelenkt und die von seiner Frau Marianne verwaltet wurden. Unbehelligt von Steuerbeamten und CSU-Parteifunktionären habe das Ehepaar Strauß über das Geld verfügen können – wie über Privatgeld. Wo aber sind die Millionen geblieben?

Strauß-Sohn Max klagte 2013 auf Unterlassung gegen den Münchner Buchautor und ehemaligen Verwaltungsjuristen Wilhelm Schlötterer, der bei Lesungen aus seinem Sachbuch *Macht und Missbrauch. Franz Josef Strauß und seine Nachfolger* behauptet hatte, das Strauß-Erbe habe rund 300 Millionen Mark betragen, und Sohn Max Strauß habe versucht, diese Summe 1992 in Form von Bargeld nach Luxemburg zu transportieren. Max Strauß gewann den Zivilrechtsstreit im Februar 2013 vor dem Landgericht Köln in erster Instanz und versicherte in einer eidesstattlichen Erklärung, das Vermögen seiner Eltern habe »sehr viel weniger als zehn Prozent dieses Betrages« umfasst. Schlötterer hat gegen das Urteil Berufung eingelegt.

Fest steht: Geld ist in der Vita von Franz Josef Strauß immer ein großes Thema. Vor allem in seinen Jahren als Verteidigungsminister 1956 bis 1962 sieht sich FJS oft heftigen Vorwürfen ausgesetzt. Erhoben werden sie nicht zuletzt vom Nachrichtenmagazin *Der Spiegel*, in jenen Jahren das »Sturmgeschütz der Demokratie«, und seinem Herausgeber Rudolf Augstein. Mal geht es um milliardenschwere Schützenpanzer, für die Schmiergelder geflossen sein sollen. Ein Untersuchungsausschuss kann trotz zweijähriger Arbeit aber keine finden. Ein anderes Mal geht es um 750 Starfighter-Flugzeuge, die Verteidigungsminister Strauß – gegen den Rat einiger Experten – bei der amerikanischen Firma Lockheed bestellt und die bald schon der Reihe nach vom Himmel fallen. Weshalb die technisch nicht ganz ausgereiften Geräte vom Volksmund den Spitznamen »Witwenmacher« bekommen.

Mit einem Repräsentanten der Firma, Ernest Hauser, ist Strauß befreundet, was er später allerdings relativiert: »Ich bin nicht in der Lage, das Wort Freundschaft zu definieren. Denn man ist als Politiker – damals hat meine Laufbahn begonnen – mit vielen Personen bekannt.« Immerhin war Strauß 1948 Trauzeuge bei der Hochzeit des Besatzungsoffiziers und noch 1963 Taufpate des Hauser-Kindes Ernest Alfred Franz Josef gewesen. Der Starfighter-Flop wird zwar vom Bundesrechnungshof kritisiert, aber eine Vorteilsnahme im Zusammenhang mit der Beschaffung der »Witwenmacher« kann Strauß nicht nachgewiesen werden.

Wieder ein anderes Mal geht es um den Bau von mehr als 5000 Wohnungen für US-Soldaten, die in Deutschland stationiert sind. Strauß empfiehlt seinem amerikanischen Ministerkollegen die deutsche Firma Finanzbau-Aktiengesellschaft (Fibag), die seinem Spezl, dem Passauer Verleger Hans Kapfinger, gehört. Das Geschäft kommt nicht zustande. Auch in diesem Fall kann ein Untersuchungsausschuss Strauß keine Verfehlungen nachweisen. Ebenso wenig bei der Onkel-Aloys-Affäre. *Der Spiegel* wirft Strauß vor, einen bankrotten Nennonkel seiner Frau mit Rüstungsgeschäften zum Millionär gemacht zu haben. *Spiegel*-Herausgeber Augstein wird für die »im hohen Grade ehrenrührigen« Behauptungen sogar zur Zahlung eines Schmerzensgeldes an Strauß verurteilt.

Strauß stolpert dann allerdings 1962 über die sogenannte *Spiegel*-Affäre. Nachdem das Magazin über ein Nato-Manöver berichtet, wirft ihm die Bundesregierung Landesverrat vor und lässt in einer nächtlichen Aktion die Redaktionsräume durchsuchen. Strauß, der beteuert, mit der Aktion nichts zu tun zu haben, hat in Wahrheit persönlich für die Festnahme eines Journalisten gesorgt und muss daraufhin sein Ministerzimmer räumen.

Der Krieg der Worte zwischen ihm und dem Nachrichtenmagazin aus dem hohen Norden sollte freilich noch lange weitergehen. Am 16. März 1970 muss *Der Spiegel* widerrufen, Franz Josef Strauß sei »ein der Korruption schuldiger Minister«. Ein Vierteljahrhundert später, am 4. April 1994, widerruft Rudolf Augstein in einer Hausmitteilung seinen damaligen Widerruf und setzt noch eins drauf:

> **Bayern wurde unter Franz Josef Strauß Amigo-Land. Und die dortigen Sümpfe scheinen heute noch tiefer, als zu Lebzeiten des Chef-Amigo FJS ruchbar wurde. Das belegen Gespräche, die Strauß-Freund Dr. med. Eduard Zwick und *Spiegel*-Redakteur Dirk Koch rund 20 Stunden lang in Zwicks luxuriöser Villa über dem Luganer See führten. Seit seiner Flucht vor dem deutschen Fiskus hatte Zwick geschwiegen, jetzt packt er aus und erzählt auch über Straußens diskrete Bankverbindungen zu den Eidgenossen. Zwick ist verbittert über eine heuchlerische CSU, die ihn jetzt »als Kriminellen« hinstelle, früher aber sein Geld gern genommen habe.**

Der Rumäniendeutsche Eduard Zwick, der in den 1960er-Jahren ganz wesentlich zum Aufstieg des niederbayerischen Kurorts Bad Füssing beigetragen hat, gehörte zum Innercircle des Strauß-Clans. So soll der »Bäderkönig« Mitte der 1970er-Jahre dem Strauß-Ziehsohn und damaligen CSU-Generalsekretär Gerold Tandler 700 000 Mark für den Kauf eines Hotels in Altötting geliehen haben. Anfang der 1980er-Jahre floh Zwick wegen einer Steuerschuld von 30 Millionen Mark ins Ausland, sein Sohn Johannes betrieb die Geschäfte des Vaters weiter. Als 1990 das bayerische

Finanzministerium Zwicks Steuerschuld (plus Säumniszuschlag) in einer Höhe von mittlerweile 71 Millionen DM gegen eine Zahlung von 8,3 Millionen Mark niederschlägt, vermuten die Oppositionsparteien eine Amigowirtschaft. Ihr Verdacht: Die Finanzbehörden hätten dem Strauß-Freund Eduard Zwick wegen seiner engen Kontakte zur CSU eine Sonderrolle zugebilligt. Der Zwick-Untersuchungsausschuss des bayerischen Landtags kommt zu keinem eindeutigen Ergebnis. Der bayerische Finanzminister Gerold Tandler aber muss 1990 sein Amt aufgeben und wechselt anschließend in die Wirtschaft.

Nach dem Tod des Ziehvaters scheint das Strauß'sche Beziehungsgeflecht offenbar nicht mehr ganz zu tragen. Lange Jahre hatten sich im demokratischen Kaiserreich Bayern viele kleine und größere Könige um den Landesfürsten Franz Joseph den Ersten geschart: Bäderkönige, Hendlkönige, Wurstkönige, Bau- und Braukönige, Zeitungszaren – manchmal mischten sich auch eher halbseidene Figuren unter die strahlende und schillernde Entourage, was man im Innercircle des Clans auf eine diesbezüglich nicht immer gute Menschenkenntnis von Strauß schob. Andere – wie etwa der bayerische Schriftsteller Carl Amery – waren da kritischer, sahen in dem ganzen Geflecht eher eine Klientel- und Patronage-Politik süditalienischen Zuschnitts. Und auch der eingangs erwähnte Max Streibl, der wegen einiger fremdfinanzierter Flugreisen seinen Hut als bayerischer Ministerpräsident nehmen musste, beklagte sich bitterlich und verwies auf die Affären seines Amtsvorgängers: »Das ist ja unglaublich, wenn ich bedenke, wie die es getrieben haben und weswegen ich zurückgetreten bin. Das waren, daran gemessen, wirklich nur Lappalien.«

Nun, die ganz »barocken Zeiten« einer unumschränkt und unverschämt herrschenden Hegemonialpartei sind vermutlich vorbei. Auch in Bayern, wo der Wähler nicht mehr alles durchgehen lässt und auf die Frage: »Darf's ein bisserl mehr sein?« durchaus auch mal selbstbewusst antwortet: »Nein!« Es gilt der Satz: Wer betrügt, der fliegt – und zwar keineswegs mit steuerbefreitem Flugbenzin, für das sich der Hobbypilot Franz Josef Strauß einst so vehement wie vergeblich bemüht hatte. Manchmal schweben die Schatten des Clans schon noch über dem Land, aber das liegt wohl in der Natur der Sache nach so vielen Jahren der Alleinherrschaft. Übrigens, nicht, dass es nicht auch andere Clans gäbe im Freistaat. Aber für deren Skandale muss man schon etwas tiefer ins Archiv eintauchen. Runter in die 1950er-Jahre, als einige sozialdemokratische Münchner Kommunalpolitiker in eine Reihe von Skandalen verwickelt waren. Zum Beispiel, als ein Stadtrat regelmäßig Geld, Gänse und Wein von Münchner Wiesnwirten bekommen hat. Über solche Biermarkerl-Amigos von den Sozen dürfte Franz Josef Strauß nur müde gelächelt haben. Denn wie sagte der große Vorsitzende einst: »Eher lernt ein Hund, einen Wurstvorrat anzulegen, als ein Sozi, mit Geld umzugehen.« Ob er damit auch Schmiergeld gemeint hat? Milden Spott dürfte ihm jedenfalls eine Zeitungsgeschichte im Januar 1956 entlockt haben, als im *Rheinischen Merkur* zu lesen stand, dass der Sohn des bayerischen SPD--Ministerpräsidenten Wilhelm Hoegner beim juristischen Staatsexamen Vorletzter unter Hunderten war und trotzdem in den Staatsdienst aufgenommen wurde. Und zwar sogar ins Bayerische Innenministerium. Ja, auch roten Filz soll's schon gegeben haben, sogar in Bayern. Aber allzu viele Gelegenheiten dafür boten sich halt nicht.

Dass es künftig langweilig zugehen könnte im Freistaat, steht jedenfalls nicht zu befürchten, zumindest nicht, solange es die CSU gibt. Sie bewahrt den Geist der Familie, denn »in der Familie suchen und finden Menschen Liebe, Geborgenheit und gegenseitige Hilfe«, wie es im CSU-Grundsatzprogramm aus dem Jahr 2007 heißt. Und so ist es vielleicht kein Wunder, dass es bei der sogenannten Verwandtenaffäre – neben ein paar einzelnen Sozialdemokraten – wieder besonders viele CSU-ler erwischt hat. Zum Beispiel den Fraktionschef im Bayerischen Landtag Georg Schmid, der wegen seiner unermüdlich leutseligen und händeschüttelnden Art auch »Schüttelschorsch« genannt wird, was ihn allerdings nicht davor bewahrte, dass er im April 2013 zurücktreten musste. Denn Schmid hat laut Staatsanwaltschaft 22 Jahre lang seine Ehefrau als scheinselbstständige Wahlkreismitarbeiterin beschäftigt und auf diese Weise Sozialabgaben und Lohnsteuer in Höhe von fast einer halben Million Euro hinterzogen. Frau Schmid erhielt aus öffentlichen Mitteln monatlich zwischen 3 500 und 5 500 Euro netto. Zusätzlich zu den über 20 000 Euro, die ihr Mann als Fraktionschef schon verdiente. Das Augsburger Amtsgericht verurteilte Georg Schmid im März 2015 zu einer 16-monatigen Bewährungsstrafe wegen Sozialbetrugs und Steuerhinterziehung.

Und so ist es vielleicht ebenfalls kein Wunder, dass beim rauschenden Geburtstagsfest, das ein Miesbacher CSU-Landrat namens Jakob Kreidl im August 2012 zu seinem Sechzigsten feierte – in Anwesenheit von Alphornbläsern und prominenten Gästen aus Politik, Gesellschaft und Kirche –, ein Großteil der Kosten von der Sparkasse Miesbach-Tegernsee getragen wurde; nämlich mehr als 77 000 von insgesamt 120 000 Euro. Mei, Kleinsparer machen halt auch Mist, gell! Und feiern wird man doch noch ein bisserl dürfen, oder? Sind wir denn nicht alle eine große Familie? Sehnen wir uns nicht alle nach ein wenig Liebe, Geborgenheit und gegenseitiger Hilfe? Na also! Ein bisschen familiäre Fürsorge möcht' schon sein. Übrigens, wie hat jetzt gleich wieder diese CSU-Politikerin geheißen, die gemeint hat, der Strauß sei kein leuchtendes politisches Vorbild? Und die dann selber zurücktreten musste, wegen … Na ja, egal! Hör'ma lieber auf an dieser Stelle, bevor's zu lang wird. Also ehrlich, manchmal kann er einem fei fast schon ein bisserl leidtun, unser bayerischer Ministerpräsident. Man kann ihn ja förmlich vor sich hin schimpfen hören in seiner Staatskanzlei: »Sakra Famiglia! Kreizsakra! Bagasch, miserablige!«

Wege und Holzwege zum Reichtum I: Flins-Tipps mit beschränkter Haftung

Sie wollen reich werden? Richtig viel Flins machen? Millionär sein? Gar nicht so schwer! Jeden Tag schaffen es ein paar Menschen. Seit der Finanzkrise 2007 hat die Zahl der Euro-Millionäre in Österreich, Deutschland und der Schweiz um mehr als 200 000 zugenommen. Tendenz steigend, schreibt ein Liechtensteiner Investmenthaus in seinem Vermögensreport 2014. Bis 2017 soll das Gesamtvermögen der Millionäre aus der Region auf 4,2 Milliarden Euro steigen. Ja, das lohnt sich dann schon. Unlängst stand es sogar in der *Bild*-Zeitung:

> **Die Superreichen in Deutschland sind noch reicher als bisher angenommen. Das wohlhabendste Prozent der Bevölkerung verfügt über rund ein Drittel des Privatvermögens.**

Sie leben also nicht nur in Kalifornien oder in Moskau, die Ultra-Reichen dieses Planeten. Auch Deutschland ist ganz vorn mit dabei und liegt nach den USA weltweit auf Platz zwei bei den Personen mit mehr als 30 Millionen Dollar Vermögen. Und München steht auf Rang vier unter den europäischen Städten mit den meisten Ultras, hinter London, Paris und Zürich. Es gibt sie also, die geheimen Pfade zum Reichtum. Irgendwie geht's. Nur wie? Mit Arbeit eher nicht, das haben schon viele Menschen im

Selbstversuch herausgefunden. Bei höherer Berufung scheint Arbeiten sogar ein Hindernis zu sein!

Allerdings, mit raffinierten Abkürzungen klappt's auch nicht immer. Das kann man täglich in der Zeitung nachlesen. Selbstverständlich muss es die moralisch richtige Zeitung sein, die stets seriös über prominente Steuersünder berichtet. Seien Sie da ruhig anspruchsvoll. Nur die Sonderthemen-Seiten mit der »freundlichen Grundhaltung« gegenüber Anzeigenkunden und den halbredaktionellen Anleitungen zur Steuerhinterziehung müssen's halt schnell überblättern. Aber die sind für Sie ja ohnehin noch nicht interessant: Sie wollen ja erst noch Millionär werden!

Mit der Steuerhinterziehung ist es freilich so eine Sache. Man kann sie nicht wirklich empfehlen: Zu leicht verliert der Mensch den Überblick, wie der Fall Ulrich H. aus München zeigt. Herr H. war ein erfolgreicher Ballartist, der bis zum 20. Juni 1976 nicht unangenehm aufgefallen war. An jenem Sonntagabend in Belgrad tat Herr H., was ihm von Berufs wegen aufgetragen war. Er trat beim Stand von 3:4 zum entscheidenden Elfmeter der deutschen Nationalmannschaft an: Und drüber! Trotz zahlreicher anderslautender Forderungen aus den Reihen der Fußballfans blieb die Nacht von Belgrad für H. strafrechtlich ohne Folgen.

Mehr noch, der Ballspieler machte Karriere, stieg auf zum Manager und Präsidenten des FC Bayern München und betrieb mit großem Erfolg die Ökonomisierung des Vereins und des gesamten deutschen Fußballs. »Der FC Bayern muss sich von dem wöchentlichen Siegen und Verlieren abheben. Wir sind eine Marke wie Adidas, Boss, Coca-Cola oder Jil Sander«, sagte H. angesichts der dreistelligen Millionen-Umsätze, die der FC Hollywood – wie Spötter den Verein bald schon nannten – zu verzeichnen hatte. Auch diese systematische Marginalisierung des eigentlichen Sportgeräts » im härtesten Showgeschäft der Welt « (Franz Beckenbauer) blieb strafrechtlich folgenlos.

Keine 37 Jahre nach der heißen Nacht von Belgrad trat Ulrich H. wieder zu einem Showdown an. Und diesmal? Wieder drüber? Nein, diesmal drunter! Aber wieder »nur knapp verfehlt«, wie sein Verteidiger später vor der Strafkammer des Münchner Landgerichts betonen sollte. H. hatte in einer kalten Winternacht 2013 etwas eilig seine Steuerdinge geordnet, um am frühen Morgen des 17. Januar eine Selbstanzeige bei der Bußgeld- und Strafsachenstelle in Rosenheim einzureichen. Norddeutsche Journalisten hatten nämlich bereits angefangen, bei Schweizer Banken »dumme Fragen« zu stellen. Typisch, immer diese missgünstigen Preußen! Jedenfalls eilte es ein wenig. Da kann man schon mal was vergessen. Und so war's wohl auch. Das Finanzamt vermochte jedenfalls keine einwandfreie Selbstanzeige zu erkennen und leitete die Steuerakte H. weiter an die Staatsanwaltschaft München II. Es kam zu einem Verfahren wegen Steuerhinterziehung. Herr H. hatte seit 1975 ein Nummernkonto in der Schweiz, über das er zahlreiche Devisentermingeschäfte abwickelte. Von Transaktionen im dreistelligen Millionen-Euro-Bereich war bald die Rede, von riesigen Jahresgewinnen – 52 Millionen Euro, 78 Millionen Euro! Und das alles übers Handy! Nun glaubten plötzlich viele zu wissen, warum H. im Fernsehen manchmal so einen roten Kopf hatte. Es war wohl nicht immer dem aufregenden Spielverlauf auf grünem Rasen geschuldet. H. sprach dann im Verlauf der Steueraffäre davon, unter »Börsensucht« gelitten zu haben. Durchaus glaubhaft, gerade in jenen Jahren war das eine weltweit verbreitete Krankheit, die viel Schaden anrichtete.

Bei mehr als 50 000 Transaktionen war im Fall H. die Rekonstruktion der Gesamtsummen jedoch nicht immer ganz einfach. Es wurde vor Gericht viel hin und her gerechnet, und am Ende kamen raus: 3 Jahre und sechs Monate Gefängnis. Wegen Steuerhinterziehung in Höhe von 28,5 Millionen Euro. Die eilige Selbstanzeige wurde als ungültig betrachtet. H. beglich die Steuerschuld und trat im Juni 2014 seine Haft in der JVA Landsberg am Lech an. Seit Januar 2015 ist er »Freigänger« und arbeitet – der Jugend zur Mahnung! – im Nachwuchsbereich des FC Bayern München als »Assistent der Abteilungsleitung Junior Team«. Den Bayerischen Verdienstorden übrigens hat Herr H. – nach einem »zarten« telefonischen Hinweis aus der Staatskanzlei – im September 2014 von seiner Ehefrau dorthin zurückbringen lassen.

Auch das folgende Beispiel darf getrost als »Holzweg« zum Reichtum bezeichnet werden, vor einer Nachahmung sei daher ausdrücklich gewarnt. Es spielt abermals in der schönen Stadt München, die bekanntlich neben dem FC Hollywood noch einen echten Fußballverein hat, bei dem es zwar meist auch nicht um das Spiel selber geht – aber immerhin kann der Fan sicher sein, dass sein Team nicht schon am zehnten Spieltag als Meister feststeht. Nein, bei den Löwen darf man im Auf und Ab der Mannschaft noch richtig mitzittern, wobei die Ab's des TSV 1860 München seit einem halben Jahrhundert deutlich in der Überzahl sind. Was den echten Fan aber nicht stört, denn er gehört zu einer Glaubensgemeinschaft, die vom Goldenen Zeitalter der 1960er-Jahre in der Heimstatt des Wahren, Schönen und Guten träumt – dem Stadion an der Grünwalder Straße.

Nun hatte dieser Verein in den 1990er-Jahren einen Präsidenten namens Karl Heinz Wildmoser senior, den man zu Recht als bajuwarisches Urviech bezeichnet hat. Nicht nur Metzger-, sondern auch ehemaliger Süddeutscher Schwergewichts-Boxmeister war er, nicht nur ehemaliger Schankwirt, sondern bald auch Münchner Großgastronom. Und eben auch Präsident der Löwen, die in jenen Neunzigerjahren von der Bayern- in die Bundesliga und bis zur Champions-League-Qualifikation aufstiegen. Heftig umstritten war stets die Stadionfrage. Viele Fans hassten das Olympiastadion, wollten heim ins alte Grünwalder. Das aber wollte der Präsident nicht, er zog es vor, mit den roten Erzrivalen vom FC Bayern gemeinsame Sache zu machen: »Stadionneubau Allianzarena«, war die Devise. »Verrat!«, schrien die Fans und die blaue Volksseele kochte. Gebaut wurde trotzdem. Bald aber sollte sich das Fröttmaninger »Schlauchboot« – wie der Bau spöttisch genannt wurde – nicht nur für 1860 als Titanic-Projekt erweisen, das dem Löwen das Wasser bis zum Hals trieb. Auch für die Familie Wildmoser wurde das Stadion zum Desaster.

Der Sohn des Präsidenten, Karl Heinz Wildmoser junior, genannt Heinzi, wurde im Dezember 2001 Geschäftsführer der neu gegründeten Stadion GmbH, die als Bauherrin und Betreiberin des neuen Stadions fungieren und vor allem nach der Vergabe den Generalunternehmervertrag mit der Baufirma schließen sollte. Die Sache war nicht schlecht vergütet für einen 37-Jährigen mit mittlerer Reife und Hotelfachausbildung: 200 000 Euro netto im Jahr für strategische Entscheidungen, also nicht für das Klein-Klein des Alltagsgeschäftes. Es blieb schon noch ein bisschen Zeit für andere Tätigkeiten. Etwa für die Aufgabe, als Geschäftsführer einer 2002 noch zu gründenden GmbH & Co. KGaA weitere 200 000 Euro netto im Jahr zu verdienen. Allerdings nur bis zum 9. März 2004. An jenem Tag wurden Vater und Sohn Wildmoser nämlich verhaftet. Während der Senior nach einigen Tagen wieder auf freiem Fuß war – das Verfahren gegen ihn wurde eingestellt –, blieb der Junior in Haft wegen des Verdachts der Untreue und Bestechlichkeit bei der Ausschreibung des neuen

Stadions. Am 13. Mai 2005 verurteilte das Landgericht München I Wildmoser junior genau deshalb zu einer Haftstrafe von viereinhalb Jahren. Er hatte Insiderinformationen – »Einsparpotenziale des Mietbieters« – an die Baufirma Alpine Bau Deutschland GmbH weitergegeben und dafür im Gegenzug 2,8 Millionen Euro erhalten.

Was aber hatte den jungen Wildmoser dazu getrieben, Schmiergelder in Millionenhöhe anzunehmen? Die Sache war ihm vor Gericht ziemlich peinlich, verständlicherweise. Denn es war den einfachen Fans der beiden Vereine, die zur Bau- und Schicksalsgemeinschaft zusammengeschweißt worden waren, nur schwer zu vermitteln, warum 400 000 netto im Jahr nicht reichen sollten. War es also die blanke Gier? Oder gab es noch andere Motive? Wildmoser junior betrieb zusammen mit seinem Vater verschiedene Geschäfte. Unter anderem im Bereich Bau und Immobilien als geschäftsführender Gesellschafter der WHI – »Weißer Hirsch Immobilien GmbH«. Während sich der Senior auf München konzentrierte, führte Heinzi die Geschäfte in Dresden. Die allerdings liefen nicht so gut. Wohnungsleerstand, Einnahmeausfälle, Liquiditätsmangel. Heinzi aber – und an dieser Stelle wird die Geschichte ein wenig tragisch – war laut Gerichtsurteil »ängstlich darauf bedacht«, dass der Vater nichts von den wirtschaftlichen Problemen erfährt. Der Senior war gesundheitlich bereits angeschlagen und hatte ein durchaus bajuwarisches Temperament, konnte also mitunter recht aufbrausend werden. In jenen Tagen, als in Dresden der Weiße Hirsch schon arg hüstelte, kamen die Stadionverhandlungen mit den »Provisionsversprechen« also gerade recht. Heinzi benötigte die erwarteten Gelder dringend, um die Dresdner Geschäftsbereiche, für die er zuständig war, zu sanieren und »vor seinem dominanten Vater als tüchtiger Geschäftsmann bestehen zu können«, wie es im Urteil des

Münchner Landgerichts heißt. Wildmoser junior hatte ein umfängliches Geständnis abgelegt und saß bis Spätsommer 2008 in der Justizvollzugsanstalt Landsberg am Lech. Karl Heinz Wildmoser senior starb im Sommer 2010. Mit seinem Sohn hatte er bis zum Tod keinen Kontakt mehr.

Wege und Holzwege zum Reichtum II: Freie Fahrt dem Volk! – Flins-Tipps mit noch beschränkterer Haftung

Wem solche Familiengeschichten zu traurig und die Millionen-Geschäfte mit Stadionbauten zu riskant sind, der kann es ja mit kleinen Schritten zum Reichtum versuchen. Zum Beispiel mit Sparsamkeit im Alltag. Wie jener junge Mann, der Mitte der 1970er-Jahre jeden Morgen vom Norden Münchens mit der S-Bahn in die Stadt hinein fuhr und abends wieder hinaus. Das ist kein ganz billiger Spaß, wie jeder Pendler aus Erfahrung weiß. Der Mittzwanziger hatte trotzdem immer brav einen Fahrausweis dabei. Allerdings immer denselben. Den sprühte er regelmäßig mit Haarspray ein, wedelte ein wenig hin und her, bis er trocken war, und stempelte ihn morgens artig ab. Am Abend kratzte er den Lack wieder herunter und sprühte aufs Neue, um den Schein anderntags wieder parat zu haben. Der Mann hat sich auf diese Weise viel Geld gespart. Und Sparsamkeit ist ja bekanntlich eine Zier. Allerdings kann man sie auch übertreiben. Unser junger Pendler jedenfalls nutzte tagein, tagaus immer und immer wieder den einen und einzigen Fahrschein, bis er völlig »dabärt« war, wie man im Bairischen sagt. Also verschlissen und irgendwie unappetitlich verklebt. Jedenfalls hatten die ewige Stempelei und das pappige Haarspray dem Dauerticket so zugesetzt, dass eines Tages ein Kontrolleur stutzig wurde. Er nahm erst das Objekt, dann das Subjekt in Augenschein – und am Ende die Personalien des Pendlers auf. Die Sache wurde gerichtsmassig. Womit wieder einmal bewiesen wäre: Zu viel Sparsamkeit ist auch nicht gut. Beziehungsweise: Gier frisst manchmal Hirn plus Fahrkarte.

Dieser individualanarchistische Spar-Trick mittels Haarspray ist also gar nicht recht aufgegangen. Ein wenig besser schaut die Bilanz bei einem größer angelegten Coup aus, in dem es um die Befreiung aller Werktätigen aus den Klauen des Münchner Verkehrs- und Tarifverbunds (MVV) ging. Die Akten zu diesem Fall liegen im Staatsarchiv München.

Angefangen hat alles ganz friedlich in Gelting bei München. Der Klausi und der Thomas langweilen sich wieder einmal furchtbar. Es tut fast schon weh, so fad ist den zwei siebenjährigen Buben an jenem Herbstnachmittag 1975. Na ja, wie es halt manchmal so ist in einem Münchner Vorort. Jedenfalls sind die beiden grad am Heimgehen, da entdecken sie in einer Telefonzelle einen Stapel Papier. Mit dem Lesen haben sie es damals noch nicht so, deshalb schauen sie gar nicht erst nach, was auf den Zetteln steht. Sie nehmen die Blätter einfach mit und verteilen sie beim Heimgehen in herumhängenden Briefkästen. Aber ganz werden die beiden Jung-Postler nicht fertig mit ihrer Arbeit, deshalb nimmt sich der Klausi 50 Flugblätter mit heim. Die Mama vom Klausi aber ist gar nicht begeistert und wirft die Papiere gleich weg, wie sie später der Polizei mitteilt. Denn die Flugschriften, die die Buben verteilt haben, sind von subversiver Sprengkraft.

Und keineswegs die einzigen ihrer Art. Auch in Pliening stellt die Polizei an jenem 20. Oktober 1975 an die 300 solcher Flugblätter sicher. Ein Gemeindeangestellter machte an jenem Montagnachmittag genaueste Beobachtungen: Ganz in der Nähe der Kirche stand ein heller Peugeot 204! Grau, beige – eventuell auch eierschalenfarben! Fahrer 20 bis 25 Jahre alt, schlank, nackenlange, braune Haare, blasse Gesichtsfarbe! Beifahrer: ebenfalls 20 bis 25 Jahre, schulterlange Haare! »Na ja, die typischen Bombenleger halt!«, mögen sich die bayerischen Vorstadtpolizisten gedacht haben. Jedenfalls war einer der Burschen aus der Telefonzelle gekommen und in den Wagen gestiegen. Der wachsame Angestellte vermutete zunächst einen Telefonbuch-Diebstahl und überprüfte sofort die Kabine, fand aber nur die Flugblätter und brachte sie umgehend zur Polizei. Dort war man alarmiert. Denn auch in Kirchheim, Aschheim und Dornach waren solche Schriften gefunden worden. Immer derselbe Text mit der geheimnisvollen Überschrift: »die Automaten spucken«.

Die Landespolizeidirektion Oberbayern erkennt sofort die Brisanz des Materials: »In diesen Flugblättern wird zur widerrechtlichen Aneignung von MVV-Fahrscheinen und Wechselgeld sowie zur Beschädigung der MVV-Fahrtkarten- und MVV-Wechselgeld-Automaten mittels einer Säure aufgefordert.« Messerscharf schließen die Polizisten auf einen Tatzusammenhang mit den kurz zuvor verübten »gemeinschädlichen Sachbeschädigungen an MVV-Fahrkarten- und Wechselgeld-Automaten«. Genauso steht es nämlich auch auf dem Flugblatt: »Heute früh haben wir uns ein paar Automaten vorgeknöpft – so: ein kräftiger Spritzer ›Kalkfrei‹ (gibt's in jedem Supermarkt) in den Geldschlitz, dann 1 Stunde warten, bis es wirkt. Jetzt wie normal eine Fahrtkarte lösen und Geld reinstecken – Fahrkarte kommt raus, Geld kommt wieder raus – also: Fahrkarte umsonst! Beim Wechselgeld-Automaten für Einzelfahrscheine gibt's sogar noch Geld bis zu einer Mark drauf!«

Ein hübscher Nebenverdienst also, möchte man meinen. Nur handelte es sich bei dieser eigenwilligen Entkalkungsaktion keineswegs um das selbstsüchtige Sparmodell klammer junger Menschen, sondern um eine veritable Polit-Aktion: Gegen Fahrpreiserhöhungen, Kontrollen, Überwachung und Zwang! Gegen ein »Strafsystem, das Gefängnis für Schwarzfahrer bereithält«, gegen die damals in München patrouillierende »Privatpolizei Schwarzer Sheriffs«. Und überhaupt: Für die Befreiung der werktätigen Massen! Denn das Proletariat marschiert neuerdings nicht mehr, sondern fährt mit der S-Bahn zu Revolution. Und zwar – der alte Lenin sei ein für alle Mal widerlegt! – ganz ohne Bahnsteigkarte!

Die Initiatoren waren jedenfalls der Meinung, dass die Tickets eh viel zu teuer sind! Und sie sollten demnächst sogar noch teurer werden! Also:

> **Mit dem MVV fahren, heißt nicht das Beste für alle, sondern für Tausende von Arbeitern, Arbeitslosen, Hausfrauen, Lehrlingen, Schülern sich täglich zwischen der Angst vor Kriminalisierung und dem Zwang zu zahlen entscheiden zu müssen. Der MVV steht für ein System, das sich unsere Bedürfnisse aneignet und sie gegen uns verwendet!**

Die logische Konsequenz für die Autoren des Flugblatts ist daher:

> **»Kalkfrei« besorgen; aus den Automaten Geld und Fahrkarten holen und in Münchens schöne Umgegend fahren!**

Für technisch nicht ganz so versierte Freunde des kostengünstigen öffentlichen Nahverkehrs wurden auch noch ein paar verbraucherfreundliche Warnhinweise hinzugefügt:

Achtung: Nur S-Bahnautomaten funktionieren so (leider). Beim Spritzen mit »Kalkfrei« achtgeben; es ist säurehaltig (möglichst Handschuhe). Vorsicht: Sich nicht erwischen lassen!!!

Der Aufruf endet dann etwas pathetisch im Ton der Siebzigerjahre:

MACHT MASSENHAFT MIT! = JETZT DAS BESTE FÜR ALLE!!!
FREIE FAHRT DEM VOLK!

Nun stand dem Volk weder in Pliening noch in Gelting ein S-Bahnhof zur Verfügung, der nächste war erst in Poing. Der revolutionäre Aufruf ging also gewissermaßen an der Lebenswirklichkeit der werktätigen Massen vorbei. Aber egal, es würde sich schon herumsprechen. Allerdings auch bei der Polizei, die bereits die Ermittlungen eingeleitet hatte. Bis dato freilich vergeblich. Obwohl die Sache durchaus brisant war. Denn in der Nacht zum 20. Oktober 1975 waren im S-Bahnbereich der Landeshauptstadt München insgesamt 113 Automaten beschädigt worden. Sachschaden circa 82 000 Mark.

Die Deutsche Bundesbahn erstattet natürlich Strafanzeige. Aber konkrete Hinweise auf die Täter liegen nicht vor. »Durch massiven Einsatz von Überwachungskräften« werden in den folgenden Tagen die Fahrscheinautomaten des MVV vor weiteren Anschlägen beschützt. Und siehe da! Nichts passiert. Erst zwei, drei Wochen später werden wieder 13 Automaten in bewährter Manier beschädigt.

Diverse linke Stadt- und Szenezeitschriften zwischen München,

Frankfurt, Berlin und Hamburg beschrieben damals minutiös die Automaten-Zerstörungen. Und zwar mit viel Sympathie für die Aktionen, die sich gegen diese »volksfeindlichen, geldgierigen Roboter« richten. Die Polizei beschlagnahmt einige Zeitschriften als Beweismaterial, lässt Sachverständigengutachten erstellen und Schreibmaschinenschriften vergleichen. Vergeblich. In jenen Herbsttagen 1975 tauchen auch Wandmalereien auf, die den Nulltarif fordern und mit RAF unterzeichnet sind. Und bald machen neue Flugblätter die Runde. Diesmal nicht nur in Telefonzellen, sondern auch in Gymnasien, Berufsbildungszentren, an Bahnhofsvorplätzen und in der Universität. Die Kriminalpolizei tappt weiterhin im Dunkeln: Wer »der Initiator ist, kann beim derzeitigen Stand der Ermittlungen nur vermutet werden«. Angesichts der zeitgleichen Aktionen in Frankfurt, Hamburg, Berlin und Nürnberg kommt man zu dem Schluss: »Es handelt sich hier um eine bundesweit gesteuerte Aktion linksradikaler Kräfte.« Mehr kommt nicht heraus. Im Januar 1976 stellt die Staatsanwaltschaft das Verfahren ein und schreibt an die Bundesbahn: »... bedauere ich mitteilen zu müssen, dass die durchgeführten Ermittlungen nicht zur Feststellung der Täter führten. Weitere Nachforschungen versprechen zunächst keine Aussicht auf Erfolg.«

Dunkle Tage an Bayerns Bahnsteigen! Ein handschriftlicher Vermerk in den Akten sollte die Bilanz der Polizei dann allerdings doch noch etwas aufhellen. Im April 1976 werden »vier Personen am S-Bahnhof Heimstetten unter dem Verdacht festgenommen, MVV-Automaten mit säurehaltigen Mitteln beschädigt und Fahrkarten hieraus entwendet zu haben. Haftbefehl vom 5.4.1976«.

Mit der S-Bahn zu nachhaltigem Reichtum? Klappt offenbar auch nicht immer.

Wege und Holzwege zum Reichtum III: Flins selbst gekocht!

Sie wollen also reich werden? Sind handwerklich einigermaßen geschickt? Haben ein Faible für Naturwissenschaften? Dann probieren Sie's doch mal mit Alchemie! Sie glauben ja gar nicht, wer schon alles darauf hereingefallen ist. Kaiser und Könige und Kurfürsten – gleich reihenweise. Und die meisten nicht nur einmal. Die Herrschaften waren halt oft in Geldnöten – die Kriege, die Schlösser, die Weiber, die Hofhaltung. So was ist enorm teuer. Und wenn die Staatskasse erst einmal leer ist, dann schlägt die Stunde der Sprüche- und Goldmacher. Da war zum Beispiel ein Johann Joachim Becher aus Speyer, Jahrgang 1635. Ein gescheiter Mann, ein Ökonom und Alchemist, was noch heutzutage manchmal fast dasselbe ist. Jedenfalls war dieser Becher ein echter Allrounder, ein Universalgelehrter, der in ganz Europa herumkam, unter anderem nach Bayern, wo er in den Jahren 1664 bis 1670 am Hof des Kurfürsten Ferdinand Maria recht einflussreich wirkte. Als Hofarzt, als Mathematiker, als Ökonom, als Diplomat und als gläubiger Alchemist. Die bayerische Regierung in München richtete ihm ein großes Laboratorium ein, und Becher durfte fleißig experimentieren. Er machte schöne Entdeckungen und war der Ansicht, dass sämtliche Metalle in Quecksilber umgewandelt werden können. Aber welcher Kurfürst braucht schon Quecksilber? Gold muss her! Geht auch, behauptete der illustre Becher selbstbewusst. Den Beweis blieb er in München allerdings schuldig. Die vom Hofe so dringlichst ersehnten Gewinne aus der Goldherstellung blieben ebenso aus wie die aus Bechers Manufakturprojekten, zum Beispiel zur Herstellung von Seide.

Wenig erfolgreich war auch Domenico Manuel Caetano – ein Bauernsohn aus der Gegend von Neapel, der sich lange Zeit recht erfolgreich als Graf ausgegeben hatte. Bis zum Schluss behauptete er, Gold machen zu können. Und man hat's ihm gern geglaubt an verschiedenen europäischen Höfen: in Brüssel, in der Pfalz, in Wien, in München. Auch den ehrgeizigen und prachtliebenden bayerischen Kurfürsten Max Emanuel, Bezwinger der Türken und des bayerischen Staatshaushaltes, hatte er lange Zeit an der Nase herumgeführt. Der Kurfürst war in Brüssel selbst dabei, als der Italiener seine halbseidenen Experimente machte. Caetano hantierte spektakulär mit einfachsten Materialien, versprach den Stein der Weisen und die Herstellung von Gold. Der Trick funktionierte immer wieder: oft reichte ein Rührlöffel mit Wachs versiegelt, innen ein wenig Gold. Hokuspokus, das Wachs schmolz und siehe da! Gold! Wer mehr sehen wollte, musste bittschön einen kräftigen Vorschuss leisten. Und die Leute zahlten, gaben ihm immer wieder Kredit, so dass er »herrlich leben und so lang großen Staat führen« konnte.

Max Emanuel jedoch wurde irgendwann ungeduldig und setzte Caetano das Messer auf die Brust. Flins her! Aber sofort! Dabei war der Kurfürst nicht der einzige Gläubige(r)! Auch die Patres im hochverschuldeten Zisterzienserkloster Raitenhaslach bei Burghausen fielen auf den Goldgauner rein. Der Betrug schien kein Ende zu nehmen. Bis Friedrich I. von Preußen Opfer des Neapolitaners wurde. Als Caetano wieder einmal fliehen wollte, ließ ihn der Preußenherrscher in Frankfurt am Main festnehmen und setzte ihm ein Ultimatum. Es verstrich ohne ein einziges Gramm Gold. Friedrich ließ ein Exempel statuieren und den Goldmacher am »23. Augusti 1709, vormittags zwischen 11 und 12 Uhr in Cüstrin an einem mit güldenem Lahn beschlagenen Balcken (...) und in einen von dergleichen Stoff gemachten Romanischen Habit« aufknüpfen: »allen betrügerischen Goldmachern zum Abscheu und Exempel«, wie es im pädagogischen Abschnitt des Urteils heißt.

Nicht ganz so reibungslos verlief die Hinrichtung des Goldmachers Marco Bragadino 118 Jahre zuvor, im April 1591. Der diensthabende Scharfrichter hatte wohl keinen guten Tag erwischt und den armen Bragadino »sehr übel, erbärmlich, ganz abscheulich gerichtet und traktiert«, wie am Tag darauf in der örtlichen Zeitung zu lesen stand. Erst beim dritten Schlag gelang es zu trennen, was nach Ansicht des bayerischen Herzogs nicht mehr zusammengehören sollte – nämlich Kopf und Rumpf des Alchemisten. »Die ganze Versammlung gemeinen Volks« auf dem Münchner Weinmarkt gegenüber dem Rathaus war höchst erbost ob der schlechten Darbietung des Henkermeisters. Der wütende Mob ging auf ihn los, und erst als die Obrigkeit mittels »Aufblasung eines Trompeters« das strenge Verbot erließ und keine Hand anzulegen »ernstlich mandierte«, hat sich »die Gemeind (als gehorsame) zu Ruhe und nach Hause begeben«.

Damit war also auch Bragadinos letztes Experiment spektakulär gescheitert. Wie viele zuvor. Den Stein der Weisen demnächst auf den Tisch zu legen und Gold herzustellen – das hatte der Venezianer aus Zypern schon oft versprochen. Zum Beispiel dem Herzog von Mantua, den er um stattliche 25000 Scudi erleichterte. Bragadino lebte auf großem Fuß, warf das Geld mit beiden Händen hinaus, und die Geschäftsleute gewährten ihm unbeschränkten Kredit. Der protzige Stil war Teil seines Erfolgs, denn er sorgte dafür, dass die Leute gern an seine alchemistischen Fähigkeiten glaubten. Bragadino lief den Menschen nicht nach, er ließ sich bitten! Und die Herzöge baten regelmäßig! Zum Bankett mit Wein und Feinkost aus aller Welt. Die Gegenleistung blieb freilich aus. Und so musste Bragadino immer wieder das Weite suchen und landete schließlich am Hof des Bayernherzogs. Auf einem prachtvollen Berberhengst und in Begleitung eines Dieners und zweier großer schwarzer Doggen zog der in Seide gekleidete und mit goldenem Schmuck behängte Alchemist im August 1590 auf der Burg Trausnitz in Landshut ein. Herzog Wilhelm war begeistert, ja richtiggehend schwärmerisch und Bragadino bald dermaßen von sich eingenommen, dass er kurz nach seiner Ankunft in Bayern in einem Brief schreibt, »dass ich wirklich sagen kann, ich sei der eigentliche Herr und Gebieter, ja noch mehr sagen könnte, wenn ich es wagte«. Der Schwanz wackelte also mit dem Hund. Und die versprochenen üppigen Goldmengen zum Abbau der horrenden Schulden des Herzogs, sie blieben natürlich aus! Nur die geringe Menge, die Bragadino ganz nebenbei aus dem Ärmel rieseln ließ, verlängerten die Hoffnungen immer wieder.

Bis eines Tages das Umfeld des Fürsten eingriff. Ohne das Wissen Wilhelms wurde Bragadino verhaftet. Und ganz ohne Folter gestand er öffentlich, dass er nie »das Herausziehen der Seele des Goldes« beherrscht und dass »alles, was er zu können vorgegeben, ausschließlich auf Betrug und Fingerfertigkeit beruht« habe. Nach altem Brauch errichteten die Zimmerleute Münchens einen Galgen auf dem Weinmarkt, dem heutigen Marienplatz. Das Publikum reiste aus nah und fern an, um ein grausames Schauspiel zu erleben: Der Streich mit dem Beil traf den Delinquenten auf dem Armesünderstuhl nicht richtig, trennte ihm nur die Schädeldecke ab, das Gehirn quoll heraus, Bragadino stürzte zu Boden. Der Henker musste ihn mit zwei weiteren Hieben abschlachten wie ein Tier. Und das Volk war erbost, stürmte den Richtplatz, denn es galt als ungeschriebenes Gesetz, dass in solchen Fällen das Ungeschick am Henker zu rächen sei. Was nur in allerletzter Sekunde von der Obrigkeit verhindert werden konnte. Der verstümmelte Leichnam Bragadinos wurde noch bis nachmittags um fünf liegen gelassen. Erst dann kamen sechs mit Kapuzen vermummte Gugelmänner, um ihn abzutransportieren und zu beerdigen.

Alchemisten leben also gefährlich! Aber bis zur Stunde der Wahrheit ganz gut. Denn die Alchemie ist ein einträgliches Geschäft, auch wenn am Ende nie Gold herauskommt. Erst die Chemiker im 19. Jahrhundert konnten das nachweisen, allerdings dauerte es offenbar eine Weile, bis es sich herumgesprochen hatte. Noch in den 1920er-Jahren war die Goldmacherei daher eine echte Boom-Branche. So behauptete in München ein gewisser Hans Unruh, mit Hilfe von Strom aus gewöhnlichem Salz Gold herstellen zu können, und erntete mit dieser Methode am Ende mehrere Jahre Gefängnis wegen Betrugs. Aber nicht nur Scharlatane, auch renommierte Wissenschaftler nahmen sich des Themas an. Sogar der Nobelpreisträger Fritz Haber wollte aus Meerwasser Gold gewinnen. Ganz so irrsinnig mag der Gedanke also damals nicht erschienen sein, dass man Deutschlands große Finanzmisere der Zwanzigerjahre im Do-it-yourself-Verfahren beheben könnte. Die Reparationsschulden mit den Gewinnen aus selbstgemachtem Gold begleichen? Vor allem rechte politische Kreise mit einem Hang zum Esoterischen träumten davon und fielen reihenweise auf die Idee herein. Heinrich Himmler war sogar noch Mitte der 1930er-Jahre einem unverbesserlichen Goldmacher und vorbestraften Betrüger aufgesessen. Der Reichsführer SS war offenbar nur bedingt lernfähig: Noch 1937 richtete Himmler einem angeblichen Alchemisten namens Karl Malchus im SS-Übungslager beim Konzentrationslager Dachau ein Laboratorium ein. Aus Isarkies sollte er Gold machen; überflüssig zu betonen, dass der Plan scheiterte.

Dabei war erst wenige Jahre zuvor ein spektakulärer Fall durch die Gazetten Deutschlands gegangen, der einmal mehr zeigte, dass die wundersame Flins-Vermehrung im heimischen Chemiebaukasten nicht so recht funktionierte. Wochenlang berichteten die Zeitungen im Winter 1931 vom »Goldmacher Tausend«. Franz Seraph Tausend, geboren 1884 in Krumbach im bayerisch-schwäbischen Landkreis Günzburg, war damals wohl der Bekannteste seiner Zunft. Schließlich köchelte er ja fürs Vaterland! Und viele einflussreiche Herren schauten ihm dabei über die Schulter und steckten ihm die Scheine zu!

Der schmächtige Franz mit der sanften Stimme war an der Volksschullehrerausbildung gescheitert, arbeitete bei seinem Vater als Spengler, fühlte sich jedoch stets zu Höherem berufen. Deshalb studierte er die Kabbala und alte alchemistische Schriften, ließ sich Visitenkarten drucken, die ihn als promovierten Chemiker ausgaben, und startete so manches gewagte Projekt. Allerdings nicht erfolgreich und auch keineswegs immer seriös – von Unterschlagung war die Rede und von finanziellen Unregelmäßigkeiten. Aber Tausend hatte ein schmeichelndes und einnehmendes Wesen, fand immer wieder Leute, die ihm glaubten, und konnte sich 1920 ein Haus in Obermenzing kaufen. Er richtete sich ein kleines Laboratorium ein und veröffentlichte im Selbstverlag ein Büchlein, das die moderne Chemie widerlegen sollte. Metalle – so der schwäbische Laien-Wissenschaftler – seien organisch und könnten wachsen wie Pflanzen! Wenn man sie richtig behandelt. Mit der Broschüre wollte Tausend Sponsoren für seine Experimente finden und kam 1923 auf die glorreiche Idee, eine Zeitungsanzeige aufzugeben. Prompt meldete sich ein junger Rechtsreferendar und NSDAP-Mann namens Rolf Rienhardt. Der evangelische Pastorensohn war zwar erst Anfang 20, suchte aber nach gewinnträchtigen Anlageformen, weil er kürzlich mit der wohlhabenden Frau eines thüringischen Gutsbesitzers durchgebrannt war. Die Kohle musste schnell investiert werden. Tausend schwärmte von seinen zahlreichen Erfindungen, besonderes Interesse aber rief einmal mehr die Sache mit dem Gold hervor. Für zwanzig Mark Materialkosten könne er ein Kilo herstellen, behauptete Tausend. Ein gutes Geschäft also, denn das Kilo Gold kostete damals um die 2800 Mark. Die ökonomische Frage, wie sich wohl der Marktpreis nach einer massenhaften Produktion des Edelmetalls entwickeln würde, kümmerte die Herren offenbar nicht weiter.

Tausend und Rienhardt gründeten eine GmbH, die abtrünnige Gutsbesitzersgattin gab den Kredit, und schon ging's los mit den angeblich naturwissenschaftlichen Versuchen zur industriellen Herstellung von Gold durch Transmutation. Interessenten fanden sich auch bald, vor allem reiche Bürger, Industrielle und Fabrikanten, die der völkischen Bewegung um den antisemitischen General Ludendorff nahestanden. Die Befreiung Deutschlands aus den Fängen der finanziellen Fremdherrschaft – mit Hilfe von selbstgemachtem Gold! Das war den Herren im Dunstkreis der jungen Nazibewegung offenbar größere Summen wert. Wo der alte Generalquartiermeister Ludendorff hinter der Sache steht, da findet brauner Flins also schnell eine neue Heimstatt! Das Herz der völkischen Millionäre jedenfalls schlug höher, und die Geldbeutel waren sofort gezückt, als es die im Oktober 1925 gegründete »Gesellschaft 164« zu unterstützen galt: 30 Aktionäre, darunter Großkaufleute, Stahl- und Tabakfabrikanten und Bankdirektoren, setzten ihren Flins ein. Die politisch ganz weit rechts stehenden Honoratioren bekamen Firmenanteile des Gold-Unternehmens. Dreiviertel aber sollte laut Vertrag der Weltkriegs-

General Ludendorff einstreichen, selbstverständlich »für vaterländische Zwecke und zum Wohle des deutschen Volkes«. Nähere Nachweise waren nicht erforderlich. Aber Erlöse gab es natürlich keine. Denn die illustre Gesellschaft 164 diente in Wahrheit als Geldwaschanlage für illegale Parteispenden. Sie lebte von den Hunderttausenden von Mark, die die Industriellen einzahlten. Die Gelder wurden dann vor allem zur Sanierung des stark verschuldeten rechtsradikalen Blattes *Völkischer Kurier* eingesetzt.

Als Ludendorff ausstieg, löste sich die Gesellschaft auf. Franz Tausend gründete im Januar 1927 die »Chemische Studiengesellschaft Tausend e. V.« in Frankfurt am Main. Er suchte neue Förderer, gab Goldgutscheine aus und warb für seine Apparate, mit denen auch Arbeitslose in der Lage sein sollten, daheim in der Küche Gold herzustellen. Das Geschäft des Scharlatans lief gut. Tausend besaß mehrere Schlösser und Wohnungen, die auf seine Frau überschrieben und hoch belastet waren. Irgendwann aber ging sein Schneeballsystem nicht mehr auf. Zur Gesellschafterversammlung seiner Firma erschien er lieber erst gar nicht. Und der Haftbefehl war auch bald ausgestellt. Eines Tages wurde der Spengler nach einem Autounfall auf dem Brenner wegen Fahrerflucht festgenommen und nach Deutschland ausgeliefert. Tausend nahm sich einen Münchner Promi-Anwalt und bekam ein letztes Mal die Chance, seine Künste vorzuführen. Am 3. Oktober 1929 sollte er unter schärfster gerichtlicher Kontrolle im Münchner Hauptmünzamt aus Blei Gold herstellen. Und siehe da! »Das Ergebnis derselben war, dass Tausend einen Edelmetallkern im Gewichte von nicht ganz einem Zehntel Gramm übergeben konnte, der zweifellos aus reinem Golde besteht«, schrieb die *Kölnische Volkszeitung*. Die Sachverständigen waren verblüfft. Hatte es Franz Tausend wirklich geschafft? Der Direktor des Münchner Hauptmünzamtes meldete Zweifel an und vermutete, dass es dem Alchemisten trotz strengster Kontrollen gelungen war, die Probe hineinzuschmuggeln. Über Zigaretten? Über seinen Goldfederhalter? Wie auch immer. Die entscheidende Frage war natürlich, warum Tausend jahrelang fremdes Geld brauchte, wo er es sich doch so leicht selber machen konnte. Warum also die enormen Geldsummen? Der Schaden belief sich immerhin auf etwa 1,3 bis 2,5 Millionen Mark. Die Geschädigten schwiegen dazu lieber, nur einer äußerte sich vor Gericht. Die prominentesten Mitglieder der ominösen Gesellschaft 164 aber erschienen erst gar nicht. Keiner wollte sich öffentlich als Volldepp hinstellen lassen, denn die Zeitungen waren ohnehin schon voller Häme. So schrieben die *Münchner Neuesten Nachrichten* zu Prozessbeginn am 19. Januar 1931:

> **Dass im zwanzigsten Jahrhundert ein Mann durch die Behauptung, er könne Gold machen, gebildete und reiche Menschen um ihre Vermögen prellen kann, das will manchem nicht in den Kopf. Und doch haben wir Beweise genug, dass die Dummheit einen Freibrief durch alle Jahrtausende besitzt und dass sie nie dreister ihre Opfer suchte als in aufgeklärten, eitlen Zeiten. Die Geldgier ist die Tarnkappe, das Gold die unbezwinglichste Verlockung.**

Dem ist nichts hinzuzufügen. Außer dass der Spengler Franz Tausend am 5. Februar 1931 wegen Betrugs zu einer Haftstrafe von drei Jahren und acht Monaten verurteilt wurde. Das Gericht stellte fest: Franz Tausend sei ein Mann von »nicht unbedeutender Intelligenz, Redegewandtheit und Menschenkenntnis«, der die leichtgläubigen Leute mit seinen »wunderbaren Christusaugen« betört habe, um ihnen ihr Geld abzunehmen, das er dann in Grundstücken und Häusern anlegte. Allerdings stellten die Richter auch fest, dass der ungelernte Spengler selber über den Tisch gezogen wurde. Er hat den geringsten Teil der eingezahlten Millionen bekommen. Das meiste strichen nämlich die »vaterländischen« Gesellen ein.

Und heutzutage? Gibt's immer noch genügend Alchemisten. Sie heißen nur anders. Anlageberater! Oder Vermögensberater! Oder Investmentbanker! All jene eben, die behaupten, aus ein wenig Dreck große Goldhaufen zu machen. Und dass es in Krisenzeiten wieder einmal Rechtspopulisten sind, die ihre Kriegskasse mit dem Verkauf von Goldbarren aufzufüllen versuchen? Wen wundert's? Da ist der Weg zur vaterländischen Alchemie vielleicht auch nicht mehr weit.

Wege und Holzwege zum Reichtum IV: Dalles oder: Der Schein trügt

Sprache ist ein verlässlicher Ort für kollektive Erfahrungen. Den Begriff »Hunger-Banker« oder »Hunger-Manager« sucht man im Lexikon jedenfalls vergeblich, während der »Hunger-Künstler« schnell zu finden ist. Kunst ist eben in der Regel kein ganz so einträgliches Geschäft; abgesehen von ein paar Auserwählten, deren Werke von Bankern und Managern als Anlageobjekte gekauft und als Trophäen in die Foyers und Büros der Chefetagen gehängt werden. Ausnahmsweise steigt der Artist dann vom Hunger-Künstler zum Szene-Clown auf, um die Anzug tragende Welt der Geld-Graumiesen bei den Stehempfängen der Vernissagen etwas bunter zu machen. Und ein bisschen was kann der spröde Geldmensch vom Überlebenskünstler ja dann doch lernen: Zum Beispiel, wie man mit einem Minimum an Flins ein Maximum ans Lebensfreude herausholt. Die Schwabinger Bohème um 1900 ist dafür ein schillerndes Beispiel. Allerdings sollte man sich ihr Leben nicht allzu romantisch vorstellen.

Der Bäckersohn Oskar Graf etwa – damals noch ohne den Zwischennamen Maria – flieht 1911 vor den Schlägen des älteren Bruders nach München. 300 Mark hat er in der Tasche, die allerdings schnell weg sind. Unerschütterlich sind das Selbstbewusstsein des 17-Jährigen und sein etwas naiver Wunsch, Schriftsteller zu werden. Die Visitenkärtchen sind schnell gedruckt: Oskar Graf, Schriftsteller, München. Leider lässt der literarische Durchbruch länger auf sich warten, die Verlage sagen der Reihe nach ab; Graf muss sich als Liftjunge und Gelegenheitsarbeiter durchschlagen. In seiner finanziellen Not gibt er sämtliche Ersparnisse aus, die ihm sein Bruder Maurus anvertraut hat. Das Verhältnis der Geschwister ist daraufhin massiv gestört und bleibt ein Leben lang angespannt.

Der liebe Flins spielt in den Künstler- und Anarchistenkreisen Schwabings oft eine unrühmliche Rolle. In den Tagebüchern des Schwabinger Anarchisten und Schriftstellers Erich Mühsam aus den Jahren 1910 und 1911 steht es schwarz auf weiß: Kaum ein Thema wird darin so häufig angesprochen wie die Geldnot; mit Ausnahme vielleicht von Sex.

Schonungslos offen lässt uns Mühsam daran teilhaben, wie sein Alltag beherrscht wird von jenem »Gefühl der Verlegenheit aufgrund finanzieller Not und Armut« – ein Gefühl, das der jiddische Begriff »Dalles« bündig zusammenfasst. »Der Teufel hole den Dalles!«, schreibt Mühsam am 31. August 1910 in sein Tagebuch. Ständig hoffte er damals auf ein bisschen Flins, auf ein Erbe, auf den künstlerischen Durchbruch. Meist sind es aber nur ein paar Mark, die er beim Pokern gewinnt. Oder als Honorar für Zeitungsartikel und Kabarett-Chansons bekommt:

München, Sonnabend, d. 24. September 1910: Die 150 Mark, die ich, wenigstens nominell, dafür kriegen soll, werden mich schon zu dem nötigen Tiefstand des Geistes und Gemütes bringen, um den Schmarrn herzustellen. Schweinerei, was der Dalles geistigen Menschen für Prostitution aufzwingt! Und dabei bilde ich mir noch was drauf ein, von diesem Hurentume verhältnismäßig sehr wenig erfaßt zu sein. – Aber meine gute ehrliche Arbeit will man nicht. Drei Bücher harren des Drucks.

Die Prostitution beschränkt sich nicht immer nur aufs Schreiben. Vor allem Frauen hatten damals wenig Gelegenheit, »anständiges« Geld zu verdienen. So manche wird daher »praktisch«, um mit Ödon von Horváth zu reden. In Horváths Roman *Der ewige Spießer*, der im Münchner Kleinbürgermilieu zur Zeit der Weltwirtschaftskrise 1929 spielt, lässt sich nicht nur der Autohändler Alfons Kobler von älteren Damen aushalten, auch die arbeitslose Näherin »Fräulein Pollinger wird praktisch«; Anna nutzt also in Krisenzeiten die Prostitution zum Überleben. Bei Horváth heißt es:

> »Bitte, sei doch endlich praktisch!« bat sie der Herr und streichelte sie wie ein großer Bruder.
> »So geht das nicht!« sagte sie plötzlich, und ihre Stimme erschien ihr seltsam verändert, als gehörte sie einer neuen Anna.
> »Sondern?« fragte Harry.
> »Zehn«, sagte die neue Anna, und jetzt wurd es grausam still –
> »Fünf«, meinte Harry plötzlich und erhob sich energisch: »Dort drüben ist eine Bank!« Sie gingen zur Bank. Auf der Banklehne stand: Nur für Erwachsene. Das war auf einer Lichtung, da sie zum erstenmal Geld dafür nahm.

»Geld dafür« haben nicht nur Näherinnen, Fabrikarbeiterinnen oder Kellnerinnen gelegentlich genommen, sondern auch Frauen aus der Schwabinger Bohème: Emmy Hennings zum Beispiel. Oder Franziska zu Reventlow, Autorin eines heiteren Briefromans mit dem Titel *Der Geldkomplex* (1916), in dem sich die Protagonistin selbst in ein Sanatorium einweist, weil sich ihr ganzes Denken und Fühlen nur noch ums Geld dreht. Hennings und Reventlow bekannten sich offen dazu, zeitweise als Prostituierte gearbeitet zu haben. Hennings saß wegen Beischlafdiebstahls sogar im Gefängnis. Wie an früherer Stelle erwähnt bringt auch Lena Christ sich und ihre Kinder zeitweise mit »Gewerbsunzucht« durch und verbüßt dafür zwei kurze Haftstrafen. Als die Schriftstellerin im Jahr 1920 wieder einmal in finanzielle Schieflage gerät, fälscht sie die Unterschriften von Künstlern, um Gemälde teuer verkaufen zu können. Die Sache fliegt auf. Um nicht wieder ins Gefängnis zu müssen, nimmt sich Lena Christ das Leben, vergiftet sich am 30. Juni 1920 auf dem Münchner Waldfriedhof. Im Selbstmordverzeichnis heißt es lapidar: »Erwerbs- und Vermögensverhältnisse ungünstig.«

Der Dalles hat nicht nur in den Zwanzigerjahren die Künstler fest im Griff. Kein Wunder also, dass mancher auf die Idee kommt, mehr als nur die Unterschriften von Kunstwerken zu fälschen. Günter Hopfinger zum Beispiel, geboren 1950 in München, ist ein äußerst talentierter Graphiker – das mussten sogar seine Richter zugeben. Und bis heute gilt er als einer der besten Geldfälscher der Welt. Hopfinger schaffte es mit seinen Werken bis in die Räume einer Münchner Sonderausstellung über Blüten der vergangenen 200 Jahre. Allerdings auch bis ins Gefängnis. Dort hatte in den 1970er-Jahren alles angefangen. Zwei Jahre saß der Künstler wegen gefälschter Kfz-Plaketten; die Zeit in seiner Zelle vertrieb er sich damit, 100-Mark-Scheine mit Aquarellfarben und Buntstiften abzumalen. Weil Flins bekanntlich immer rar ist – nicht nur im Justizvollzug –, sollte Hopfingers Knastwährung bald auch draußen reüssieren. Der Meister konnte jedenfalls ganz leicht damit bezahlen, zum Beispiel im Wirtshaus. Aus den Hundertern wurden Tausender, von denen er bis Mitte der 1970er-Jahre an die achtzig Stück unter die Leute gebracht haben soll. Selbstverständlich handelte Hopfinger nicht aus kriminellen Motiven, sondern nur aus dem Drang heraus, künstlerisch perfekt zu werden. Wie es sich für echte Maler halt gehört. Aber die Behörden sahen es anders. Immerhin drehte die Kripo später einen Lehrfilm über die Schöpfungen des »Blüten-Rembrandt«, der heute als freier Künstler arbeitet.

Wege und Holzwege zum Reichtum V: Jedem seine Flins-Filiale!

»Wo san denn jetzt die ganzen Häuser?«
»Dort wo's am Schluss immer san! Bei der Bank!«
(Ruth Drexel als »Weißwurst-Paula« Weingartner und Hans Brenner als Max Berghammer in der bayerischen TV-Serie *Zur Freiheit*)

Wem für stundenlanges Geldschein-Abmalen die Geduld oder die ruhige Hand fehlt, der sollte vielleicht mal an eine Bank denken. Damit hier kein Missverständnis aufkommt – hier wird keinesfalls dem Bankraub das Wort geredet. Der ist völlig out. Zumindest in seiner analogen Form. Wer heutzutage auf sich hält, wird gleich Banker. Oder zumindest Cyberbandit! Da kann man gemütlich im Home Office bleiben – Beine auf'm Tisch! Energy-Drink in der Hand! – und muss einfach nur abbuchen. Auf diese Weise hat unlängst eine Online-Gang innerhalb von zwei Jahren weltweit eine Milliarde Dollar erbeutet. Hoppla hopp, rein in die Bank-Computer und per Mausklick durchmarschiert bis in die Buchhaltungssysteme – ohne quietschende Reifen und quiekende Bankgeiseln, ohne Schießerei und Schreierei, ohne den Geruch von Angstschweiß und Blut! Moderne Büroarbeit eben! Effizient und sauber!

In den analogen Sechzigern und Siebzigern, da war das noch ganz anders. Damals begann der Tag ja bekanntlich noch mit einer Schusswunde! Manchmal ging's auch erst nachmittags los. Und die Schusswunden kamen dann später. Zum Beispiel am 4. August 1971 – einem Mittwochnachmittag kurz vor vier! –, da stürmen zwei maskierte Männer mit Waffen die Filiale der Deutschen Bank an der Münchner Prinzregentenstraße. Die beiden Herren, der 31-jährige Georg Rammelmayr und der 24-jährige Dmitri Todorov, weisen sich als »Rote Front« aus, nehmen sechs Geiseln und fordern zwei Millionen Mark in Scheinen – bis 22 Uhr! Sonst kracht's!

Banküberfall mit Geiselnahme war damals was ganz Neues. Keiner weiß offenbar so recht, wie man da tut. Die Polizei nicht, die Geiseln nicht. Die Schurken nicht. Letztere sind an jenem Augusttag offenbar nicht besonders furchterregend; die Opfer scheinen sich jedenfalls nicht über Gebühr zu ängstigen. Fast sieht es so aus, als würde man sich untereinander gut verstehen; die Geiseln bekommen sogar mal kurz Freigang. Anscheinend hoffen die Täter, dass es so abläuft wie kurz zuvor bei ein paar Kollegen in Südfrankreich. Die durften nämlich erfolgreich abziehen!

Die Münchner Polizei aber fährt eine andere Linie, will scharf schießen, bemerkt jedoch bei der Gelegenheit, dass sie keine Scharfschützen hat; die Bundeswehr will ihr auch keine leihen. Also schickt man erst einmal drei Beamte – allesamt erfahrene Freizeit-Jäger – zum Üben in eine Kiesgrube östlich von München. Überdies muss der geforderte Flins – zwei Millionen Mark in Scheinen – erst noch fotografiert werden. Auch den Fluchtwagen gilt es zu präparieren. Die Sache zieht sich, Geiselnehmer und Geiseln bekommen also Hunger und Durst, weshalb man sich vom gegenüberliegenden Feinkostgeschäft kurz nach 21 Uhr Koteletts und belegte Brote, Obst und eisgekühlte alkoholische Getränken bringen lässt. Die Stimmung in der Bank wird immer gelöster und außerhalb sowieso. Dort haben sich Hunderte Schaulustige versammelt; das Ganze nimmt in jener Sommernacht fast schon Volksfestcharakter an. In einer »gespenstischen Mischung von Chicago und Oktoberfest«, wie die *Süddeutsche Zeitung* schreibt, grölen und pfeifen die Zuschauer, als sich die für 22 Uhr anberaumte Übergabe verzögert. Kurz vor Mitternacht ist es dann so weit. Eine der Bankangestellten meldet sich freiwillig als Fluchtgeisel. Ein Bankkassierer bringt erst einen Jutesack mit dem Geld, dann die gefesselte Geisel zum Auto. Erst danach kommt der mit Kapuze vermummte Geiselnehmer Rammelmayr aus der Bank. Und zwar filmreif – in der Linken eine MP, in der Rechten eine Pistole. Der Gang zum nächtlichen Showdown wird von Applaus und wirren Rufen begleitet. Eigentlich soll der Täter jetzt von den Einsatzkräften kampfunfähig geschossen werden, aber im Blitzlichtgewitter der anwesenden Pressefotografen verpassen die Scharfschützen ihren Einsatz. Erst als der Mann schon im Auto sitzt, neben seiner Geisel, wird das Feuer eröffnet. Die Menge jubelt, als Rammelmayr getroffen und schwer verletzt in die Autositze sinkt. Bei der folgenden heftigen Schießerei verletzt er die zwanzigjährige Geisel lebensgefährlich. Beide sterben, Rammelmayr noch vor Ort, Ingrid Reppel eine Stunde später im Krankenhaus rechts der Isar.

Die Münchner Polizeiaktion ist ein einziges Debakel. Die Beamten schaffen es kaum, die Bank zu stürmen, obwohl keine Gegenwehr mehr erfolgt. Drinnen solidarisieren sich die Geiseln mit dem zweiten Geiselnehmer, wollen seine Verhaftung verhindern. Wäre das Ganze nicht so furchtbar ausgegangen, man könnte es leicht für eine absurde Krimi-Parodie halten.

Spätestens seit jenem 4. August 1971 ist also klar, dass Banküberfälle – noch dazu mit Geiselnahme – eine saublöde Idee sind. Und rein wirtschaftlich betrachtet ebenfalls nicht klug, wie englische Ökonomen 2012 – im Auftrag von Banken, versteht sich – errechnet haben. Der durchschnittliche Ertrag solch höchst riskanter Unternehmen liege in Großbritannien nämlich gerade mal bei umgerechnet 25 000 Euro, in den USA bei nicht einmal 3 500 Euro. Und meist muss die Beute noch mit Kollegen geteilt werden. Um einigermaßen vernünftig leben zu können, müsste ein Bankräuber also öfter mal zuschlagen, was die Wahrscheinlichkeit immens erhöht, innerhalb der nächsten Monate geschnappt zu werden. Ob man die folgenden Jahre dann unter Verdienstausfall verbucht oder in die Rubrik »Kost und Logis frei« einreiht, bleibt natürlich jedem selber überlassen. Fest steht, rein wirtschaftlich lohnt sich's nicht. Und das hat sich herumgesprochen. Während die Computerkriminalität kräftig ansteigt, sind die Bankraubzahlen seit Jahren rückläufig.

Deshalb gilt heutzutage definitiv das so oft (verkürzt) zitierte Kerkerwort von Mackie Messer in Bert Brechts *Dreigroschenoper*:

> **Meine Damen und Herren. Sie sehen den untergehenden Vertreter eines untergehenden Standes. Wir kleinen bürgerlichen Handwerker, die wir mit dem biederen Brecheisen an den Nickelkassen der kleinen Ladenbesitzer arbeiten, werden von den Großunternehmern verschlungen, hinter denen die Banken stehen. Was ist ein Dietrich gegen eine Aktie? Was ist ein Einbruch in eine Bank gegen die Gründung einer Bank? Was ist die Ermordung eines Mannes gegen die Anstellung eines Mannes?**

Ach ja, das gute alte Handwerk! Lassen wir dieses weinerliche Mittelstands-Lamento – wenden wir uns lieber der Frage zu, wie man eine Bank gründet. Auch dafür hält die bayerische Geschichte wunderbare Beispiele bereit. Ein besonders schönes zeigt, wie sich Schauspielkunst und Geldgewerbe aufs Innigste vertragen – zumindest bis der Staatsanwalt kommt.

Die Rede ist von Adele Spitzeder, geboren in Berlin am 9. Februar 1832 als Kind einer damals recht bekannten Künstlerfamilie. Vater Josef, der nicht nur als Papageno in Mozarts *Zauberflöte* zu glänzen versteht, wird 1832 an die Münchner Hofoper berufen, stirbt aber kurz darauf – vier Wochen nach Adeles Geburt. Unterstützt vom bayerischen König darf sie dennoch die besten Privatschulen besuchen, nimmt Schauspielunterricht und will die großen Bühnen des Landes erobern. Talentiert ist sie durchaus, aber der große Durchbruch will nicht gelingen. Ohne Geld und ohne Engagement kehrt die lesbische Schauspielerin 1868 zurück nach München, wohnt mit Freundin und sechs Hunden in einem Gasthaus und pflegt einen aufwändigen Lebensstil. Von den 50 Gulden, die sie von der Mutter bekommt, lassen sich die Rechnungen jedenfalls nicht begleichen. Und so gerät Adele immer tiefer in den Schuldenstrudel und hat eines Tages eine ungewöhnliche Idee. Sie leiht sich Geld, verspricht dafür stolze zehn Prozent Zinsen und zahlt diese auch gleich für zwei Monate aus. Der erste Geldgeber ist ein Zimmerer aus der Au. Er ist recht angetan von Spitzeders Geschäftsmodell und erzählt es weiter. Bald schon wollen auch andere in den Genuss kommen. Ohne jedwede Sicherheit oder Deckung verleihen die Handwerker ihr Geld. Schließlich hamma ja Gründerzeit! Und Gründerzeit ist immer die schönste Zeit! Das Vertrauen in die selbstbewusst und extravagant auftretende Adele ist jedenfalls riesig. Übertroffen wird es nur von der Gier nach hohen Renditen. Zimmerer, Dienstleute, Geflügelhändlerinnen, Lederfabrikarbeiter – alle bringen ihr Erspartes. »Warum sollten immer nur die Großkopferten den Reibach machen?«, hat sich wohl mancher gefragt. Die Spitzederin aber – so schreibt sie's wenigstens in ihren Memoiren – macht »ihnen haarscharf und mit unumwundener Offenheit« klar, »dass ich nicht im Stande sei, auch nur die geringste Sicherheit oder Deckung bieten zu können«. »Egal!«, lautet die Antwort der Kundschaft, die auf den Geschmack gekommen ist: »Macht nix, wir wollen's probieren.« Und so läuft das Geschäft immer besser, eine wahre »Kreditlawine« rollt über München hinweg, unaufhaltsam und für alle Seiten durchaus befriedigend, zumal Adele Spitzeder, die zunächst ihre eigenen Verbindlichkeiten begleichen kann, ja auch stets sofort auszahlt. »Die Schleusen des Glückes schienen geöffnet«, berichtet das illustrierte Familienblatt *Die Gartenlaube* im Jahr 1872:

> **Adelen selbst aber war plötzlich ein Licht aufgegangen über die Kunst, reich zu werden. Mit großer Schlauheit hatte sie gleich die ersten Wechsel, die sie noch mit schüchterner Hand unterschrieb, so »auseinander datirt«, daß sie im Stande war, die hohen Interessen, sowie auch die wenigen Summen, auf deren Heimzahlung bestanden wurde, mit den in wachsender Proportion nachrückenden Einlagen zu decken.**

Angelockt vom hohen Zins holen vor allem die Bauern aus dem Dachauer Land ihren Flins unter den Betten hervor und bringen ihn nach München hinein. Eimerweise schleppen sie ihr Geld in die alte Münchner Wirtschaft »Stangl im Thal«. Diese »Dachauer Bank«, wie sie im Volksmund heißt, wird bald schon zu klein, und so kauft Adele Spitzeder das dreistöckige Haus Nr. 9 in der Schönfeldstraße.

Und auch sie läuft bestens, die neue Privatbank, die Spitzeder dort mit ihrer Lebensgefährtin Emilie Stier betreibt. Zehn Prozent Zinsen? Da verkauft nicht nur manch geiziger Ökonom sein Hab und Gut und trägt den Flins zur Spitzederin; sogar Vertreter von Kommunen investieren öffentliche Gelder in der Hoffnung auf mehr! An warnenden Stimmen fehlt es nicht. Aber Gier ist bekanntlich eine gefährliche Seuche, die zu Hirnfraß führen kann. Adele Spitzeder kennt das Heilmittel, das zugleich auch Ursache der Malaise ist: Geld! Geld, das sie großzügig verleihen kann. Manchen Handwerkern und Kaufleuten gewährt sie Kredite zu moderaten Zinsen, von anderen nimmt sie 15 bis 20 Prozent!

Organisiert ist das Ganze mit der Nonchalance einer Künstlerkommune – der Flins lagert in Säcken am Gang und wird von den 40 Mitarbeitern bei Bedarf gegen einfache Quittungen ausgegeben. Oder auch nicht. So mancher Angestellte dürfte seine Chefin betrogen haben, wie Spitzeder selbst beklagt. Geht ja auch leicht, denn von Buchführung ist keine Rede! Wozu auch? Verlangt ja keiner! Solange das Spiel läuft. Und es läuft. Niemand will Einblick in die Bilanzen der erfolgreichen Unternehmung. Schließlich fährt Frau Spitzeder ja oft vierspännig aus, um segensreich zu wirken. Einen neuen Turm für die Kirche! Eine Volksküche für die Bedürftigen! Spitzeder tut Gutes und spricht darüber. Heute nennt man das wohl Corporate Social Responsibility!

Alles bestens also? Juristisch findet man zunächst keinen Hebel gegen das Spitzedersche Schneeballsystem. Schließlich zahlt sie ja brav die versprochenen Zinsen. Deshalb geht die neidige Konkurrenz anders vor, unterstützt eine groß angelegte Pressekampagne, untergräbt das Vertrauen in die Privatbank und bringt das wacklige Gebäude ins Wanken.

Am 12. November 1872 fordern misstrauisch gewordene Anleger ihr Geld zurück; bis nachmittags um vier sind's schon 180 000 Gulden. Langsam wird's eng, die Bank kann nicht mehr auszahlen, Militäreinheiten müssen die Straße sperren. Alles vergeblich, der Sturm bricht los und das Bankhaus zusammen. Spitzeder wird verhaftet. Sie hat millionenschwere Wertpapiere, Geld und Schmuck und vor allem ein reines Gewissen. Sie habe niemanden übers Ohr gehauen! Sagt sie. Trotzdem wirft man ihr betrügerischen Bankrott vor, und dafür wird sie am 20. Juli 1873 auch verurteilt – zu drei Jahren Gefängnis. Nicht ganz zu Unrecht! Denn am Ende fehlen acht Millionen Gulden. Mehr als 30 000 Anleger haben ihr Geld verloren.

Wege und Holzwege zum Reichtum VI: Too big to fail!

Ein schlimmes Ende? Ah geh! Lassen Sie sich doch vom Schicksal der Adele Spitzeder nicht irritieren! Das Bankgeschäft lohnt sich immer noch! Klar, drei Jahre Gefängnis, das klingt schon lang. Aber erstens sind heutzutage die meisten eh bald wieder Freigänger. Und meistens kommt man auf Bewährung davon. Oder wird gar nicht erst belangt. Wär ja auch noch schöner wegen einer kleinen Deckungslücke! Sie müssen halt dafür sorgen, dass Sie systemrelevant werden. Das hat die Frau Spitzeder leider ein bisserl verschlafen. Too big to fail! Zu groß fürs Abschmieren! Dann feit sich gar nix mehr! Null Risiko! Verstehen Sie! Denkens doch nur an die Hypo Real Estate. Freilich war's ein Fass ohne Boden, ein riesiges schwarzes Loch. Aber Sie wissen ja, was Kurt Tucholsky 1931 *Zur soziologischen Psychologie der Löcher* geschrieben hat: »Das Loch ist ein ewiger Kompagnon des Nicht-Lochs: Loch allein kommt nicht vor, so leid es mir tut.«

Und genau so war's 2007 in der Finanzkrise! Staatliche Garantiezusagen in dreistelliger Milliardenhöhe! Dazu Garantien aus dem Finanzmarktstabilisierungsfonds. Ein bisserl auslagern muss man ihn halt, den ganzen Müll! A weng a Bad Bank gründen! Verstehens! Obwohl sie ja eigentlich selber schon eine Bad Bank war, die Hypo Real Estate. Hier irrt Tucholsky leider, wenn er schreibt: »Das Loch ist statisch; Löcher auf Reisen gibt es nicht. Fast nicht.« Erinnern Sie sich noch? 1998 – die Fusion der Hypo-Bank mit der Bayerischen Vereinsbank – dem tatkräftigen bayerischen Ministerpräsidenten Edmund Stoiber sei Dank! Ja mei, es waren halt schlimme Zeiten – überall diese ganzen Schrottimmobilien! Da war's grad gescheit, dass man 2003 mit der Hypo Real Estate so eine Bad Bank gegründet hat. Die hat dann die faulen Kredite übernommen, bevor die Hypo- und Vereinsbank 2005 von den Italienern übernommen wurde. Und am Ende wird die böse Immobilienfinanzierungstochter verstaatlicht! Ja, ja, der liebe Steuerzahler. Ganz allein hat er's wieder gestemmt! Vergelt's Gott auch!

Da hat der Tucholsky dann doch wieder recht:

Das Loch ist der Grundpfeiler dieser Gesellschaftsordnung, und so ist sie auch. Die Arbeiter wohnen in einem finstern, stecken immer eins zurück, und wenn sie aufmucken, zeigt man ihnen, wo der Zimmermann es gelassen hat, sie werden hineingesteckt, und zum Schluß überblicken sie die Reihe dieser Löcher und pfeifen auf dem letzten.

Genau so geht's! Einer muss halt den Blöden spielen! Die Bad Bank der verstaatlichten Immobilienbank Hypo Real Estate hat den Bund mit einem Verlust von knapp zehn Milliarden Euro belastet! Und die Hauptbegünstigten, also Unicredit SA (Hypo-Vereinsbank), Deutsche Post AG, DZ Bank, Deutsche Bank AG, Commerzbank AG, Deutsche Apotheker- und Ärztebank – die hätte man doch auch fragen können, ob sie nicht einen Teil der Verluste mit übernehmen könnten?

Ja schon, aber mei! Es hat halt keiner gefragt. Und was heißt schon belastet? Schulden? Die ganze Welt ist doch verschuldet. 200 Billionen Dollar beträgt die globale Kreditlast! Was glauben denn Sie, wie Geld heutzutage geschaffen wird? Mit der Notenpresse? Weit gefehlt! Zehn Prozent macht das aus. Der Löwenanteil existiert doch nur elektronisch. Als virtuelle Zahl auf Ihrem Konto, geschaffen von der Bank. Mit nur einem Prozent Mindestreserve! Merken's was? Na also! Fiat money! Es werde Geld! Und zwar grad so viel, wie's Schuldner gibt! Nämlich viele! Sehr viele. Und irgendwann kommt dann – ja mei! – das ganz große Loch halt!

Was meinen Sie? Unseriös? Wie die Spitzeder? Eingesperrt? – Ah geh! Ich bitte Sie! Seiens doch nicht hysterisch! Wir sind doch keine Bananenrepublik! Bei uns wird nicht eingesperrt! Allenfalls eingestellt! Nämlich das Verfahren – gegen Geldauflage, versteht sich. Na ja, Peanuts halt! Wegen der paar Milliarden? Man wird sich doch mal verheben dürfen!

Wie das dann verrechnet wird? Ja, wissens, das ist jetzt mehr eine philosophische Frage, die schon den Tucholsky beschäftigt hat.

Wenn ein Loch zugestopft wird: wo bleibt es dann? Drückt es sich seitwärts in die Materie? Oder läuft es zu einem andern Loch, um ihm sein Leid zu klagen – wo bleibt das zugestopfte Loch? Niemand weiß das: unser Wissen hat hier eines.

Ja, genau so ist es! Nix Genaues weiß man nicht. Ob's jetzt bei der Bildung wieder hereingespart wird? Oder im Sozialen? Aber da sollen sich dann unsere gewählten Sparschweinderl den Kopf drüber zerbrechen.

Wir lassen uns jedenfalls nicht irritieren! Das Bankgeschäft ist ein schönes Geschäft. Da weiß man, was man hat! Und wem die ganzen schönen Autos und Häuser und Regierungen gehören. Und wo sie am Ende auch wieder landen. Bei der Bank an Ihrer Seite nämlich – oder vorne oder hinten – ist ja egal wo!

Wie meinen? So was mag nicht jeder? Manchem graust's davor ein wenig? Ja, mag schon sein, aber man gewöhnt sich schnell dran. Unlängst hat eine Studie der Universität Zürich die Moral von Bankern untersucht. Wegen der ganzen Skandale und Betrügereien. Ganz viele Versuche haben die Forscher gemacht. Und siehe da: Der Banker ist nicht per se unehrlich! Also nicht unehrlicher als andere Menschen. Zumindest nicht im Privatleben. Aber sobald er eine Bank betritt, ist er ein anderer Mensch! Wegen der materialistischen Business-Kultur, verstehns! Die verändert nämlich die ethischen Normen der Beschäftigten. Oder anders gesagt: Banker in ihrem Berufsumfeld bescheißen deutlich öfter als Privatleute! Nicht unbedingt die netten Leute am Schalter oder der joviale Herr Direktor am Land. Aber vor allem die Investment-Manager und die Trader im Hintergrund!

Man kann's also schon lernen! Auch als ganz normaler Mensch! Zimperlich darf man halt nicht sein. Deshalb gilt: Augen zu, Geldbeutel auf und durch! Unangenehm sind nur die vielen querulatorischen Kunden, die sich neuerdings massenhaft über die Banken aufregen! Zum Beispiel über die unzulässig hohen Kreditgebühren und über die schlechte Beratung! Aber Schwamm drüber! Dafür gibt's dann den Ombudsmann! Man nehme einfach einen pensionierten Juristen, der freut sich ein Auge aus, wenn er noch ein bisserl Ansprache hat. Der wird von der Bank anständig bezahlt und weiß dann auch genau, wessen Lied er singen muss bei den außergerichtlichen Streitschlichtungen. Ach ja, das Bankengeschäft ist schon eine feine Sache!

Formel Eins und Champions League – Flins in Zeiten des Größenwahns

Der Bayer mag es, wenn's brummt. Der Umsatz, der Gewinn, die Volkswirtschaft, der Brenner von der Ölheizung, der 5er BMW – alles muss brummen! Weil »wenn's Arscherl brummt, is Herzerl g'sund«, lautet die Devise in einem Land, in dem schon immer viel zusammengehalten wurde – vor allem das »Sach«. »Die zentrale Herrschaft, die zentrale Prägung ist die des Ökonomismus«, schrieb einst Carl Amery über sein geliebtes Volk der Bayern:

> **Sein Zentralsakrament ist die D-Mark; in strahlendem Schweigen ist sie damals, an jenem Wochenende im Juni 1948 als Sonne über uns aufgegangen. Sie hat die goldenen Ketten hervorgezaubert, die uns alle fesseln.**

Als in der Neujahrsnacht 2002 die Geldautomaten erstmals nur noch Euro-Scheine auswarfen, schien freilich für manche der Sonnenuntergang schon ganz nah. Kein romantischer, wie man ihn aus bayerischen Biergärten gewohnt war, mit Blick über die Kirchturmspitzen, die Sparkassenfiliale und den Staffelsee. Es war eher ein angsterfüllter Blick in die Zukunft! »Quo vadis, Euro?«, mag sich mancher gefragt haben, der schon das leise Klagen der Bouzouki in einer griechischen Sommernacht zu vernehmen glaubte. Die goldenen Ketten blieben jedenfalls stramm angezurrt und bayerische Landespolitiker brummten weiter tapfer ihr Mantra vom Wirtschaftsstandort, auch wenn die kakophonische Katzenmusik rolliger Investmentbanker immer lauter, immer schriller durch die Nacht tönte und manchem den Schlaf raubte, der seine ökonomischen Glaubensgewissheiten seit Raiffeisens Zeiten nicht mehr hinterfragt hatte: »Dahoam is, wo da Diredari wohnt!«– daran hatte man fest geglaubt. Nur war in Zeiten von Globalisierung und Deregulierung bald längst nicht mehr so klar, wo er wirklich daheim ist, der Flins.

Schon in den frühen 1970er-Jahren wurde der Wettbewerb im Finanzgeschäft rauer und der Fusionsdruck in der Bankenwelt größer. Auch am Finanzplatz München. So entstand im Sommer 1972 per Gesetz die Bayerische Landesbank (der Zusatz Girozentrale wurde bald fallengelassen), ein Zusammenschluss der Bayerischen Gemeindebank und der Bayerischen Landesbodenkreditanstalt. Am Grundkapital von 400 Millionen Mark waren damals der Freistaat Bayern und die bayerischen Sparkassen je zur Hälfte beteiligt. Eine recht bayerische Angelegenheit also, möchte man meinen. Und in den 1970er- und 80er-Jahren war es auch noch so: Man spielte meist Regionalliga! Schließlich heißt eine Landesbank ja Landesbank, weil sie dem Bundesland dienen und dort den Mittelstand fördern soll. Meint man jedenfalls als Laie.

Die Landesbank verstand sich zumindest anfangs vor allem als Sparkassenzentralbank, als Hausbank des Freistaates, als Kreditinstitut der Kommunen. Und über ihre Landesbausparkasse und die Landesbodenkreditanstalt nahm sie auch wichtige Aufgaben im Städte- und Wohnungsbau wahr. Durchaus gemeinwohlorientiert also. Aber das war nur die eine Seite. Auf der anderen war sie auch eine ertragsorientierte Universalbank, die Wertpapier- und Auslandsgeschäfte tätigte. Der Spagat war programmiert und die Grundsatzdebatten über das Verhältnis von Gemeinwohl und Money-making ebenso.

Nun ist das Segeln auf hoher See bekanntlich eine gefährliche Sache, das weiß man auch im notorischen Binnenland Bayern. Aber die Winde standen scheinbar günstig, und so setzte eines Tages die tollkühne Besatzung der »LB Bayern« mutig ihre Segel und ging ankerauf, hinaus aufs regengepeitschte Meer, wo zwar die Wellen rauer und die Geld- und Kapitalströme internationaler waren als daheim, wo aber auch unbekannte Eilande mit exotischen Namen und hohen Renditen lockten: Derivate, Devisen, Dividenden! Auch im Kreditgeschäft wuchsen die Landesbanken, nicht nur in Bayern, sehr schnell, weil sie als öffentlich-rechtliche Institutionen so sicher wie der Staat waren. Sie konnten das Geld billiger verleihen als die privaten Geschäftsbanken und die genossenschaftlichen Banken. Aber man wollte damals nicht immer nur in bayerischen Binnengewässern herumdümpeln und höchstens mal Kurierdienste für den Stammesfürsten Strauß erledigen dürfen, um den roten Korsaren der DDR ein paar Schatztruhen mit Milliardenkrediten zu überbringen.

Und so schnupperten die Landesbanker schon in den 1970ern ein wenig in die große, weite Welt hinaus, wo es bekanntlich nach Abenteuer riecht. Oder nach Erdöl. Mega-Petrol war das Zauberwort, das kurz nach dem Ölpreisschock in den Ohren investitionsfreudiger Zeitgenossen klang wie El Dorado und Gelobtes Land in einem. Mega-Petrol war der Name eines bayerischen Ölbohrunternehmens, das große Träume bediente: Nordamerikanische Öl- und Gasfelder sollten entdeckt und ausgebeutet werden! Dafür versprach man den Anlegern Traumrenditen von 25 Prozent im Jahr. Weil die Erträge der Ölquellen natürlich nicht ganz reichten, führte man ein Schneeballsystem ein, das eine Art Querfinanzierung ermöglichte. Was in der einen Firma von neuen Kommanditisten einbezahlt wurde, gab man hinten für die Befriedung alter Geldgeber aus. Reine Luftnummern also. Die renommierte Bayerische Landesbank gewährte dafür Millionenkredite zur Zwischenfinanzierung und setzte ihren Namen auf die Werbeprospekte und Zeichnungsscheine der Firma. An die 2000 Anleger griffen damals tief in die Tasche und investierten insgesamt 270 Millionen Mark. Als Anfang der 1980er das Ölgeschäft abschmierte, kam es zu einem veritablen Wirtschaftsskandal. Landesbank-Präsident war damals der frühere Finanzminister Bayerns, Ludwig Huber. Sein Kontrolleur war der LB-Verwaltungsratsvorsitzende und damals amtierende Finanzminister Max Streibl, der auch als bezahlter Festredner von Mega-Petrol aufgetreten sein soll. Zehn Jahre dauerte der Prozess, bis 1993 die Landesbank »wegen Beihilfe zur sittenwidrigen Schädigung« zu Schadensersatzzahlungen an Anleger verurteilt wurde. Streibl – mittlerweile schon bayerischer Ministerpräsident – blieb unbehelligt. 1996 sprach ihn der Untersuchungsausschuss im Landtag von allen Vorwürfen frei.

In den 1990er-Jahren wehte ohnehin ein anderer Wind – auch für die Landesbank. Hinaus in die weite Welt sollte es gehen! Nix mehr Regionalliga! Champions League! Weltweite Geschäfte! Westeuropa, Osteuropa, Nordamerika, Lateinamerika, Arabien, Asien! Mia san mia, und zwar überall – lautete der Kampfschrei auf den Ozeanen der Finanzwelt:

Es weht der Wind mit Stärke zehn, das Schiff schwankt hin und her.
Am Himmel ist kein Stern zu sehn, es tobt das wilde Meer.

Jaja, so waren sie damals, unsere Landesbanker. Als daheim dann irgendwann einmal leise die Frage aufkam, ob sich unsere kleine feine Landesbank Bayern damit nicht ein wenig übernimmt und über ihren ursprünglichen Daseinszweck hinaus gesegelt sei, da war's auch schon zu spät. Im März 1997 war nämlich ein Taifun über den Finanzplatz Asien gezogen, und die BayernLB versenkte vor den Gestaden Thailands ihre ersten 1,3 Milliarden Mark durch unkontrollierte Aktienkredite. 800 Millionen sollen damals durch wildeste Zockerei verloren worden sein. Die Mannschaft trug's mit Fassung und segelte munter weiter. Der Ober-Geldversenker von der Niederlassung Singapur stieg damals sogar in den Kapitänsrang auf und wollte das Ruder gleich gar nicht mehr aus der Hand geben. Gemäß dem alten Seebären-Motto: »Und wenn der letzte Mast auch bricht, wir fürchten uns nicht!« Der Steuerzahler freilich fürchtete sehr wohl – um sein Geld. Und zwar zu Recht. Denn die Kontrollarbeit des LB-Verwaltungsrats unter CSU-Politiker Erwin Huber hatte offensichtlich nicht ganz funktioniert. Es sollte nicht das letzte Mal sein, dass die Aufsicht versagte.

Damals dauerte es übrigens ziemlich lange, bis die verantwortlichen bayerischen Landespolitiker um Ministerpräsident Edmund Stoiber (CSU und FC Bayern München) den damaligen Kapitän der BayernLB, Alfred Lehner (SPD und TSV 1860 München) zum Abmustern überreden konnten. Genauer gesagt war es wohl die Bankenaufsicht, die mit Kielholen drohte, damit Käpt'n Lehner 2001 »freiwillig« von der Brücke ging – ganz kurz vor seiner Pensionierung. Lehner hatte allerdings davor noch einen weiteren lustigen Coup eingeleitet. Der äußerst gut vernetzte Medienunternehmer Leo Kirch brauchte dringend mal 1,6 Milliarden Dollar, um in die Rennsportserie Formel 1 einzusteigen. Andere Banken hatten bereits abgelehnt. Die Raserei war den Herren wohl etwas zu unsicher! Aber der Vorstand der Bayerischen Landesbank half gern aus. Obwohl nicht klar war, wie viel die Formel-1-Anteile, die als Sicherheiten geboten wurden, eigentlich wert waren. Aber darum ging's wohl auch nicht mehr. Das Magazin *Focus Money* schreibt im Jahr 2003: »Kirch vergaß seinen großzügigen Banker nicht: Sechs Monate später engagierte er Lehner als Aufsichtsrat für seine Senderkette ProSiebenSat1.« Und schließlich hatte ja auch der Kreditvergabeausschuss – darunter mehrere bayerische Minister – dem Formel-1-Geschäft zugestimmt.

München sollte schließlich zum bedeutendsten deutschen Medienstandort aufsteigen. Champions League halt! Immer höher, immer weiter, immer schneller. Wie in der Formel 1! Leider touchierte man auch bei dieser flotten Fahrt bald die Bande. Die Kirch-Gruppe kam ins Trudeln und mit ihr die Landesbank als größter Gläubiger. Als im April 2002 die KirchMedia Insolvenz anmeldete, konnten für ihre 75 Prozent Anteile an der Dachgesellschaft der Formel 1 keine Abnehmer gefunden werden. Die Banken blieben erst einmal darauf sitzen. Gerhard Gribkowsky sollte als Risikovorstand der BayernLB einen Käufer für die Anteile finden. Hat er auch. Allerdings ging's beim Verkauf nicht ganz sauber zu, weil Gribkowsky sie unter Wert veräußert und für sein Entgegenkommen 50 Millionen Dollar kassiert habe, sagten die Staatsanwälte. 2012 verurteilte das Landgericht München I den Landesbanker Gribkowsky wegen Bestechlichkeit in Tateinheit mit Untreue und Tatmehrheit mit Steuerhinterziehung zu achteinhalb Jahren Haft. Der Formel-1-König Bernie Ecclestone bestritt, mit der Sache zu tun zu haben, musste sich aber wegen des Vorwurfs der Bestechung monatelang vor dem Landgericht München verantworten. Der Schmiergeldprozess wurde im August 2014 gegen eine Geldauflage von 100 Millionen Dollar eingestellt. Die Richter sahen die Vorwürfe nicht als ausreichend erwiesen an. Keine Bestechung also, keine Vorstrafe. Es ging ein Aufschrei durch die Medien und die Öffentlichkeit. »Zahlt der Täter genug Geld, ist die Sache aus der Welt«, reimte Heribert Prantl von der *Süddeutschen Zeitung* und verglich die »Ecclestonisierung des Strafrechts« mit dem Ablasshandel der katholischen Kirche vor 500 Jahren. Die Einstellung unliebsamer Verfahren gegen Geldauflage werde zur Universalmethode, die zwar ökonomisch für die Staatskasse lukrativ sein mag, aber zum Verlust des Vertrauens in die Justiz führe.

Vertrauensverlust wurde überhaupt zum Wort des Jahrzehnts. Wem sollte der Bürger auch noch trauen in diesem globalen Irrsinn? Den Politikern in den gutdotierten Kontrollgremien, die nachher immer nichts gewusst haben und im Untersuchungsausschuss jede Mitverantwortung an Milliarden-Debakeln entschieden zurückweisen? Den größenwahnsinnigen Bankmanagern, die sich aus Gier und Geltungssucht immer halsbrecherischer auf das weite Meer der Spekulanten hinauswagen, wohl wissend, dass sie im Havarie-Fall – höchst systemrelevant – von der »MS Steuerzahler« gerettet werden?

Die Formel-1-Raserei blieb jedenfalls nicht das einzige Desaster in Bayern. Es sollte noch viel, viel teurer werden. Obwohl man nach der Asienpleite und dem Krisenjahr 2001 auch bei der Bayerischen Landesbank durchaus über eine Schrumpfung sinnierte. »Volle Fahrt nach Haus? Konzentration auf die Kernregion?« Darüber wurde nachgedacht. Allerdings blieb es beim Nachdenken. Denn schon wieder rief das internationale Parkett, wo bald schon aberwitzige Summen verzockt wurden. »Champions League forever!«, grölte es aus den VIP-Logen der Banker und Börsianer, und mancher Landespolitiker sang fröhlich mit. Man wollte halt auch ein bisserl am großen Glücksrad drehen, ein bisserl Wall Street spielen, einmal ein ganz großer Finanzhai im Becken sein. So hisste also auch die BayernLB wieder die Segel, um ein stattliches Investmentschlachtschiff auf den Weltmeeren des Flinses zu werden – und setzte auf Verbriefungen amerikanischer Immobilienkredite. Bis 2008 der Mahlstrom der Finanzmarktkrise auch die tapfere LB Bayern in seinen gigantischen Strudel zog. Nur mit 10 Milliarden Eigenkapital vom Freistaat Bayern und einer 5-Milliarden-Garantie vom Bund konnte die Landesbank schließlich gerettet werden. Kaum wieder an Land und noch tropfnass musste man nun kräftig sparen und die Schulden langsam abstottern. Die EU verordnete eine Beihilferückzahlung von fünf Milliarden Euro an den Freistaat Bayern bis 2015. Die Folgen: Konzernweit strich die Bank 5600 Stellen, internationale Vertretungen wurden dichtgemacht. Anfang 2013 verkaufte man für 2,45 Milliarden Euro die Wohnungsgesellschaft GBW an ein Konsortium um einen Augsburger Immobilienkonzern. SPD und Mieterbund protestierten lautstark. 80000 bayerische Mieter in 32000 GBW-Wohnungen bangen nämlich seither um ihr Zuhause und fürchten massive Mieterhöhungen. »Der Verkauf der Aktien der GBW AG war der größte wohnungspolitische Fehler der Nachkriegsgeschichte in Bayern«, klagte die Münchner Mieterschützerin und SPD-Stadträtin Beatrix Zurek (*Süddeutsche Zeitung* vom 10. April 2014).

Der Banker spielt also Finanzhai, und die Gräten schluckt der Bürger. Auch wenn die Landesbank das riskante Investmentbanking auf eigene Rechnung mittlerweile aufgegeben und die faulen Hypothekenpapiere sechs Jahre nach der Krise abgestoßen hat, bleiben noch geschätzte 2,5 Milliarden Euro, die von der BayernLB am US-Immobilienmarkt versenkt wurden. Und es hätte durchaus noch viel schlimmer kommen können für die Steuerzahler.

Allerdings reicht auch das schon. Denn die abenteuerlustigen Landesbanker hatten durchaus noch andere zwielichtige Kaperfahrten unternommen. Im Mai 2007 kaufte die BayernLB für 1,625 Milliarden Euro eine Beteiligung von 50 Prozent plus einer Aktie an der österreichischen Hypo Group Alpe Adria (HGAA). Die Sache ging sehr eilig über die Bühne, viel Zeit zur Prüfung von Detailfragen war nicht. Die Bank machte in Österreich und auf dem Balkan Geschäfte und war wohl in Teilen durchaus solide. Aber nur in Teilen. Die LB-Tochter expandierte also zunächst munter, geriet jedoch bald schon in finanzielle Schwierigkeiten. Die Landesbank stockte ihren Anteil weiter auf. Als für die Kärntner Tochter aber Insolvenzgefahr bestand, lehnte die bayerische Staatsregierung – als Haupteigentümerin mit drei Ministern im Verwaltungsrat der BayernLB vertreten – weitere Zahlungen an die österreichische Tochtergesellschaft ab. Man gab die Anteile zum symbolischen Preis von einem Euro an die Republik Österreich zurück. Die wurde im Zuge eines Notverstaatlichungsverfahrens alleinige Eigentümerin. Seither stapeln sich die Aktenordner auf den Tischen der Staatsanwälte und Richter. Und die bajuwarischen Brudervölker diskutieren heftig darüber, wer da wen über den Tisch gezogen hat.

Tatsache ist, dass das Abenteuer für den Freistaat Bayern und den österreichischen Staat zum Milliardengrab wurde. Verursacht durch Missmanagement, Bestechlichkeit und fehlende finanzpolitische Kontrolle.

Verantwortliche Politiker zogen sich gern elegant aus der Affäre. Kurt Faltlhauser (CSU) zum Beispiel, von 1998 bis Oktober 2007 Finanzminister in Bayern, hatte 2007 dem verhängnisvollen Fehlkauf der Hypo Group Alpe Adria (HGAA) durch die BayernLB zugestimmt. Anfang 2008 wurde er Berater der Investmentbank Rothschild, die im Jahr zuvor den Kauf empfohlen und dafür ein Erfolgshonorar in Höhe von acht Millionen Euro kassiert hatte.

Auch Georg Fahrenschon, von Oktober 2008 bis November 2011 bayerischer Staatsminister der Finanzen, fand nach seiner Politkarriere schnell wieder Anschluss – als Präsident des Deutschen Sparkassen- und Giroverbands (DSGV). Nur zur Erinnerung: Die bayerischen Sparkassen als Miteigentümer der Landesbank waren ungeschoren davongekommen, weil der Freistaat mit einem Milliardenkredit eingesprungen war.

Ein Ende ist noch nicht in Sicht. Im März 2015 berichten die Medien wieder über drohende Milliardenverluste für die BayernLB, weil der österreichische Staat einen Schuldenschnitt beschlossen hat. Es ist daher höchst unsicher, ob die Bayerische Landesbank die staatlichen Rettungsgelder weiterhin – wie vereinbart – brav zurückzahlen kann. Mit deftigen Auswirkungen auf den bayerischen Haushalt ist zu rechnen. Dabei hat sich die Staatsverschuldung des Freistaats in den vergangenen zwanzig Jahren ohnehin schon verdoppelt.

Und die Banker? Das Landgericht München I hat im Oktober 2014 den ehemaligen BayernLB-Chef Werner Schmidt zu einer Bewährungsstrafe von einem Jahr und sechs Monaten wegen Bestechung verurteilt. Der Manager hatte zuvor zugegeben, dass die BayernLB den österreichischen FPÖ-Politiker Jörg Haider bestochen hat, um den Zuschlag für die Hypo Alpe Adria zu erhalten – mit einem Sponsoring-Geschäft für einen Fußballverein in Kärnten. Nun ja, auch Alpenvölker träumen halt manchmal von der Champions League. Nicht nur beim Fußball.

Manager Schmidt musste jedenfalls nicht ins Gefängnis. Und wegen Untreue wurde auch keiner der LB-Vorstände verknackt. Obwohl die bayerischen Steuerzahler durch den Größenwahn der Banker und Politiker 3,7 Milliarden Euro verloren haben.

Aber Größenwahn ist halt nicht strafbar. Sonst würden wohl einige im Gefängnis brummen. Schade eigentlich, mag sich mancher gedacht haben: Wo's doch der Bayer so mag, wenn's brummt.

Bleibt nur die Frage, wozu der Mensch eigentlich eine Landesbank braucht. Auch da bleibt der Bayer gelassen und antwortet achselzuckend: »Weil ma's uns leisten können.« Sind ja nur 40 000 Euro, die der bayerische Steuerzahler pro Stunde für den 10-Milliarden-Kredit blechen muss. Man gönnt sich ja sonst nix!

Hod a jeda seinen Flins? – Eine Schlussbemerkung

Ein uralter Separatisten-Traum wird Wirklichkeit! Und alle Probleme sind gelöst! Bayern hat endlich wieder seine eigene Währung, seine eigenen Geldscheine. Ehern thront Schloss Neuschwanstein vorm Gebirg', drüber weht die geliebte weiß-blaue Fahne, daneben prangt stolz das Konterfei von König Ludwig II., und ganz links auf dem Schein steht gleich noch einmal unser verehrter Märchenkönig im Ganzkörperporträt. Vielleicht ein bisschen viel Bankrotteur auf einem einzelnen Schein einer soliden Währung, könnte man hier kritisch einwenden. Aber das wäre angesichts der patriotischen Grundstimmung dann doch zu beckmesserisch. Zumal es sich, wie so oft in Geldfragen, ja nur um eine Illusion handelt. Denn dieser bayerische Geldschein ist zwar recht aufwändig produziert – mit Silberstreifen, Hologramm und Wasserzeichen –, aber halt auch leider nur ein Muster aus dem Jahr 2008. Ein Verkaufsmuster von Giesecke & Devrient, einer der größten Banknotendruckereien der Welt. Bayern hat also keinen eigenen Flins! Es harrt immer noch seiner Erlösung und muss weiterhin mit dem leidigen Euro zahlen. Nun kam zu allem Überdruss Anfang 2015 auch noch die Meldung, dass die renommierten Gelddrucker im Münchner Osten demnächst sogar die Euro-Produktion in Bayern ganz einstellen wollen. Aus Kostengründen! Die Scheine sollen künftig im Leipziger Werk hergestellt werden, heißt es.

Ja, da hammas doch wieder, hört man all jene lauthals schreien, die darin ein Menetekel sehen und schon immer gewusst haben, dass Bayern es allein doch viel besser kann und deshalb seinen eigenen Staat brauche. Am besten noch mit eigenem Diridari! Weil all die Soli-Zahlungen und Griechenlandhilfen und Länderfinanzausgleiche doch sowieso nichts anderes seien als ein einziger gigantischer Raubzug am bayerischen Steuerzahler!

Gemach, gemach, verehrte Freunde der Eigenstaatlichkeit. Ganz so schlimm wird's schon nicht kommen, zum Verhungern wird's nicht werden, und ein paar Scheine aus Leipzig werden am Ende auch in Bayern landen – für den kleinen Hummer zwischendurch beim Feinkost Käfer! Denn Bayern ist ja ein reiches Land. Reicher als der Durchschnitt der Bundesländer. Das Nettovermögen eines Bayern liegt laut Sozialbericht 2012 bei 61 200 Euro. Fast 7000 Euro mehr als im restlichen Westdeutschland. Und sogar 12 000 mehr als der Durchschnitt der gesamten Bundesrepublik! Na also, wer sagt's denn! Der Flins ist schon da! Aber mit der Verteilung hapert's halt noch ein bisschen. Wie übrigens überall auf der Welt, wo die Reichsten ein Prozent demnächst mehr Vermögen haben werden als die restlichen 99 Prozent der Menschen auf unserem Planeten. Die Schere geht immer weiter auseinander, und das gilt auch für Bayern. Man lese dazu nur die einschlägigen Berichte der Arbeiterwohlfahrt. Die vermögendsten zehn Prozent der Bayern besitzen demnach 41 Prozent vom Gesamtvermögen. Die reichsten 20 von 100 sogar über 60 Prozent. Und unten? Da schaut's düsterer aus. 30 Prozent der Haushalte besitzen nicht einmal ein Prozent des Gesamtvermögens. Reiches Bayern also? Da kann manche Alleinerziehende und mancher Rentner nur müde lächeln. Bei den über 65-Jährigen zum Beispiel steigt das Armutsrisiko dramatisch an. Und Bayern liegt – nach Saarland und Rheinland-Pfalz – auf Rang drei dieser traurigen Hitliste. Der Arme sitzt also keineswegs nur mehr in Cottbus oder Herne, sondern auch draußen in Neuperlach.

Rechnet man die deutlich höheren Kosten für Miete und Konsumgüter mit hinein, kommt man plötzlich zu dem gar nicht so überraschenden Ergebnis, dass man in München auch deutlich mehr Geld zum Leben braucht. Geld, das immer öfter nicht da ist. Weshalb man im August 2014 die Schlagzeile lesen konnte: »Jeder fünfte Münchner ist arm.« Gell, da staunt der Wanne-Eickler! Das können wir im Süden schon auch! Freilich, noch dramatischere Zahlen kommen aus Köln, aus Dortmund, Berlin, Bremerhaven, Leipzig, Duisburg, Gelsenkirchen und, und, und … Allein am Länderfinanzausgleich, bei dem Bayern heute mit Abstand der größte Zahler ist, liegt die zunehmend prekäre Vermögenssituation also nicht. Aber woran dann?

Der französische Wirtschaftswissenschaftler Thomas Piketty hat in seinem 2013 erschienenen und höchst aufsehenerregenden Buch *Das Kapital im 21. Jahrhundert* eine lange Reihe von historischen Daten ausgewertet und gezeigt, wie sich seit dem 18. Jahrhundert die Einkommens- und Vermögensverteilung entwickelt hat. Seit etwa 1950 gibt's in den Industrienationen eine deutlich steigende Konzentration an Vermögen. Und eng damit verbunden immer mehr Ungleichheit. Kein Zufall, meint der Franzose. Die Ungleichheit sei zwar ein notwendiges Merkmal im Kapitalismus, aber wenn sie allzu sehr ausufert, dann wird's gefährlich: Für die wirtschaftliche Entwicklung! Und für die Demokratie! Denn zu viel Flins in den Taschen zu weniger Menschen – das hemmt nicht nur die Nachfrage und den Konsum, sondern auch die Möglichkeit der vielen mitzubestimmen. Refeudalisierung nennt Piketty das, was wir seit 1975 erleben: eine Rückkehr zu einem patrimonialen Kapitalismus, in dem die Wirtschaft nur noch von ererbtem Vermögen dominiert wird.

Und da sollten wir uns was einfallen lassen, meint der Franzose. Der Flins kennt nämlich keine Gerechtigkeit, er geht am liebsten dorthin, wo seine Flins-Freunde schon sind. Für eine gerechte Verteilung müssen wir selber sorgen. Piketty empfiehlt eine progressive Vermögenssteuer und eine stark progressive Einkommensteuer. Sonst gehe es nämlich flott so weiter wie bisher, vor allem weil die Einkommen aus Kapital deutlich schneller wachsen als alles andere. Immer mehr für immer weniger, lautet also die verhängnisvolle Prognose: Mehr Vermögenskonzentration heißt nämlich auch mehr Machtkonzentration! Am Ende steht eine Oligarchie, die Herrschaft der wenigen, die den Lauf der Welt bestimmen.

Spätestens seit den großen Finanzkrisen des jungen 21. Jahrhunderts ist den meisten klar geworden, dass solche Gedanken keine blassen Theorien sind. Jeder spürt, dass die internationale Geldzirkulation unser Zusammenleben in allen Winkeln des Daseins bestimmt. Keiner kommt aus. Und kaum einer kann mitbestimmen. Die Demokratie steht mit dem Rücken an der Wand. In herzerfrischender Offenheit hat das sogar der bayerische Ministerpräsident Horst Seehofer zugegeben, als er am 20. Mai 2010 in der Fernsehsendung *Pelzig unterhält sich* gesagt hat:

> **Diejenigen, die entscheiden, sind nicht gewählt. Und diejenigen, die gewählt werden, haben nichts zu entscheiden.**

Aber was bleibt dann noch? Leider nur allzu oft das Spiel mit den nationalen Klischees! Der »dumme Bayer« sponsert die »laschen Berliner«, der »sparsame Deutsche« blecht für die »schlitzohrigen Griechen« oder die »leichtsinnigen Iren«. Und so weiter. Es ist ein Spiel mit dem Feuer! Mehr oder weniger bewusst geschürt.

Geld regiert die Welt. Aber wie genau funktioniert das Spiel? Besonders transparent machen es die Herrschenden nicht, aus gutem Grund vermutlich. *Staatsgeheimnis Bankenrettung* heißt der sehenswerte Film des Wirtschaftsjournalisten Harald Schumann, der durch Europa gereist ist auf der Suche nach den Milliarden, die im Verlauf der europäischen Schuldenkrise für Rettungsmaßnahmen zur Verfügung gestellt wurden. Wo sind sie hin? Schnell wird deutlich, dass sie nicht bei den normalen Bürgern Griechenlands, Irlands oder Spaniens gelandet sind. Die wurden nur in Geiselhaft genommen, waren die Bauernopfer in einem Spiel namens Finanzkapitalismus – gespielt von skrupellosen Geschäftemachern und hilf- oder ahnungslosen beziehungsweise auch korrupten Politikern. Die Rettungsmilliarden für die Pleitebanken landeten jedenfalls wieder bei anderen – mehr oder minder – systemrelevanten Bank- und Versicherungskonzernen. Auf dass das Kartenhaus der stark miteinander verflochtenen Konzerne nicht zusammenkrache! Belohnt wurden letztlich nur die Anleihehändler, die ihr Berufsrisiko auf andere abwälzen durften. War's also doch eigentlich der einfache Grieche oder Ire, der unsere schöne Bankenwelt gerettet hat? Die Rechnung zahlen immer die Bürger – hier wie dort. Und sie werden zunehmend ungehalten, weil die Reichen immer reicher und die Armen immer ärmer werden, in einer Welt des entfesselten Geldes, das an nichts mehr gebunden ist – weder an Gold geschweige denn an soziale Standards. Geschaffen aus dem Nichts kreisen die Milliarden weiter um den Globus auf der Suche nach einem lukrativen Quickie, der noch mehr Geld schafft. Und noch mehr verbrannte Erde.

»Die Macht in einer Gesellschaft wird überwiegend von ihrem Geld- und Bankensystem ausgeübt«, sagt Toni Föllmi, der ehemalige Direktor der Schweizerischen Nationalbank Basel. Die

Player sind also klar benannt. Aber das Machtspiel geht munter weiter. Im Februar 2015 präsentierte die US-Regierung eine Studie, der zufolge das größte Risiko für das Finanzsystem weiterhin von der Großbank JPMorgan Chase ausgeht – einer Bank, die nicht erst seit der letzten Finanzkrise einschlägig bekannt ist und aufgrund ihrer internationalen Verflechtungen ein besonders hohes Risiko für die internationalen Finanzmärkte darstellt. Obendrein aber auch eine Bank, von der Analysen kursieren, die demokratische, rechtsstaatliche und soziale Standards in (Süd-) Europa als Hindernis für die marktgerechte Reform- und Sparpolitik betrachten. Aber was dann, liebe Banker? Ein flinskonformes autoritäres Regime?

Müssen wir uns also demnächst entscheiden zwischen Demokratie und Kapitalismus? Oder machen das schon andere für uns? Und was kommt nach der nächsten Krise? An allen Ecken und Enden Europas entstehen rechtspopulistische und rechtsradikale Parteien. Max Horkheimers berühmter Satz wird wieder einmal zur aktuellen Warnung:

Wer aber vom Kapitalismus nicht reden will, sollte auch vom Faschismus schweigen.

Die Zweifel am großen Flins-Spiel werden jedenfalls lauter! Nicht nur in Griechenland, auch hierzulande. Im Februar 2015 veröffentlichte das Meinungsforschungsinstitut Infratest Dimap eine Untersuchung, die nachdenklich stimmt: Mehr als 60 Prozent der Bürger glauben, dass in Deutschland keine echte Demokratie herrscht. Schuld sei der starke Einfluss der Wirtschaft auf die Politik, die mehr zu sagen habe als der Wähler. Jeder Dritte ist davon überzeugt, dass der Kapitalismus zwangsläufig zu Armut und Hunger führe. Na, Mahlzeit!

Nur um keine Missverständnisse aufkommen zu lassen, es soll hier nicht die pure Askese gepredigt werden. »Geld macht nicht glücklich!«, lässt Johann Nestroy augenzwinkernd seinen Philosophen sagen, der heilfroh gewesen wäre, wenn ihm wer eins geliehen hätte. Nein, nein, Flins ist schon eine feine Sache. Vor allem, wenn man ihn hat. Vieles wird leichter durch ihn. Er macht frei. Aber nur, wenn man selber frei ist. Nur dann darf man auch ein wenig flinsgierig sein wie einst Oskar Maria Graf:

> **Seit meiner frühesten Jugend war ich geldgierig und trachtete von jeher danach, möglichst reich zu werden, nicht um zu haben, sondern um zu verschwenden. Das Geld war doch schließlich zu nichts anderem da als zum Verschwenden.**

Nur der Not keinen Schwung lassen, sagt der Bayer. Das Geld muss unter die Leut! Sonst klebt's wie Scheiße am Schuh – und das riecht auf Dauer nicht gut.

So gesehen macht Flins frei. Wenn auch nicht unbegrenzt glücklich, wie amerikanische Ökonomen der Universität Princeton 2010 herausgefunden haben. Bis zu einem Haushaltseinkommen von brutto 60 000 Euro im Jahr steigt die Lebensqualität. Darüber hinaus bleibt sie gleich. Oder sinkt sogar – sagen englische Wirtschaftswissenschaftler von der University of Warwick. Die haben Daten von mehr als 50 Ländern ausgewertet, und ihr Ergebnis ist eindeutig: Viel hilft nicht viel beim Geld: »Die Lebenszufriedenheit bleibt ab einem bestimmten Wohlstand nicht gleich, sondern sie sinkt sogar wieder ab.« In Ländern mit einem Pro-Kopf-Einkommen von mehr als 26 500 Euro pro Jahr geben weniger Befragte an, vollkommen zufrieden zu sein. Zu diesen Ländern gehören übrigens Deutschland und die meisten anderen Industrieländer.

Unbegrenztes Glückswachstum ist also nicht machbar. Ebenso wenig wie unbegrenztes Wirtschaftswachstum! Das mantraartig wiederholte Versprechen vom »Immer-mehr!« erweist sich als wirtschaftspolitisches Ammenmärchen und als Schneeballsystem, wie nicht nur der Schweizer Ökonom Hans Christoph Binswanger gezeigt hat. Im Prinzip läuft es also weltweit wie einst bei der Münchner Bauernbank der Adele Spitzeder. »Auszahlung leider nicht möglich!« – die Schilder sind vermutlich längst schon wieder gedruckt. Was also soll künftig noch wachsen, ohne Crash und ohne dass wir den Planeten vollends unbewohnbar machen? Was kommt anstelle von unbegrenztem Flins-Wachstum? Wie wär's mit Zeitreichtum? Hirnreichtum? Herzreichtum? Und als Lebensmelodie vielleicht das schöne bairische Gstanzl von den Well-Brüdern:

Holla ridi radi holla hoppsassa
Hamma ned z'vui
Trogn ma ned z'schwaar
Hädd' ma z'vui
Waar's ned rar
So tuads' as aa.

Es wird vermutlich noch ein bisserl dauern, bis dieses schöne Gstanzl zur Haushymne der Deutschen Bank wird. Vielleicht braucht's auch ein wenig Nachhilfeunterricht beim Singenlernen, Gesangsbüchl gäb's ja schon einige. Unsere wunderbare Bayerische Verfassung zum Beispiel. Artikel 151: »Die gesamte wirtschaftliche Tätigkeit dient dem Gemeinwohl, insbesondere der Gewährleistung eines menschenwürdigen Daseins für alle und der allmählichen Erhöhung der Lebenshaltung aller Volksschichten.« Ja eine Lebenshaltung! Die wär' jetzt recht! Eine Haltung zum Leben! Nur woher nehmen, wenn einer den ganzen Tag Peanuts zählen muss?

Und woher kommt eigentlich die grassierende Flins-Gier? Aus falsch verstandenem Wettbewerbsdenken? Aus kindlicher Sammellust? Aus Angst, zu kurz zu kommen? Oder gar unterzugehen, wenn man nicht dauernd weiterstrampelt? Vielleicht gar aus Angst vorm Sterben? Wie heißt es so schön?

Ein Geiziger ist nicht eher satt, bis er den Mund voll Erde hat.

Oder ist es nur das angeborene Verhalten von Zwerghamstern, die sich nach ausgiebigem Laufradfahren gern an Gegenständen reiben und mit dem Sekret ihrer Duftdrüsen Revier markieren? Vielleicht aber geht's bei Geiz und Geldgier am Ende doch nur um Kot, wie Sigmund Freud meinte? Also um eine missglückte Reinlichkeitserziehung beim Kleinkind? Sind also all unsere Geizhälse und Boni-Bonobos eigentlich doch nur arme Scheißer, die ständig am Leben vorbei hamstern? Völlig verflinste Existenzen also? Die alles, was sie anfassen, zwanghaft in Gold verwandeln müssen wie einst König Midas. Als Liebesersatz – war die Mutti nicht nett zu euch? – und ungeachtet jedes Gebrauchswertes! Hauptsache immer mehr, auch wenn man letztlich dran erstickt, verhungert, erfriert?

Wie auch immer. Klar ist, Flins birgt Risiken. Und man fragt sich, wo bleiben eigentlich die längst fälligen EU-Warnhinweise auf unseren Geldscheinen? »Obacht! Gier frisst Hirn!« Oder: »Aufpassen! Neid frisst Glück!« Oder: »Flins kann Ihre Gesundheit schädigen!« Nicht nur, wenn Sie zu wenig davon haben. Denn »Flins kann auch einsam machen« – vor allem, wenn Sie zu viel davon besitzen. »Flins-Menschen sind weniger hilfsbereit«, sie suchen ungern die Nähe ihrer Zeitgenossen. Wozu auch? Wer ihn hat, braucht keine Freunde. Flins macht unter Umständen egoistisch und unsozial. Geldmenschen sind oft hölzerne Hund'! Gierig, geizig, hartherzig! Ja, mehr noch: »Flins kann Ihre Paarbeziehung gefährden!« Weil Geld stets ein äußerst konfliktträchtiges Thema zwischen Mann und Frau ist. Es wird sogar Ihre Nachkommen beeinflussen, weil Geldstreitigkeiten oft mit monetären Konflikten in der Herkunftsfamilie zu tun haben! Eine ganz schön heikle Sache also.

Flins ist eben kein Gegenstand, sondern ein Zustand. Ein vielschichtiges System mit zahlreichen Elementen und Variablen. Zu wenig ist schlecht, und mehr ist nicht immer besser. Man muss ihn also mit Bedacht nutzen! Vielleicht muss man ihn sogar völlig neu erfinden!

Das alles ist natürlich nicht ganz neu, steht so oder ähnlich schon in der Bibel oder sonst wo. Neu sind nur die Dimensionen. Und die sind fatal – im eigentlichen Wortsinn, nämlich tödlich! Wo sich in einer vollständig ökonomisierten Welt alles nur noch um ihn dreht, wo er zum bestimmenden Lebenssinn entartet, wo er zum Selbstzweck wird, der die Mittel heiligt, ist der Flins der gar nicht so liebe Gott einer weltumspannenden Wirtschaftsreligion. Ein erbärmlicher Fundamentalismus, wie Carl Amery einst bemerkt hat. Gelenkt von einer Sekte mit fanatischen Predigern im Nadelstreifenanzug! Prediger, die nichts und niemanden neben sich dulden. Und denen wir alle nachlaufen! Nicht nur das evangelische Dekanat München, das über fünf Millionen Euro Kirchengeld mit Mittelstandsanleihen verzockt hat. Nicht nur der katholische Franziskanerorden, der wegen »zweifelhafter Finanzoperationen« vor der Pleite steht. Nein, wir alle sind mehr oder weniger Geldgläubige! Immer streng monotheistisch, versteht sich! Wir sind Gefangene. Freiwillig.

Und während wir brav nach vorne auf den großen Kosten-Nutzen-Altar blicken und auf unsere nächste kleine Flins-und-Zins-Hostie warten, kommt aus dem reichen und richtungsweisenden Kalifornien die Meldung, dass dort neuerdings nicht mehr vor allem Geld, Juwelen und schnelle Autos gestohlen werden. Nein, heutzutage klaut man – Wasser! Wegen der anhaltenden Dürre und dem Klimawandel. Aber nur keine Aufregung, meine Herrschaften! Das lässt sich bestimmt auch irgendwie mit Flins regeln. Also lasset uns weiterhin gemeinsam beten:

Flins unser im Himmel
Geheiligt werde dein Nominalwert
Dein Reichtum komme.
Dein Mehrwert geschehe,
wie im Himmel, so auf Erden.
Unseren täglichen Zins gib uns heute.
Und vergib uns unsere Schulden
wie auch wir kassieren bei unsern Schuldigern.
Und führe uns nicht in Versuchung,
sondern erlöse uns an den Börsen.
Denn Dein ist der Reichtum
und die Kaufkraft und die Herrlichkeit
in alle Ewigkeit. Amen.

Danksagung

Für die immer freundliche und sachkundige Unterstützung möchte ich Christoph Bachmann, Robert Bierschneider und André Geister vom Staatsarchiv München sowie Andreas Heusler vom Stadtarchiv München danken.

Klaus Staps sei ein herzliches Dankeschön gesagt fürs Leihen seines Tapeziertisches, der unter der Handbibliothek zum Flins glücklicherweise nicht zusammengebrochen ist, sowie Peter Rothammer für mehrere Tüten voller Literatur zum Thema Banken, und meinem alten Freund Andreas Lickleder für einzelne sachdienliche Hinweise.

Besonderer Dank gilt meinen beiden treuen Assistenten an langen Bürotagen: dem Schwarztee und dem Schnupftabak.

Der größte Dank gebührt aber wieder einmal meiner Frau Susanne und unseren beiden Buben Paco und Pablo, die mir auch in »einbeinigen« Tagen stets eine liebevolle Stütze waren.

Weiterführende Literatur

Aichner, Johann: »Zur Entwicklung des Kartoffelanbaues«, in: *Amperland*, Jg. 22, 1986, S. 284.

Aman, Reinhold: *Bayrisch-österreichisches Schimpfwörterbuch*, München 2005.

Amery, Carl: *Leb wohl geliebtes Volk der Bayern*. München 1996.

Ammon, Georg: *Das Paradies auf Erden oder Das Leben ohne Geld*, München 1921.

Arnim, Hans Herbert von: *Die Selbstbediener: Wie bayerische Politiker sich den Staat zur Beute machen*, München 2013.

Bachmann, Christoph: »Kriminalfälle (19/20. Jahrhundert)«, in: *Historisches Lexikon Bayerns*, www.historisches-lexikon-bayerns.de/artikel/artikel_46390

Bachmann, Christoph; Dütsch, Karin (Hrsg.): *Alte Zeiten, raue Sitten. Underdogs aus Bayerns Geschichte*, München 2014.

Bähr, Johannes; Drecoll, Axel; Gotto, Bernhard: *Die Geschichte der BayernLB*, München, Zürich 2009.

Bauer, Gerhard: *Oskar Maria Graf. Ein rücksichtslos gelebtes Leben*, München 1994.

Bauer, Reinhard; Gerstenberg, Günther; Peschel, Wolfgang: *Im Dunst aus Bier, Rauch und Volk. Arbeiten und Leben in München von 1840 bis 1945*, München 1989.

Bauer, Richard (Hrsg.): *Geschichte der Stadt München*, München 1992.

Bauer, Richard; Brenner, Michael: *Jüdisches München: Vom Mittelalter bis zur Gegenwart*, München 2006.

Baumann, Angelika; Heusler Andreas: *München arisiert: Entrechtung und Enteignung der Juden in der NS-Zeit*, München 2004.

Becker, Winfried: »Die Überwindung des Vielparteienstaates...«, in: *Historisch-politische Mitteilungen*, Heft 17/2010.

Behringer, Wolfgang: »Mörder, Diebe, Ehebrecher. Verbrechen und Strafen in Kurbayern vom 16. bis 18. Jahrhundert«, in: Richard van Dülmen (Hrsg.): *Verbrechen, Strafen und soziale Kontrolle. Studien zur historischen Kulturforschung*, Frankfurt/Main 1990, S. 85–132, 287–293.

Bergmann, Werner; Erb, Rainer: »Wie antisemitisch sind die Deutschen? Meinungsumfragen 1945–1994«, in: Wolfgang Benz (Hrsg.): *Antisemitismus in Deutschland, Zur Aktualität eines Vorurteils*, München 1995, S. 47 ff.

Bergmann, Werner: *Antisemitismus in öffentlichen Konflikten, Kollektives Lernen in der politischen Kultur der Bundesrepublik, 1949–1989*, Frankfurt am Main 1997, S. 73 ff.

Benz, Wolfgang (Hrsg.): *Jahrbuch für Antisemitismusforschung 3*, Frankfurt am Main, New York 1994.

Benz, Wolfgang; Distel, Barbara; Königseder, Angelika (Hrsg.): *Der Ort des Terrors: Geschichte der nationalsozialistischen Konzentrationslager*, Band 2, München 2005.

Beyer, Thomas: *Arm in einem reichen Land: Armut auch in Bayern*, Berlin 2013.

Beyer, Thomas: *Solidarität in Schieflage. Vermögen in Bayern und Deutschland immer ungleicher verteilt*, München 2009.

Beyerle, Konrad (Hrsg.): *Lex Baiuvariorum*, Lichtdruckwiedergabe der Ingolstädter Handschrift, München 1926.

Biermann, Werner: *Strauß. Aufstieg und Fall einer Familie*, Berlin 2006.

Binswanger, Hans Christoph: *Die Wachstumsspirale. Geld, Energie und Imagination in der Dynamik des Marktprozesses*, Marburg 2006.

Binswanger, Hans Christoph: »Die Wachstumsspirale in der Krise. Ansätze zu einem nachhaltigen Wachstum«, in: *Dresden Discussion Paper in Economics*, 03/09. Dresden 2009.

Blendinger, Friedrich: »Die Auswanderung nach Nordamerika aus dem Regierungsbezirk Oberbayern in den Jahren 1846–1852«, in: *Zeitschrift für bayerische Landesgeschichte*, 27 (1964), S. 431–487.

Blessing, Werner K.: »Ökonom und Geld. Zum bäuerlichen Kredit im Bayern des 19. Jahrhunderts«, in: *Zeitschrift für bayerische Landesgeschichte*, 60 (1997), S. 861–888.

Borneman, Ernest: *Psychoanalyse des Geldes*, Frankfurt am Main 1973.
Bosl, Karl (Hrsg.): *Bosls bayerische Biographie*, Regensburg 1983 und Ergänzungsband 1988.
Bosl, Karl, *Bayerische Geschichte*, 7., durchgesehene Auflage, Pfaffenhofen 1990.
Botzenhart, Christof: *»Ein Schattenkönig ohne Macht will ich nicht sein«. Die Regierungstätigkeit König Ludwigs II. von Bayern*, München 2004.
Brenner, Michael: *Nach dem Holocaust. Juden in Deutschland 1945–1950*, München 1995.
Broer, Wolfgang: *Schwundgeld. Bürgermeister Michael Unterguggenberger und das Wörgler Währungsexperiment 1932/33*, Innsbruck, Wien 2007.
Bruckbräu, Friedrich Wilhelm: *Charakterzüge und Anekdoten als Bilder der Güte und Wohlthätigkeit aus dem Leben Maximilian Joseph I., König von Bayern*, München 1856.
Brückl, Josef: »Der Brückensturz zu Zolling«, in: *Amperland*, Jg. 1, 1965, S. 24 ff.
- »Des Zöllners kärglich Brot«, in: *Amperland*, Jg. 3, 1967, S. 93 ff.
- *Hochwasserkatastrophe im Ampertal 1778. Scharwerkende Bauern streiken* (1. Teil) S. 75 und (2. Teil) S. 12, 1966/67
- »Hungersnot im Amperland«, in: *Amperland*, Jg. 2, 1966, S. 10 ff.
- »Scharwerksleistungen der Zollinger Pfarrherren«, in: *Amperland*, Jg. 20, 1984, S. 564 ff.
- »Verdammt auf die Galeere«, in: *Amperland*, Jg. 7, 1971, S. 136 ff. und 162 ff.
Bundesministerium der Justiz und für Verbraucherschutz: *Abgabenordnung* (AO). www.gesetze-im-internet.de/ao_1977/BJNR006130976.html #BJNR006130976BJNG006301301

Chronik der Stadt München 1945–1948, bearbeitet von Wolfram Selig unter Mitwirkung von Ludwig Morenz und Helmuth Stahleder, München 1980, S. 407 f.
Cohn, Alain; Fehr, Ernst; Maréchal, Michel André: »Business culture and dishonesty in the banking industry«, in: *Nature*, 19. 11. 2014.

Dahlhoff, Günther: *Banken in der Krise. Niedergang mit System*, Marburg 2014.

Die Sagen und Legenden der Stadt Wien, herausgegeben von Gustav Gugitz, Wien 1952.

Döhring, Helge: *Damit in Bayern Frühling werde! Die syndikalistische Arbeiterbewegung in Südbayern von 1914 bis 1933*, Lich / Hessen 2007.

Einmayr, Max: *Inntaler Sagen, Sagen und Geschichten aus dem Inntal zwischen Kaisergebirge und Wasserburg*, Oberaudorf 1988.

Emmerig, Hubert: »Währung (bis 1800)«, in: *Historisches Lexikon Bayerns*, www.historisches-lexikon-bayerns.de/artikel/artikel_45650

Federmann, Reinhard: *Die königliche Kunst. Eine Geschichte der Alchemie*, Wien 1964.

Feuchtwanger, Lion: *Erfolg. Drei Jahre Geschichte einer Provinz*, Berlin 1930.

Förg, Gabriele (Hrsg.): *Überall und nirgends zu Hause: Emigranten zwischen Altem Europa und Neuer Welt*, München 2003.

Freud, Sigmund: »Charakter und Analerotik« (1908), in: ders.: *Gesammelte Werke 1893–1939, 1893–1909*, Frankfurt 2006.

Geschichten zur bayerischen Geschichte, gesammelt von Hans F. Nöhbauer, München 1985.

Gattinger, Karl: *Bier und Landesherrschaft. Das Weizenbiermonopol der Wittelsbacher unter Maximilian I. von Bayern. 1598–1651*, München 2007.

Gerstenberg, Günther: *Trümmer, Hunger, Solidarität. Gewerkschaften in München von 1945 bis 1950*, Münchner Skizzen 2, München 1997, S. 49 ff.

Gesell, Silvio: »Die Natürliche Wirtschaftsordnung durch Freiland und Freigeld«, in: Gesell Silvio: *Gesammelte Werke*. Band 1 bis 18 und Register: *Gesammelte Werke*, Band 11, Kiel 2009.

Götschmann, Dirk: *Wirtschaftsgeschichte Bayerns, 19. und 20. Jahrhundert*, Regensburg 2010.

Göttler, Hans: *Spurensuche nach Papst Damasus II. in Pildenau am Inn. Geschichte und Legende des 1. Pontifex Maximus aus Altbayern*, Tiefenbach 2005.
Gollwitzer, Heinz: *Ludwig I. von Bayern. Königtum im Vormärz*, München 1986.
Graf, Klaus: »Gewalt und Adel in Südwestdeutschland. Überlegungen zur spätmittelalterlichen Fehde«, Online-Preprint eines Beitrags aus dem Bielefelder Kolloquium »Gewalt« am 29. November 1998.
Graf, Oskar Maria: *Bayrisches Lesebücherl*, München 2009.
- *Das Leben des Herrn Bolwieser*, München 1998.
- *Das Leben meiner Mutter*, München 1982.
- *Erzählungen aus der Weimarer Republik*, München 1994.
- *Gelächter von außen. Aus meinem Leben 1918–1933*, München 2009.
- *Kalendergeschichten I*, München 1994.
- *Unruhe um einen Friedfertigen*, München 1994.
- *Wir sind Gefangene*, München 1981.
Grasberger, Thomas: »Die ›Adolf-Bleibtreu‹-Affäre 1949. Wie ein antisemitischer Leserbrief in der *Süddeutschen Zeitung* zu schweren Ausschreitungen in München führte«, in: *Deutschlandarchiv* 2/2010, S. 2432 ff.
- »Die Revolution 1918/19 in München«, in: Oliver Braun, Thomas Götz, Thomas Grasberger, Sylvia Krauss-Meyl, Dominik Tomenendal: *Revolution in München 1800 – 1848 – 1918 – 1933 – 1968*, Regensburg 2013.
- *Grant. Der Blues des Südens*, München 2012.
- *Stenz. Die Lust des Südens*, München 2013.
- *Gebrauchsanweisung für München*, überarbeite Neuasgabe, München 2012.
Greipl, Egon Johannes: »Liberalitas Bavarica«, in: *Historisches Lexikon Bayerns*, www.historisches-lexikon-bayerns.de/artikel/artikel_46178
Gritschneder, Otto: »Der Prozeß Ludwig Ritter von Klugs«, in: ders.: *Weitere Randbemerkungen*, München 1986.
- *Fachlich geeignet, politisch unzuverlässig ... Memoiren*, München 1996.
- *Randbemerkungen*, München 1984.

Gschlößl, Roland: »Bernstorfer Funde gefälscht?«, in: *Bayerische Archäologie*, Heft 4 / 2014.

Haas-Gebhard, Brigitte: *Die Bajuvaren. Archäologie und Geschichte*, Regensburg 2013.

Häberlein, Mark: »Wirtschaftskriminalität und städtische Ordnungspolitik in der frühen Neuzeit. Augsburger Kaufleute als Münzhändler und Falschmünzer, 1520–1620«, in: *Zeitschrift für bayerische Landesgeschichte*, 61 (1998), S. 699–740.

Häberlein, Mark; Dalhede, Christina: »Kaufmannsfamile Kraffter«, in: www.stadtlexikon-augsburg.de/

Haller, Roman: *Davidstern und Lederhose. Eine Kindheit in der Nachkriegszeit*, Zürich, München 2001.

Handwörterbuch des deutschen Aberglaubens in zehn Bänden, Berlin, New York 1987.

Hanke, Gerhart: »Die Anfänge der Dachauer Steuern«, in: *Amperland*, Jg. 2, 1966, S. 7 ff.

- »Grundsätzliches über die Scharwerke«, in: *Amperland*, Jg. 2, 1966, S. 77 ff.

Hanser, P. Laurentius O. S. B.: Das Scheyrer Kreuz und seine Geschichte. Aus den einschlägigen Urkunden zusammengestellt, Scheyern 1934.

Harsch, Wolfgang: *Der Midaskomplex: Zur unbewussten Bedeutung von Gold, Geld und Kapital*, Gießen 2012.

Hartmann, Peter Claus: *Bayerns Weg in die Gegenwart*, Regensburg 1989.

Hemmerle, Josef: *Das Bistum Augsburg: Die Benediktinerabtei Wessobrunn*, Berlin, New York 1991.

Henke, Klaus-Dietmar; Woller, Hans: *Lehrjahre der* CSU, Stuttgart 1984.

Heydenreuther, Reinhard: *Kriminalgeschichte Bayerns*, Regensburg 2003.

Historischer Verein von Oberbayern (Hrsg.): »Physikatsberichte«, in: *Oberbayerisches Archiv*, 125. Bd., 2. Heft, München 2001.

Horváth, Ödön von: *Der ewige Spießer*, Frankfurt 1995.

Hubensteiner, Benno: *Bayerische Geschichte*, München 1999.

Huber, Gerald: *Die reichen Herzöge von Bayern-Landshut. Bayerns goldenes Zeitalter*, Regensburg 2013.

Immerfall, Stefan: »Die CSU: Faktoren ihrer Vorherrschaft und Stellung im Unionslager«, in: *Zeitschrift für Politik*, 4, 2005.

Jaffé, Diana: *Was Frauen und Männer kaufen*, Freiburg 2014.
Jahoda, Marie; Lazarsfeld, Paul F.; Zeisel, Hans: *Die Arbeitslosen von Marienthal. Ein soziographischer Versuch über die Wirkungen langandauernder Arbeitslosigkeit*, Frankfurt am Main 1975.
Johann Nestroy für Boshafte, ausgewählt von Peter Cardoff, Frankfurt am Main, Leipzig 2007.

Kaltwasser, Karin: »Landshuter Bürgerunruhen 1408–1410«, in: *Historisches Lexikon Bayerns*, www.historisches-lexikon-bayerns.de/artikel/artikel_45073 (29.06.2012)
Klepsch, Alfred: *Westjiddisches Wörterbuch, auf der Basis dialektologischer Erhebungen in Mittelfranken*, 2 Bände, Tübingen 2004.
Kenzler, Hauke: »Totenbrauch und Reformation. Wandel und Kontinuität«, in: Matthias Untermann (Hrsg.): *Religiosität in Mittelalter und Neuzeit*, Paderborn 2011.
Klose, Dietrich: *Ade DM! Die Geschichte der Mark von 1945 bis zum Euro*, München 1999.
Klose, Dietrich; Jungmann-Stadler, Franziska: *Königlich Bayerisches Geld. Zahlungsmittel und Finanzen im Königreich Bayern 1806–1918*, München 2006.
Koch, Dirk; Palmer, Hartmut: »Das Geld, die Macht und FJS. Wie Franz Josef Strauß Politik und Geschäft miteinander verquickte«, (I)und (II), in: *Der Spiegel*, 22.7.1996/29.07.1996.
Koch, Johann Thomas: *Geschichte des Lotteriewesens in Bayern*, München 1908.
Kock, Peter Jakob: *Bayerns Weg in die Bundesrepublik*, München 1988.
Krafft, Sybille: *Zucht und Unzucht. Prostitution und Sittenpolizei im München der Jahrhundertwende*, München 1996.
Kramer, Ferdinand: »Die Welfen«, in: Alois Schmid und Katharina Weigand (Herausgeber): *Die Herrscher Bayerns. 25 historische Portraits von Tassilo III. bis Ludwig III.* München 2001.

Kraus, Andreas, *Geschichte Bayerns. Von den Anfängen bis zur Gegenwart*, München 1983.
- *Grundzüge der Geschichte Bayerns*, Darmstadt 1992.
Kretzenbacher, Leopold: »Barockbayerische Predigtexempel gegen Geizige und Flucher als ›Hundsköpfe‹. Zur bayrischen Sittengeschichte des späten 17. Jahrhunderts«, in: *Zeitschrift für Bayerische Landesgeschichte* 45 (1982), S. 23–36.
Ksoll, Margit: »Der Hofstaat der Kurfürstin von Bayern zur Zeit Maximilians I.«, in: *Zeitschrift für bayerische Landesgeschichte* 52 (1989) / 1, S. 59–69.
Küncker, Fritz Rudolf: *Bayern und das Haus Wittelsbach. Eine bedeutende Spezialsammlung*. Katalog zur 108. Auktion am 14. 03. 2006, Osnabrück
Kurzke, Hermann: *Thomas Mann. Das Leben als Kunstwerk*, München 1999.

Lanzinner, Maximilian: »Landstände«, in: *Historisches Lexikon Bayerns*, www.historisches-lexikon-bayerns.de/artikel/artikel_45078.
Lanzinner, Maximilian: *Zwischen Sternenbanner und Bundesadler: Bayern im Wiederaufbau 1945–1958*. Regensburg 1996.
Laturell, Volker D.: *Volkskultur in München. Aufsätze zu Brauchtum, musikalische Volkskultur, Volkstanz, Trachten, Volkstheater in einer Millionenstadt*, München 1997.
Lentner, Joseph Friedrich: *Bavaria – Land und Leute im 19. Jahrhundert, Band Oberbayern: Die Landgerichte im Voralpenland*. Hrsg. von Paul Ernst Rattelmüller, München 1988.
- *Bavaria – Land und Leute im 19. Jahrhundert, Band Oberbayern: Von Almen, Schützen, Wirtshäusern, Märkten etc.* Hrsg. von Paul Ernst Rattelmüller, München 1987.
Lexikon des Mittelalters in neun Bänden, München 2002.
Lillteicher, Jürgen: *Die Rückerstattung jüdischen Eigentums in Westdeutschland nach dem Zweiten Weltkrieg. Eine Studie über Verfolgungserfahrung, Rechtsstaatlichkeit und Vergangenheitspolitik 1945–1971*, Dissertation Universität Freiburg 2002.

Ludwig, Johannes: *Boykott, Enteignung, Mord. Die »Entjudung der deutschen Wirtschaft«*, Hamburg 1989.
Ludyga, Hannes: *Philipp Auerbach*, Berlin 2005.

Mader, Andrea: »Von Untriuwe und Gitekeit. Die Predigten des Berthold von Regensburg«, in: Barbey, Rainer; Petzi, Erwin (Hrsg.): *Kleine Regensburger Literaturgeschichte*, Regensburg 2014, S. 63 ff.
Maier, Hans: *Böse Jahre, gute Jahre. Ein Leben 1931 ff.* Autobiographie, München 2011.
Mann, Thomas: *Buddenbrooks. Verfall einer Familie*, Berlin 1901.
Meier, Emerenz: *Gesammelte Werke*, hrsg. von Hans Göttler, Grafenau 1991.
Merki, Christoph Maria: »Die nationalsozialistische Tabakpolitik«, in: *Vierteljahreshefte für Zeitgeschichte*, Jahrgang 46, 1998, Heft 1.
Merkle, Ludwig; Merkle, Elli: *München damals. Böse alte Zeit*, München 1972.
Mühsam. Erich: *Ausgewählte Werke, Bd. 2: Publizistik. Unpolitische Erinnerungen*, Berlin 1978, S. 638–646.
- *Tagebücher Band 1 1910–1911*, Berlin 2011.
- *Tagebücher Band 2, 1911–1912*, Berlin 2012.
Müller, Gerald: *Hunger in Bayern 1816–1818. Politik und Gesellschaft in einer Staatskrise des frühen 19. Jahrhunderts*, Frankfurt am Main, Berlin, Bern 1998.

Nöhbauer, Hans F.: *Die Chronik Bayerns*, Gütersloh, München 1994.
Nestroy, Johann: *Sämtliche Werke. Historisch-kritische Ausgabe*; Wien 1977–2004.

Pawlowski, Peggy: *» ... sich begnügen, im Geheimen für das Gute zu wirken«. Der Beitrag Johann Adam Weishaupts zur Pädagogik des Illuminatismus*, Jena 2004.
Peil, Dietmar: »Emblematische Fürstenspiegel im 17. und 18. Jahrhundert. Saavedra – Le Moyne – Wilhelm«, in: *Frühmittelalterliche Studien*, Vol. 20 (1986), S. 54–92.

Pezzl, Johann: *Reise durch den Baierschen Kreis*. Salzburg 1784.
Pfister, Peter: *Das Kollegiatstift Ilmmünster*, Pfaffenhofen an der Ilm 1989.
Piketty, Thomas: *Das Kapital im 21. Jahrhundert*, München 2014.
Popp, Helmut (Hrsg.): *Kreuz und quer durch Bayern. Die Darstellung Bayerns sowie Bayerisch-Schwabens in der Reiseliteratur um 1800*, Cadolzburg 1993.
Prinz, Friedrich: *Gestalten und Wege bayerischer Geschichte*, München 1982.
Prinz, Friedrich: *Die Geschichte Bayerns*, München 1997.

Queri, Georg: *Kraftbayrisch. Ein Wörterbuch der erotischen und skatologischen Redensarten der Altbayern*, München 2010.

Regensburg, Berthold von: *Vier Predigten. Mittelhochdeutsch/Neuhochdeutsch*, übersetzt und herausgegeben von Werner Röcke, Stuttgart 1983.
Reventlow, Franziska Gräfin zu: *Der Geldkomplex*, München 1916.
Riezler, Sigmund: *Geschichte Baierns in acht Bänden*, Gotha 1878–1914.
Rösch, Karl: *Franz Josef Strauß – Bundestagsabgeordneter im Wahlkreis Weilheim 1949–1978*, München 2014.
Roser, Hans: *Altbayern und Luther. 40 Porträts*, München 1996.
Roth, Eugen: *Erinnerungen eines Vergeßlichen*, München 1972.
Ruederer, Josef: »München, Bierheim und Isar-Athen. Satiren und Erzählungen«, in: ders.: *Werkausgabe in fünf Bänden*, München 1987.

Scharnagl, Wilfried: *Bayern kann es auch allein. Plädoyer für den eigenen Staat*, Köln 2012.
Schlötterer, Wilhelm: *Macht und Missbrauch. Von Strauß bis Seehofer. Ein Insider packt aus*, erw. und akt. Ausgabe, München 2010.
- *Wahn und Willkür. Strauß und seine Erben oder wie man ein Land in die Tasche steckt*, München 2013.
Schmeller, Johann Andreas; Frommann, Georg Carl: *Bayerisches Wörterbuch*, München 1872.
Schmid, Alois: »Spanien: Johann Kaspar von Thürriegel (1722–1795) und seine Kolonie in der Sierra Morena«, in: Alois Schmid; Katharina Wei-

gand (Hrsg.): *Bayern – mitten in Europa. Vom Frühmittelalter bis ins 20. Jahrhundert.* München 2005, S. 228–241.
Schmidt, Hans-Joachim: »Arbeit und soziale Ordnung. Zur Wertung städtischer Lebensweise bei Berthold von Regensburg«, in: *Archiv für Kulturgeschichte* 71 (1989), S. 261–296.
Schnee, Heinrich: »Die Familie Seligmann-Eichthal als Hoffinanziers an süddeutschen Fürstenhöfen«, in: *Zeitschrift für bayerische Landesgeschichte* 25 (1962), S. 163–201.
Schramm, Christof: *Schwere See vor Spiekeroog. Das Unglück des Auswandererschiffs* JOHANNE, Hamburg 2009.
Schröther, Franz: *S'Geld muaß unter d'Leit – Die Lebensgeschichte von Lorenz Hauser*, München 2009.
Schuler, Thomas: *Strauß. Die Biographie einer Familie*, Frankfurt am Main 2006.
Schumpeter, Joseph: *Das Wesen des Geldes*, Göttingen 1970.
Seelig, Lorenz: *Höfische Pracht der Augsburger Goldschmiedekunst*, München, New York 1995.
Simmel, Georg: *Philosophie des Geldes*, Leipzig 1900. http://www.deutschestextarchiv.de/book/show/simmel_geld_1900
Spiegel, Karl: *Märchen aus Bayern*, Würzburg 1914.
Spindler, Max: *Handbuch der Bayerischen Geschichte*. 4 Bände, München 1967–1975.
Stankiewitz, Karl: *Weißblaues Schwarzbuch. Skandale, Schandtaten und Affären, die Bayern erregten*, München 2010.
Striedinger, Ivo: »Der Goldmacher Marco Bragadino. Archivkundliche Studie zur Kulturgeschichte des 16. Jahrhunderts«, in: *Archivalische Zeitschrift*, München 1928.
Sydow, Christoph: »Der unerwünschte Nazi-Jäger. Antisemitismus-Opfer Philipp Auerbach«, in: *Spiegel online* vom 30. 01. 2013, www.spiegel.de/einestages/antisemitismus-opfer-philipp-auerbach-der-verhasste-nazi-jaeger-a-951063.html

Taubenberger, Bernhard: *Licht übers Land. Die bayerische Viererkoalition 1954–1957*, München 2002.

Tautscher, Anton: *Wirtschaftsgeschichte Österreichs auf Grundlage der abendländischen Kulturgeschichte*, Berlin 1974.
Thoma, Ludwig: *Der Wittiber. Ein Bauernroman*, München 1911.
- *Der Ruepp*, München 1922.
Treml, Manfred: *Geschichte des modernen Bayern. Königreich und Freistaat*, München 2006.
Tucholsky, Kurt: *Gesammelte Werke in 10 Bänden*. Mary Gerold-Tucholsky und Fritz J. Raddatz (Hrsg.), Reinbek 1975.
(unter Pseudonym Kaspar Hauser): »Zur soziologischen Psychologie der Löcher«, in: *Die Weltbühne*, 17.03.1931, Nr. 11, S. 389.
Türcke, Christoph: *Mehr! Philosophie des Geldes*, München 2015.
Tworek-Müller, Elisabeth: *Kleinbürgertum und Literatur. Zum Bild des Kleinbürgers im bayerischen Roman der Weimarer Republik*, München 1985.

Ullmann, Hans-Peter: »Die öffentlichen Schulden in Bayern und Baden 1780–1820«, in: *Historische Zeitschrift*, Band 242, Jg. 31, Dez. 1986.

Valentin, Karl: *Sämtliche Werke*, 8 Bde. und Erg.-Bd., München 1996.
Volkert, Wilhelm: *Geschichte Bayerns*, München 2004.

Wachberger, Wilhelm: »Georg Meindl, der Student von Altheim«, in: *Wachberger-Chronik 1905*, unveröffentlicht. Teilveröffentlicht anlässlich der 14. Braunauer Zeitgeschichte-Tage »›Braunauer Parlament‹ – Adel, Klerus, Bürger, Bauern 1705–2005«. Braunau am Inn, 23.–25. September 2015.
Weigl, Michael: *Die CSU. Akteure, Entscheidungsprozesse und Inhalte einer Partei am Scheideweg*, Baden-Baden 2013.
Weis, Eberhard: *Montgelas. Erster Band: Zwischen Revolution und Reform 1759–1799*, München 1971 / 1988.
- *Montgelas. Zweiter Band: Der Architekt des modernen bayerischen Staates 1799–1838*, München 2005.
Weishaupt, Johann Adam: *Ueber die Staats-Ausgaben und Auflagen*, o. O. 1817.
Wendt, Gunna: *Lena Christ. Die Glückssucherin*, München 2012.

Weyerer, Benedikt: *München 1933–1949. Stadtrundgänge zur politischen Geschichte*, München 2006.
Wimschneider, Anna: *Herbstmilch. Lebenserinnerungen einer Bäuerin*, München, Zürich 1984.
Wucher, Petra: *»Ich dichtete und lief in der Revolution herum«. Oskar Maria Grafs Münchner Jahre 1911 bis 1933*, München 2012.

Zehetner, Ludwig: *Das bairische Dialektbuch*, München 1985.
- *Bairisches Deutsch – Lexikon der Deutschen Sprache in Altbayern*, Regensburg 2005.
Ziegler, Walter: »Die Herzöge von Landshut. Die reichen Verlierer«, in: Alois Schmid und Katharina Weigand (Hrsg.): *Die Herrscher Bayerns. 25 historische Portraits von Tassilo III. bis Ludwig III.* München 2001.
Zierer, Otto: *Die Abenteuer der vielgeliebten Stadt München*, zwei Bände, München 1958.
Zoche, Georg: *Welt Macht Geld*, München 2009.
Zorn, Wolfgang: *Bayerns Geschichte im 20. Jahrhundert. Von der Monarchie zum Bundesland*. München 1986.

TV-Serien

Der Gerichtsvollzieher oder: Die Gewissensbisse des Florian Kreittmayer, ARD, Erstausstrahlung 1981, Drehbuch: Jürgen Knop, Regie: Peter Weck.
Der Millionenbauer, Bayerisches Fernsehen, Erstausstrahlung 1979, Regie: Georg Tressler, Drehbuch: Franz Geiger.
Irgendwie und Sowieso, Bayerisches Fernsehen, Erstausstrahlung 1986, Drehbuch und Regie: Franz Xaver Bogner.
Franz Xaver Brunnmayr, Bayerisches Fernsehen, Erstausstrahlung 1984, Drehbuch: Franz Stephan, Regie: Ulrich König.

TV-Dokumentationen

Bondy, Árpád; Schumann, Harald: *Staatsgeheimnis Bankenrettung*, TV-Dokumentation, Arte 2013.

»Billiglohn und miese Unterkünfte – Wanderarbeiter in Deutschland«; *Frontal 21*, ZDF, 27.1.2015.

Pelzig unterhält sich, Gast: Horst Seehofer, Bayerisches Fernsehen, 20.5.2010.

»Bankenschlichter. Wenig Unterstützung für die Kunden«, *plusminus*, ARD, 19.2.2014.

Radiosendungen im Bayerischen Rundfunk

Becker, Herbert: *Das Weißbier. Der Stoff, der Bayern rettete*, München 2013.

Grasberger, Thomas: *Kraut ausgschütt! Formen und Ursachen bayerischen Widerstands*, München 2011.

- *Bayerische Zeitmaschine:1708/09 – scheinbar unscheinbare Jahre*, München 2011.
- *Verschwörer im Namen der Freiheit. Das Illuminatenverbot vor 225 Jahren und seine andauernde Wirkung*, München 2010.
- *Rien ne va plus! Joseph Baumgartner und die »Spielbanken-Affäre«*, München 2004.
- *Aus der A9 in die Bronzezeit. Eine sagenumwobene Fernstraße in Bayern*, München 2009.
- *Das Schlüsselloch in die Antike. Was uns Münzen über die römische Kaiserzeit erzählen*, München 2007.
- *Weißer Terror: Massaker in der Münchner Maxvorstadt 1919*, München 2006.
- *Sechs aus Neunundvierzig. Bayerische Lotteriegeschichte(n)*, München 2014.
- *Macht, Moral und Medien: Kapfinger versus Friedmann. Ein Verlegerkrieg der frühen 60er-Jahre*, München 2008.

- *Links, bairisch, frei! Das kurze Leben des Anarchisten Ferdinand Huber*, München 2014.
Kernert, Thomas: *Diridari. Kleine Geschichte des bayerischen Geldes*, München 2010.
Zöller, Ulrike: *Da, wo der Huancabamba fließt...*, München 2009.

Verwendetes Archivmaterial

Staatsarchiv München
Staatsanwaltschaften 43977
Landespolizeidirektion Oberbayern zu den »gemeinschädlichen Sachbeschädigungen an MVV-Fahrkarten- und Wechselgeld-Automaten sowie der in München verbreiteten identischen Flugblätter«
Staatsarchiv München, Polizeidirektion München 10157, Amtsgerichte 69264
Bayerisches Hauptstaatsarchiv: Gerichtsakten Landgericht München 1, 4. Strafkammer: Urteil im Fall Karl-Heinz Wildmoser junior vom 13.5.2005.
Akten des Bayerischen Staatsministeriums der Justiz zum Aufruhr in der Stadt Augsburg, 1899, MJU 13224.

Allgemeine Link-Tipps

www.landesbankskandal.de
www.fugger-und-welser-museum.de
www.heiligenlexikon.de
woerterbuchnetz.de
www.sagen.at
www.literaturportal-bayern.de
www.volksliederarchiv.de

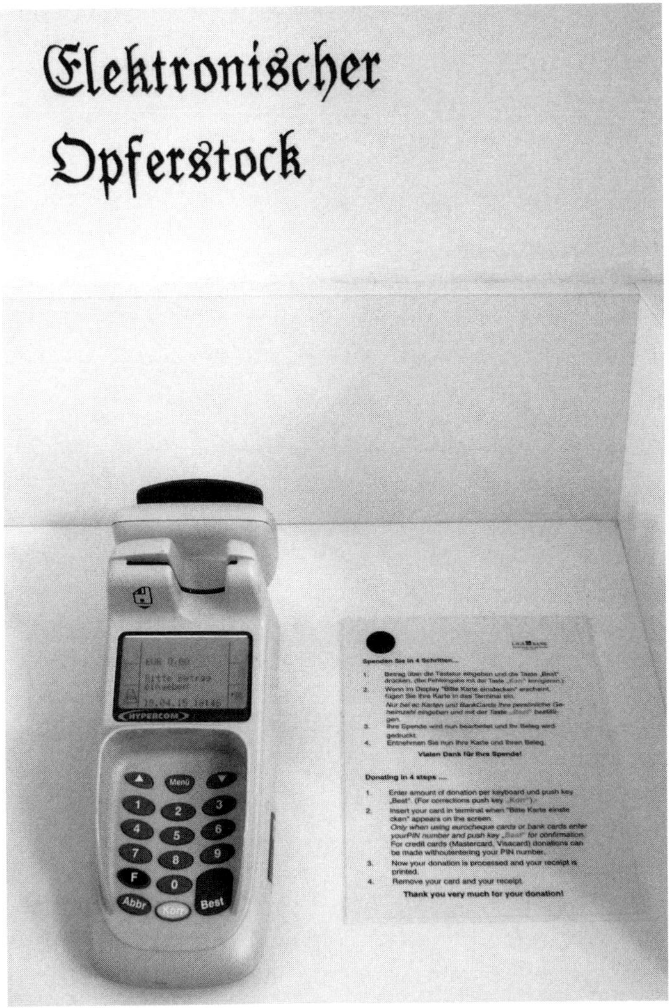

Ewig fließt der Flins: Der elektronische Opferstock in einer bayerischen Basilika. (© Privat)